大学生涯规划

编　著：周祥龙　贾创雄　孟　克

编　委：（按姓氏笔画为序）

万卫华　王贤芳　王　娟　牛晓凤

石　松　刘　影　杨敏敏　李兆文

谷媛媛　张忆琳　陆珂珂　陆　靖

陈晓燕　陈海娟　周则旺　曹　旻

东南大学出版社

·南京·

图书在版编目(CIP)数据

大学生涯规划 / 周祥龙,贾创雄,孟克编著. —南京:东
南大学出版社,2011.9(2016.1 重印)
ISBN 978-7-5641-2985-9

Ⅰ.①大⋯　Ⅱ.①周⋯ ②贾⋯ ③孟⋯　Ⅲ.①大学生—
职业选择　Ⅳ.①G647.38

中国版本图书馆 CIP 数据核字(2011)第 177449 号

大学生涯规划

出版发行:东南大学出版社
社　　址:南京市四牌楼 2 号　　邮编:210096
出 版 人:江建中
责任编辑:史建农
网　　址:http://www.seupress.com
电子邮箱:press@seupress.com
经　　销:全国各地新华书店
印　　刷:南京雄州印刷有限公司
开　　本:700mm×1000mm　1/16
印　　张:17.25
字　　数:338 千字
版　　次:2011 年 9 月第 1 版
印　　次:2016 年 1 月第 10 次印刷
书　　号:ISBN 978-7-5641-2985-9
印　　数:33001—36000 册
定　　价:28.00 元

本社图书若有印装质量问题,请直接与读者服务部联系。电话(传真):025-83792328

你和你的对手们将要进行一场有趣的竞赛:看谁最早穿越玉米地,到达神秘的终点,同时,他手中的玉米又最多。

也就是说,你穿越玉米地,要比别人更快,手里要有更多的玉米,而且要时刻保证自己的安全——这是"玉米地游戏"的三个生存要素:速度、效益和安全。

你可以进行一万种以上的选择,再高明的数学大师都无法计算出这三者之间的最佳比例——或许世界上根本就不存在这样的公式。不同的状态会产生不同的结果,而每一个最佳的方式,又因为客观环境和条件的变化而变化。

穿越玉米地的过程,就是决策的过程,N次的选择,将产生N种结局。

穿越的魅力就在这里。

"你为什么要穿越玉米地?"

当你的人生开始一场新的角逐的时候,在你的事业掀开新的一页之际,你曾经认真地直面过这个问题吗? 而这个问题又真的有那么重要吗?

有一年,一群意气风发的天之骄子从美国哈佛大学毕业了,他们即将开始穿越各自的玉米地。他们的智力、学历、环境条件都相差无几。在临出校门时,哈佛对他们进行了一次关于人生目标的调查。结果是这样的:

27%的人,没有目标;

60%的人,目标模糊;

10%的人,有清晰但比较短期的目标;

3%的人,有清晰而长远的目标。

以后的25年,他们穿越玉米地。

25年后,哈佛再次对这群学生进行了跟踪调查。结果又是这样的:

3%的人,25年间他们朝着一个方向不懈努力,几乎都成为社会各界的成功人士,其中不乏行业领袖、社会精英;

10％的人，他们的短期目标不断地实现，成为各个领域中的专业人士，大都生活在社会的中上层；

60％的人，他们安稳地生活与工作，但都没有什么特别成绩，几乎都生活在社会的中下层；

剩下的27％的人，他们的生活没有目标，过得很不如意，并且常常在抱怨他人、抱怨社会、抱怨这个"不肯给他们机会"的世界。

其实，他们之间的差别仅仅在于：25年前，他们中的一些人知道为什么要穿越玉米地，而另一些人则不清楚或不很清楚。

玉米地的寓言再一次向我们诠释了一个永恒的话题：人生要有目标，要有追求；围绕目标，我们要坚定走好每一步。大学生涯是整个人生的重要阶段，是职业发展的准备时期。每个大学生都应该对自己的大学四年有一个正确的思考和规划。大学生大学阶段的生涯规划是把大学生活这一特殊阶段放到整个生涯发展的背景中加以讨论，帮助大学生深度探索、自我了解、明确目标，准确定位，提升职业决策能力和职业素质，从而使自己能够科学规划自己的学习、生活和未来的职业选择，最终达到人与职业的最优结合和个人的全面发展。规划好大学生涯，脚踏实地地充实大学四年，是决定我们能赢在职业生涯起点的关键，也是我们编辑这本书的初衷。我们衷心希望同学们通过本书的学习，能对自己的大学生涯规划有所帮助。

本书以大学生涯教育实践为基础，借鉴国内外先进理论，围绕当代大学生职业生涯主线，紧紧抓住了大学生对实现自身价值和未来发展的迫切需求的心理，展开了对大学生涯规划、大学生职业理想和职业目标定位、大学生素质和能力培养等方面问题的探讨，努力引导他们形成积极向上的人生观，树立职业理想，培育较高的职业素质，对大学生认识自我，发掘职业兴趣，找准职业方向具有很好的指导意义，对大学生进行正确的自我分析，培养职业需要的实践能力，作了积极的探索，具有前瞻性和预见性。

——激发大学生追求高层次的人生需要，形成积极向上的人生观。大学生应该以科学的方法来正确地、全面地认识自我，了解社会对人才的需要，找出自己在知识、能力等方面与社会需要的差距，确定自己的发展方向与目标。为了实现自己的人生目标，大学生有必要对大学生涯进行科学合理的规划，并通过规划采取实际的具体行动。大学生应以职业发展为切入点，通过追求职业与事业的成功实现高层次的人生需要，形成积极上进的人生观。

——引导大学生树立职业生涯规划意识，提高职业生涯规划能力。做好大学生涯规划，对个人的专业特长、兴趣爱好、性格特征、待人接物的能力、擅长的技能做充分的全面分析，可以帮助大学生对自己进行正确评估，迅速准确地为自己定位，明白自己更适合什么样的工作，自己将来有可能在哪方面获得成功，逐渐厘清生涯发展方向，形成明确的职业意向，并提升自己的生涯自主意识和责任，为今后的事业发展做长远的打算。

——帮助大学生确定职业生涯发展目标，以目标促进学习的自主性。大学生涯规划是大学生为自己的成才和发展订立的心理契约，是自己对未来的美好承诺。

确定了目标，就会如饥似渴地追求知识，充实自己，完善自己，整个大学阶段的学习和生活就会变被动为主动。在努力达到目标的时候，集中精力心无旁骛地投入其中，建立一种自我激励机制，即使遇到一些困难和挫折，也全力以赴地去克服，不达目的不罢休，真正从各个方面来激励自己的成才欲望和成才行为。

——增强大学生就业中的核心竞争力，为未来的职业成功打好基础。求职材料是大学期间学习、生活的写照，成功的大学生涯是需要科学规划的。做好大学生涯规划，可以引导大学生正确认识自身的个性特质、现有与潜在的资源优势，帮助人们重新认识自己的价值，对自己进行价值定位并使其持续增值，引导人们评估个人目标与现实之间的差距，学会如何运用科学的方法采取可行的步骤和措施，不断增强职业竞争力，最终实现其职业目标和理想。

衷心希望本书能够成为大学生涯设计的导航人和引路人。同时希望大学生们从日常工作、生活小事做起，时时刻刻要有磨练、提高自己的意识，主动按照社会需求标准来塑造自己、完善自己，科学地规划好自己的大学生涯。

本书编写过程中参阅、引用了有关专家的观点，在此向他们表示诚挚的感谢。由于水平有限，书中定有错漏之处，敬请同行、专家和同学们批评指正。

编　者

2011 年 6 月

目　录

第一章

职业与职业生涯规划的含义

大学,是人生的一个新起点,是人生旅途中的一个小驿站。如何度过大学四年的时间,将决定着大学生毕业后的人生轨迹。大学的经历并非每个人都有,但大学的生活对于完善一个人有着至关重要的作用。

大学是人一生中最为关键的阶段,也是大学生职业准备期。为了在学习中享受到最大的快乐,为了在毕业时能从事自己如意的职业,从入学的第一天起,每个进入大学校园的学生都应当思考如何掌握学习自修之道、基础知识、实践贯通、兴趣培养、积极主动、掌握时间,思考如何做人、如何做事、如何与人相处;每个大学生都应当对自己的大学四年有一个正确的思考和规划。大学生大学阶段的生涯规划是把大学生活这一特殊阶段放到整个生涯发展的背景中加以讨论,帮助大学生进行深度的自我探索、自我了解,明确目标,准确定位,提升职业决策能力和职业素质,从而使之能够科学规划自己的学习、生活和未来的职业选择,以便他们在毕业就业或进一步深造时,最终达到人与职业的最优结合和个人的全面发展。什么是职业?什么是大学生涯规划?什么是职业生涯规划?大学四年的规划与职业生涯规划之间存在着什么样的关系?如何规划?大学期间究竟如何度过?要培养哪些能力?要解决这些问题,就非常有必要对国内外有关职业、职业生涯规划的内涵及其理论流派进行梳理,以指导我们的实践。

第一节　职业的含义及其分类

职业是在社会分工不断形成和发展的基础上产生的,并随着社会的进步而不断发展变化。职业的产生和发展受到政治、文化、社会政策等方面因素的影响,如神职人员的产生、城乡个体经营主的再现就在很大程度上取决于国家的政策。随着科学技术与生产力的发展,全社会劳动分工的模式或职业结构也在发生变化。据统计,当今各种社会职业已经有三万多种。

一、含义

给职业下一个确切的定义,似乎又不那么容易。古往今来,仁者见仁,智者见智。

从词义学的角度看,"职业"一词由"职"和"业"构成。"职"即职责、天职,"业"即事业、行业。由此,我们可以看出,职业、工作与事业是有密切联系的,在英文中分别对应 vocation、job、career。从时间上来说,工作,可以只有一天,也可以是一年,可以今天干这个,明天干那个;但是职业却不是,它在一定阶段是连续的、稳定的;事业不仅如此,更要求对社会具有较大的贡献,绝对不是一朝一夕能办到的。只有当一个人把工作、职业当作生命意义的一部分时,职业才能转变为事业。

从劳动社会学的角度来说,职业是劳动者能够稳定从事的有酬工作,是劳动者足够稳定地从事某项有酬工作而获得的劳动角色。

马斯洛(Maslow,1970)的需要层次理论与职业也有一定的联系。该理论认为,需要的层次从低到高分别是:生物生存、安全需求、人际归属与爱、尊重、自我实现的需要。较低需要层次——生物生存、生理、安全需要等的满足都可以通过职业给人们带来安康稳定的生活,而较高层次的需要,同样也可以通过职业工作加以满足。职业工作对于需要的满足的作用体现在以下四个方面:

(1) 职业是维持生存、决定生活质量的最基本条件,与人的社会地位密切相关。

(2) 工作是提供社交场所、满足心理需求的渠道。工作是与人保持联系、让人获得尊重的途径。

(3) 释放自我兴趣及发展能力的手段。

(4) 实现身心健康的保证。

综上所述,我们认为,至少应该从社会、个人及其内在属性三个方面界定职业的内涵:从社会角度来讲,职业是一定社会分工的产物,它反映了一种或多种社会需求;从个人角度来讲,职业是物质生活的来源和精神享受的来源;从内在属性来讲,职业必须具有相应的内在要求,如知识、技能、技巧。因此,职业是参与社会分工,是相对稳定的、利用专门的知识技能,为社会创造物质财富、精神财富,进而获得合理回报以作为物质生活的来源并能满足精神需求的社会劳动。它是对人们的生活方式、经济状况、文化水平、行为模式、思想情操的综合反映,也是一个人的权利、义务及职责,是个人社会地位的一般性表征。它具有以下六种特征:

(1) 经济性。即从中取得收入。

(2) 技术性。即可以发挥才能和专长。

(3) 社会性。即承担生产任务,履行公民义务。

（4）促进性。即符合社会需要，为社会提供有用的服务。

（5）连续性。即所从事的劳动相对稳定，是非中断性的。

（6）时代性。职业具有时代性，不同时代有不同的热门职业。我国曾出现过的"当兵热"、"下海热"、"外企热"、"出国热"、"公务员热"等，都反映出特定时期人们对某种职业的热衷程度。

二、分类

大学生可以根据职业分类和职业要求来考虑自我职业发展方向。职业的分类是相对的，随着经济社会的发展，职业的分类也在不断变化。各个国家根据工作性质同一性原则，结合本国的具体情况，对职业有不同的分类。下面介绍国际标准职业分类和我国标准职业分类。

（一）国际标准职业分类

按照国际标准职业分类，职业共分为八大类：①专家、技术人员和有关工作者；②政府官员和企业经理；③事务工作者和有关工作；④销售工作者；⑤服务工作者；⑥农业、牧业工作者和渔民、猎人；⑦生产工作者、运输设备操作者和劳动者；⑧不便按职业分类的劳动者。这八大类又分为83个小类、284个细类、1 881种职业。

（二）我国标准职业分类

《中华人民共和国职业分类大典》是我国第一部对职业进行科学分类的权威性文献，于1998年12月编制完成，并于1999年5月正式颁布实施。

由于它的编制与国家标准《职业分类与代码》（GB 6565—86）的修订同步进行，相互完全兼容，因此，它本身也就代表了国家标准。它把我国职业划分为由小到大、由粗到细的四个层次：大类（8个）、中类（66个）、小类（413个）、细类（1 838个）。细类为最小类别，亦即职业。需要说明的是，职业种类与名称是不断发展变化的，发达国家或地区往往每年或定期发布新的职业目录。

表1-1　职业的种类

大类（职业类别）	中类	小类	细类（职业）
国家机关、党群组织、企事业单位负责人	5	16	25
专业技术人员	14	115	379
办事人员与有关人员	4	12	45
商业、服务业人员	8	43	147
农、林、牧、渔、水利生产人员	6	30	121

大类(职业类别)	中类	小类	细类(职业)
生产、运输设备操作人员及相关人员	27	195	1 119
军人	1	1	1
不便分类的其他从业人员	1	1	1
小计	66	413	1 838

第二节　职业生涯规划

"凡事预则立,不预则废",在人才竞争日趋激烈的时代,是否明确地规划了自己的职业生涯,已成为我们能否成功的必备条件。众所周知,一个企业的发展离不开战略、战术及强大的执行力——战略是企业发展的核心和方向,战术和执行力是实现战略的有效手段。个人职业生涯规划亦如此,它是我们个人未来发展的战略和战术的结合体,而坚持不懈的执行同样是实现它的保障。

职业生涯设计的目的决不只是协助个人按照自己资历条件找一份工作,实现个人目标,更重要的是帮助个人真正了解自己,为自己定下事业大计,筹划未来,拟定一生的方向,进一步详细估量内外环境的优势和限制,在"衡外情,量己力"的情形下设计出合理且可行的职业生涯发展方向。职业生涯活动将伴随我们的大半生,拥有成功的职业生涯才能实现完美的人生。因此,职业生涯规划具有特别重要的意义。第一,职业生涯规划可以发掘自我潜能,增强个人实力。机会要靠自己设计和创造,个人自我确定的发展目标非常重要,确定一个清楚的目标和计划,然后一步一步走下去,这会得到更好的发展。行之有效的职业生涯规划将会:①引导你正确认识自身的个性特质、现有与潜在的资源优势,帮助你重新对自己的价值进行定位并使其持续增值;②引导你对自己的综合优势与劣势进行对比分析;③使你树立明确的职业发展目标与职业理想;④引导你评估个人目标与现实之间的差距;⑤引导你前瞻与实际相结合的职业定位,搜索或发现新的或有潜力的职业机会;⑥使你学会如何运用科学的方法采取可行的步骤与措施,不断增强你的职业竞争力,实现自己的职业目标与理想。第二,职业生涯规划可以增强发展的目的性与计划性,提升成功的机会。生涯发展要有计划、有目的,不可盲目地"撞大运",很多时候我们的职业生涯受挫就是由于生涯规划没有做好。第三,职业生涯规划可以提升应对竞争的能力。当今社会处在变革的时代,到处充满着激烈的竞争。职业活动的竞争非常突出。物竞天择,适者生存。要想在这场激烈的竞争中脱颖而出并立于不败之地,必须设计好自己的职业生涯规划,这样才能做到心中有数,不打无准备之仗。部分大学生没有充分认识到职业生涯规划的意义与重要性,认为找到理想的工作靠的是学识、业绩、耐心、关系、口才等条件,认为职业生涯规划纯属纸上谈兵,简直是耽误时间,有那时间还不如多跑两家招聘单位。这是一种错误的观念,到头来感叹招聘单位是有眼无珠,不能"慧眼识英雄",叹息自己英雄无用武之地。实际上未雨绸缪,先做好职业生涯规划,磨刀不误砍柴工,有了清晰的认识与明确的目标之后再把求职活动付诸实践,这样的效果要好得多,也更经济、更科学。职业生涯规划既然如此重要,那么,什么是职业生涯规划呢? 我们应该如何科学地规划自己的职业生涯呢?

一、职业生涯规划的含义

"涯"的本意是水边,泛指边际。对于"生涯"一词有诸多解释,目前较为适用的说法是美国生涯理论专家萨珀的观点:"生涯"是生活里各种事件的方向;它统合了个人一生中各种职业的角色,由此表现个人独特的自我发展形态;它也是人生自青春期至退休所有有报酬或无报酬职位的综合,除了职位之外还包括与工作有关的各种角色。按照萨珀的观点,"生涯"由三个层面构成:一是时间,即个人的年龄或生命的时程,又可细分为成长、试探、建立、维持、衰退等时期;二是广度或范围,即每个人一生所扮演的各种不同的角色,如某人既是儿子、丈夫、父亲,又是处长、教师;三是深度,即个人投入的程度。生活中我们往往将生涯理解为某段特定的人生历程,一般说生涯时往往就是指职业生涯。英文 career 既可以指职业,也可以指生涯或职业生涯。

职业生涯规划(career planning)简称生涯规划,又叫职业生涯设计,是指个人与组织相结合,在对一个人职业生涯的主客观条件进行测定、分析、总结的基础上,对自己的兴趣、爱好、能力、特点进行综合分析与权衡,结合时代特点,根据自己的职业倾向,确定其最佳的职业奋斗目标,并为实现这一目标作出行之有效的安排。生涯设计的目的绝不仅是帮助个人按照自己的资历条件找到一份合适的工作,实现个人目标,更重要的是帮助个人真正了解自己,为自己定下事业大计,筹划未来,拟定一生的发展方向,根据主客观条件设计出合理且可行的职业生涯发展方向。简单地说,生涯规划就是指个人通过对职业的主客观因素分析、对自己现在及未来的职业取向、发展前景的事业目标以及实现这一职业目标所需要的内外条件和资源进行预先评估和谋划的活动。

二、职业生涯的发展阶段理论

对于职业生涯发展的阶段,不同学者有不同的观点。

美国著名的职业指导专家、职业生涯发展理论的先驱和代表人物金斯伯格 (Eli Ginzberg)认为职业生涯的发展分为幻想期、尝试期和现实期三个阶段,揭示了初次就业前人们职业意识或职业追求的发展变化过程。

美国学者萨珀把人的职业分为五个主要阶段:成长阶段、探索阶段、确立阶段、维持阶段和衰退阶段。美国心理学家格林豪斯(Greenhouse)的研究侧重于不同年龄阶段职业生涯所面临的主要任务,并以此为依据将职业生涯划分为五个阶段:职业准备阶段、进入组织阶段、职业生涯初期、职业生涯中期和职业生涯后期。

我们可以从哲学、心理学、社会学等多方面去理解人生。如果从职业发展角度去理解人生,可以把人的职业生涯分为三个阶段:职业选择阶段、职业阶段、事业阶段。

职业选择阶段——职业生涯发展的第一步

职业是人的职业生涯发展的第一步。一个正常的人,不管学历高低,最终都会走向职场,通过一个职位从事一份工作,获得生命赖以存活的物质条件,获得生命延续的基本安全。选择适合自己发展的职位,职业生涯才可能走向成功。大学生就业是职业发展的第一阶段。现在大学生就业时,很多人只看重工作单位,并不关心有没有适合自己的职位,不去认真思考如何寻找适合自己的职位,没有事前进行科学分析和选择。

职业阶段——职业生涯发展的第二步

职业既然是个人所从事的服务于社会并作为主要生活来源的工作,相对于职位来说必然具有较强的稳定性。个人如果选择的工作岗位非常适合自己,也就是职位与自己的个性、兴趣、能力及价值观非常匹配,所从事的工作就会成为自己的职业。职业选择阶段是个人与职位匹配性、适应性的选择期,职业阶段是个人与职位匹配性、适应性的吻合期。职位选择阶段与职业阶段区别的根本标志是所从事的工作与个人是否适应。个人在职业阶段,通过发挥自己的能力为社会创造一定财富,满足社会及公众的一些实际需要,同时个人也会有相对稳定的经济收入,可以满足个人对友爱和归属的需求、受尊重的需求、求知求美的需求。

事业阶段——职业生涯发展的第三步

事业能满足人们对成就与社会价值感的需要。如果一个人发现某个行业、领域或职业比较适合自己的价值观、能力、兴趣与性格时,他十有八九会把工作当职业,把职业当事业,即使没人要他干他也会自发地、自愿地干。

三、职业生涯规划的具体步骤

(一)自我评价

自我评价也就是要全面了解自己。一个有效的职业生涯设计必须是在充分且正确认识自身条件与相关环境的基础上进行的。要审视自己、认识自己、了解自己，做好自我评估，包括自己的兴趣、特长、性格、学识、技能、智商、情商、思维方式等。即要弄清我想干什么，我能干什么，我应该干什么，自己的兴趣、才能、学识适合干什么。人才测评是运用科学的心理测评方法、手段及计算机技术，从潜能及其发展的角度对个人的基本素质和能力倾向作出全面的客观评价，它有利于学生全面、科学地认识自我，为学生选择职业，确立未来发展的方向和进一步完善自我提供科学依据。人才测评可通过自我分析与可靠的量表工具的测量，评估自己的职业倾向、能力倾向和职业价值观。例如，可以借鉴美国职业指导专家霍兰德所创的职业性向测验，把个性类型分为现实型、研究型、艺术型、社会型、企业型和常规型六种类型，任何一种环境大体上都可以归属于其中一种或几种类型的组合。通过类似的职业性向测验能够更好地实现个性与职业之间的匹配。整个规划流程中正确的自我评价是最为基础、最为核心的环节，它决定着个人职业生涯的方向，也决定着职业生涯规划的成败。这一环节做不好或出现偏差，就会导致整个职业生涯规划各个环节出现问题。

（二）确立目标

确立目标是制定职业生涯规划的关键。通常，目标分成短期目标、中期目标、长期目标和人生目标，并对各个规划期及要实现的目标进行分解。长期目标需要个人经过长期艰苦努力、不懈奋斗才有可能实现。确立长期目标时要立足现实、慎重选择、全面考虑，使之既有现实性又有前瞻性。短期目标更具体，对人的影响也更直接，也是长期目标的组成部分。每个人都是作为不同的个体存在的，不同的个体之间的个性、能力、兴趣不同，即使是当他们面对同一环境时所获得的现实机会也是有很大差异的。因此，当一个人在作出职业选择的时候就必须在个体特征和现实机会之间取得平衡，大学生在正确评价自我时必须明白社会允许做什么。

（三）环境评价

职业生涯规划还要充分认识与了解相关的环境，评估环境因素对自己职业生涯发展的影响，分析环境条件的特点、发展变化情况，把握环境因素的优势与限制。大学生从一进校门而不是毕业才开始思考就业问题，所有在校学生应从低年级开始就有机会了解劳动力市场、了解企业，才不至于到了要毕业时才发现准备工作都没做好。年轻虽然是资本，但是如果毕业生能够早一点了解社会，就能够更早一点确定职业方向和目标，少走弯路，比你到大学毕业以后再择路更有效益。这也就需要社会给大学生提供在校期间就能了解社会的服务，而这也是比较缺乏的，大学生也需要具有主动性和危机意识，有意识地弥补自己在此方面的不足。

大学生应了解本专业、本行业的发展态势,本行业在整个国民经济中的比重,国家的政策支持,行业普遍收入水平。同时,把握企业对员工素质的要求也是非常重要的。

(四) 职业定位

研究表明,一个人所从事的工作与其职业兴趣、时间相吻合,能发挥其全部才能的 80%～90%,并能长期地保持高效率的工作而不疲劳;反之,在这方面只能发挥全部才能的 20%～30%,还容易产生厌倦和疲劳。职业定位就是要为职业目标与自己的潜能以及主客观条件谋求最佳匹配,是选择和发展自己的职业时所围绕的中心。良好的职业定位是以自己的最佳才能、最优性格、最大兴趣、最有利的环境等信息为依据的。职业定位过程中要考虑性格与职业的匹配、兴趣与职业的匹配、特长与职业的匹配、专业与职业的匹配等。职业定位应注意:①依据客观现实,考虑个人与社会、单位的关系;②比较鉴别,比较职业的条件、要求、性质与自身条件的匹配情况,选择条件更合适、更符合自己特长、更感兴趣、经过努力能很快胜任、有发展前途的职业;③扬长避短,看主要方面,不要追求十全十美的职业;④审时度势,及时调整,要根据情况的变化及时调整择业目标,不能固执己见、一成不变。正如新希望集团贸易公司总经理王新彪所言:有专业技能,并且思考定位问题,要有事可做,你掌握的专业技能应符合企业的需要,能用、够用。

(五) 实施策略

实施策略就是要制定实现职业生涯目标的行动方案,要有具体的行为措施来保证。没有行动,职业目标只能是一种梦想。要制定周详的行动方案,更要注意去落实行动方案,个人努力是职业生涯发展的最重要因素。"很多大学生刚毕业就想我要作出什么大事情,其实我们需要的恰恰是从业心态'归零'、愿意从基层干起、乐意向前辈学习的具有实干精神的年轻人。"实际上,企业录用员工最看重的六种素质依次是:综合素质、敬业精神、专业技能、沟通与表达能力、团队精神、诚信。因此,在实施过程中必须加强职业意识训练:①工作责任意识训练。体验责任,理解工作责任感对职业活动顺利进行的重要责任,以及对个人职业生涯发展的重要影响,树立工作责任,培养尽职尽责的良好职业作风。②规范意识训练。帮助树立规范意识,培养遵守规矩、做事严谨的良好职业作风。③质量意识训练。认知质量,体验质量对个人职业生涯发展的重要性。④服务意识训练。建立服务意识,理解并体验优质、便捷、及时的服务是任何一个组织生存和发展的前提,对个人职业生涯发展起着重要作用。⑤沟通能力训练。强化沟通技巧,掌握沟通技巧,培养沟通习惯。⑥团队合作意识训练。理解团队在现代组织行为中的重要作用,强化团队精神,帮助建立团队合作意识。

（六）评估与反馈

整个职业生涯规划要在实施中去检验，看效果如何，及时诊断生涯规划各个环节出现的问题，找出相应对策，对规划进行调整与完善。职业生涯规划是一个动态的变化过程。当今社会处于激烈的变化过程中，大学生的就业观念也要相应地改变，打破传统的"一业定终身"的理念，就业、再就业是大趋势，职业生涯规划也随之根据各种变化来调整。环境的变化导致自我观念的变化，反映到职业生涯规划上来，就不能一次把终身的职业生涯的每一个具体细节都确定下来。大学生职业生涯规划的侧重点在职业准备、职业选择、职业适应三个阶段。大学生要对职业进行物质、心理、知识、技能等各方面充分的准备，还要根据各方面的分析与自己的职业定位合理客观地对职业作出选择。对即将踏入的职业活动要有一定的合理的心理预期，包括工作的性质、劳动强度、工作时间、工作方式、同事以及上下级关系都要快速适应，使自己与社会发展、所学知识与专业进步、自身潜力与将来职业发展能够同频共振，迅速成为一个成功的职业者。职业生涯规划的意义在于寻找适合自身发展需要的职业，实现个体与职业的匹配，体现个体价值的最大化。科学合理的职业生涯规划是每一个大学生就业的必要工作，也是每一个大学生职业生涯发展过程中的必然要求。对于刚踏入大学校门的学生来说，做好完整的职业生涯规划有相当难度，但一定要有职业生涯规划的意识，多向有关职业指导机构及身边的成功人士请教。职业的发展过程是一个不断实践、探索、总结、反思的行为过程。规划职业要有全局意识，应该知道自己适合做什么，应该做什么，以及怎样实现自己的目标。没有天生的拿破仑，没有爱一行干一行，只有干一行爱一行。这样才能摆脱在发展过程中的不足，走出困扰前进的怪圈，迈向职业发展的坦途。

第三节　人职匹配与职业选择

一、人职匹配理论的主要内容

随着社会的发展，社会分工越来越细，现代职业对人的要求也越来越高。在这种情况下，一个人不可能在各方面都具有很强的能力，也就是个人的局限性在职业生活中逐步地表现出来。职业选择与匹配，让人们能充分了解自己的优势所在，并尽可能地选择能运用其优势能力的职业，这就是扬长避短，最大限度地减少人力资源使用的失误。人职匹配理论是最经典的职业生涯规划理论，包括帕森斯的"特质因素论"、霍兰德的职业兴趣理论以及在此基础上形成的各种流派。

（一）帕森斯的"特质因素论"

最早的职业生涯规划理论是帕森斯的"特质因素论"。该理论认为人们可以通过心理测验认识到自己的个性，并通过观察、问卷、个案分析等工作分析方法了解各职业对人们能力的要求，最终帮助人们找到最适合自己的职业。帕森斯提出了达到这个目的的六个步骤：分析、综合、诊断、预测、咨询和重复。"特质因素论"强调个人与职业环境两方面的因素，包括能力倾向、兴趣、人格等，而不同的职业也都有一些特定的特性和要求，个人的特质与工作因素越匹配，人就能够更适应工作，并能增加个人的工作满意度、职业稳定性和成就感。1908 年帕森斯在《选择职业》一书中指出了职业咨询的步骤："第一，应清楚地了解个体的态度、能力、兴趣、智谋局限和其他特性；第二，成功的条件及所需的知识，在不同工作岗位上所占有的优势、不利和补偿、机会和前途；第三，上述两条件的平衡。"其含义是将个人的主观条件与对个体有一定可能性的社会职业岗位相对照、相匹配，从而选择一种职业。这一经典理论后来由著名职业咨询专家威廉逊（E. G. Williamson）等人进一步发展和定型。该理论认为每个人都有自己独特的人格特征与能力特点，并与社会的某种职业相关联。职业指导就是要帮助个人寻找与其特性一致的职业，以达到人与职业之间的合理匹配。这种人职匹配的过程具体包括以下三个步骤：

（1）特性评价。评价被指导者的生理、心理特性，职业能力测验，职业兴趣评价，人格测验，以及有关被指导者的家庭文化背景、父母职业、经济收入、学业成绩、闲暇兴趣等，从而获得全面的材料，作出综合评价。

（2）职业因素分析。指分析职业的各种因素，包括各类职业内容、特点，提出对从业人员的具体要求。

（3）个人特性与职业因素的匹配。根据被指导者特性评价与社会职业因素分析结果，对个人进行职业咨询与指导，从而达到人与事的合理匹配。这一理论提供了职业生涯规划的基本框架，如图 1-1 所示。

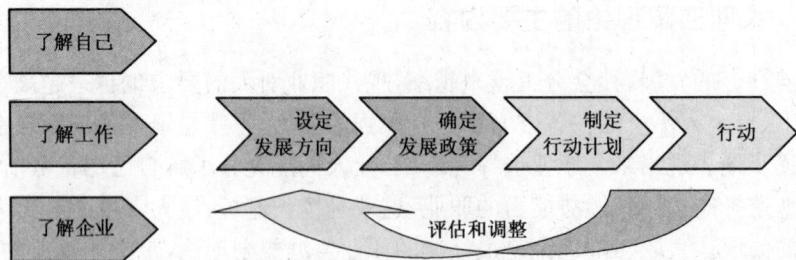

图 1-1　职业生涯规划的基本框架

根据上述理论,我们可以帮助学生进行职业生涯规划。首先,引导学生探索自我,了解自身特点、需要;其次,探索职业环境,发展和探索关于自己的信息和选择;再次,在前两步的基础上制定职业生涯目标,确定具体的阶段目标和相应的行动计划,并在探索中不断评估、反馈,最终实现个体职业生涯的完美发展。其中,学生对自我的探索是生涯问题解决和生涯决策制定的开始。

（二）霍兰德职业兴趣理论及霍兰德六角形模型

运用"特质因素论"理论分析往往取得较好的职业指导效果,且成功率高。不足之处是这一理论忽视了人的整体性,且该理论过于简单,而目前的心理测量和工作分析技术并不能精准测量出人们的个性与职业的要求,并忽视了人的社会心理对选择职业的影响。因此霍兰德提出的职业兴趣理论渐渐成为主流。他把千差万别的人格类型归纳为六个基本类型,同时把成千上万的职业划分为相应的六大类,每一人格类型对应于一个职业类型。

下面是六种人格类型及相应的职业类型:

（1）现实型。这种类型的人喜欢有规则的具体劳动和需要基本技能的工作,但缺乏社交能力。适应从事的工作主要是熟练的手工工作和技术工作,如制图员、司机、电工、机械工、运输工、产业工人以及木工、瓦工、铁匠、修理工等。

（2）调查型。这类人喜欢智力的、抽象的、分析的、推理的和独立的定向任务,但缺乏领导能力。这类人所适合的工作主要是科学研究和实验工作,包括各类科学研究人员,如气象学者、天文学者、地质学者以及物理学、生物学、化学、数学等学科的科学工作者。

（3）艺术型。这类人喜欢通过艺术作品来达到自我表现的目的。他们感情丰富、善于想象,对艺术创作充满兴趣,但缺乏办事能力。适合从事的工作如室内装饰、图书管理、诗人、作家、演员、记者以及音乐、书画、雕塑、舞蹈、摄影等各类文学艺术工作者。

（4）社会型。这类人对社会交往感兴趣,愿意出入社交场所,关心社会问题,愿为社会服务,但缺乏机械能力。所从事的职业主要是与人打交道和为人办事的工作,即教育人、医治人、帮助人、服务于人的工作,如教师、医生、护士、律师、服务员、公关人员以及社团工作者和社会活动家等。

（5）管理型。这类人性格外向,对冒险活动、领导角色感兴趣,具有支配、劝说和使用语言的技能,喜欢管理和控制别人。这类人缺乏的是科学研究能力,适合的主要是管理、决策方面的工作,如国家机关及机构负责人、党团干部、经理、厂长、推销员以及宣传、推广等工作。

（6）常规型。这类人对系统的有条理的工作感兴趣,讲究实际,喜欢有秩序的生活,习惯按照固定的规程、计划办事。他们习惯选择与组织机构、文件档案和日程表之类的东西打交道的工作,如办公室办事员、图书管理员、税务员、统计员、出纳员、秘书以及打字、校对工作等。

图1-2是霍兰德六角形模型。

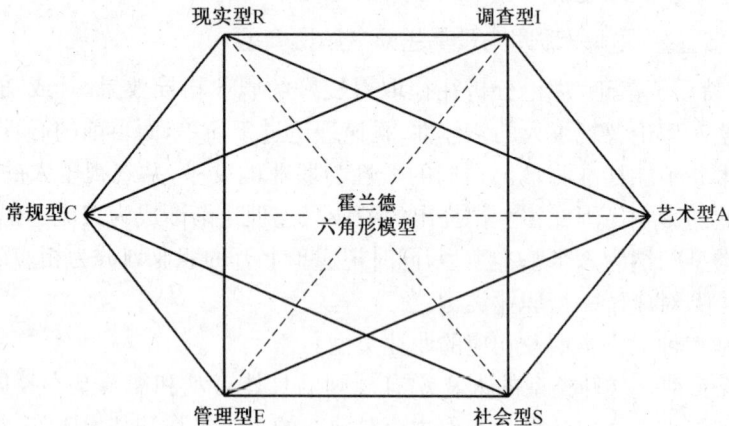

现实型R　　调查型I

常规型C　　霍兰德六角形模型　　艺术型A

管理型E　　社会型S

图1-2

（三）霍兰德职业兴趣理论的发展演变及工作世界图

普雷迪格在霍兰德六角形模型的基础之上加上了两个维度——人和物维度、数据和观念维度,形成了维度模型。如此一来,职业的类型和职业的性质得以有机地结合起来。美国大学测试中心（ACT）把普雷迪格的研究进一步推向了深入,在兴趣的两维基础上,他们将职业群体的具体位置标定在坐标图上,从而得到工作世界图。该图共分为12个区域,共有23个职业群被标定在图中。如图1-3所示。

需要指出的是,这种划分是相对的,具有某种典型人格类型的人是存在的,但是绝大多数人属于混合型。

（四）对人职匹配理论的评价

20世纪70年代以后,情况发生了变化,许多学者对人职匹配理论提出了批评。原因主要有三个方面:

（1）职业种类如此繁多,并且不断地发展变化,很难确定每种具体职业所需要的个人特性,最多只能限于通用性强的职业和少数特殊职业。

（2）人的特性不仅非常复杂,而且处在不断变化和发展过程中,各种测量个体特性差异的工具虽经多次修改和研制,但其效度和信度仍然不能令人满意。这就限制了人职匹配方法的普遍推广。

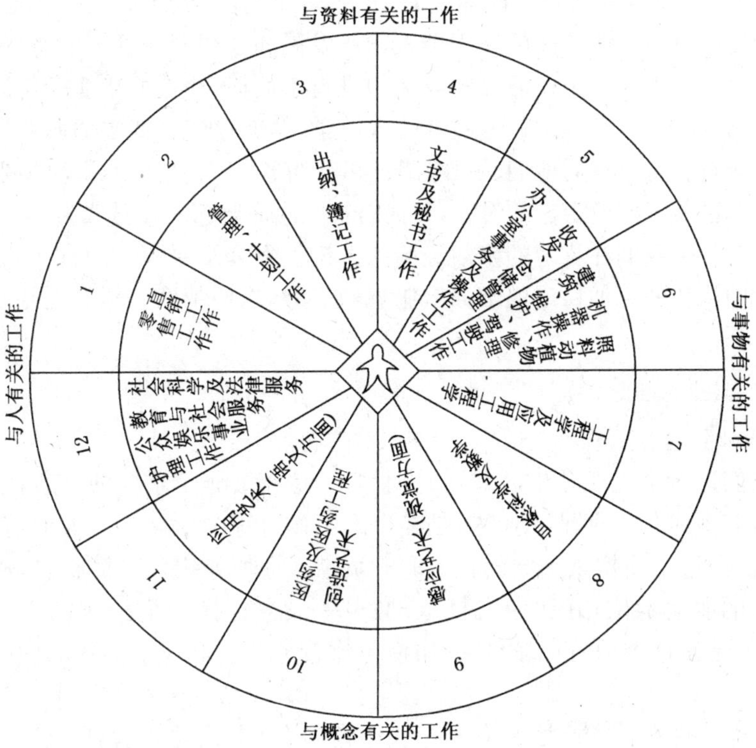

图 1-3

（3）影响人们选择职业和适应职业的因素是复杂的，除了个性因素外，还受社会需要、社会心理、舆论、传统观念以及家庭状况等多方面的影响。这是人职匹配理论所忽视的。

此外，这个理论还忽视了人适应职业的主动性和个体的可塑性，过分地强调对个性特点的适应。这种过于机械的做法必然导致许多人难以找到适合自己"特点"的工作，而有些工作又找不到"合适"的人。

尽管如此，人职匹配理论在职业咨询中的地位仍然是不可忽视的，它是迄今为止最重要的职业咨询理论之一。特别是人职匹配理论的创立者们根据这一理论提出的一套职业咨询模式，被职业咨询者广泛应用。

二、职业锚理论与职业定位

"职业锚"这一概念最初产生于施恩领导的美国麻省理工学院斯隆学院的专门

小组，是从斯隆管理学院毕业生的职业生涯纵向研究中演绎而成的(施恩，1968，1975)。1961—1963 年斯隆管理学院的 44 名毕业生，自愿形成了一个专门小组，配合和接受施恩教授所开展的关于个人职业发展和组织职业管理的研究与调查。施恩在他们毕业半年和 1 年后分别与他们进行了面谈，在他们毕业 5 年后进行了问卷调查，并在 1973 年请他们返回麻省理工学院，就他们演变中的职业和生活接受面谈和调查。施恩在对他们的跟踪调查和对许多公司、个人及团队的调查中，逐渐形成了自己关于职业定位的看法，并提出了职业锚概念。施恩认为"设计这个概念是为了解释当我们在更多的生活经验的基础上发展了更深入的自我洞察时，我们的生命中成长的更加稳定的部分"(施恩，1978)，以便帮助工作者更好地进行职业定位。

（一）职业锚理论

1. 职业锚理论的内涵

当我们进行个人职业生涯规划时，职业锚是一个非常重要的概念，它能帮助我们进行职业定位。所谓职业锚，是在个人工作过程中依循着个人的需要、动机和价值观，经过不断搜索确定的长期职业贡献区或职业定位。简言之，职业锚是指某个人的职业定位，好比渔夫打鱼，渔夫一般会选择一个相对固定的地方抛锚，因为他觉得这个地方比较可靠，出海也比较方便。职业锚的核心内容由三部分组成：

（1）自身的才干和能力，以各种作业环境中的实际成功为基础；

（2）自身的动机和需要，以实际情境中的自我测试和自我诊断的机会以及他人的回馈为基础；

（3）自身的态度和价值观，以自我与雇佣组织和工作环境的准则和价值观之间的实际遭遇为基础。

2. 如何深入理解职业锚理论

职业锚理论是早期个人和工作情境之间相互作用的产物，只有经过若干年的实际工作后才能被发现，要深入全面地理解职业锚的内涵，还要注意以下几个方面：

（1）职业锚产生于早期职业生涯阶段，以雇员习得的工作经验为基础。个人在面临各种各样的实际工作生活情境之前，不可能真正地了解自己的能力、动机和价值观之间将如何相互作用，以及在多大程度上适合自己所做的职业。只有在新雇员工作了若干年、习得工作经验后，方能够选定自己稳定的长期贡献区。因此，新雇员的工作经验，产生、演变和发展了职业锚。在某种程度上，职业锚是由雇员实际工作经验所决定的，而不只是取决于个人潜在的才干和动机。

（2）职业锚强调个人能力、动机和价值观三个方面的互相作用与整合。职业锚是雇员自我观中的才干、动机、需要、价值观和态度等互相作用和逐步整合的结果，而不是只重视其中的某一方面。在实际工作中，新雇员重新审视自我，逐步明确个人的需要与价值观，明确自己的擅长所在以及今后发展的重点，并且针对符合个人需要与价值观的工作，自觉地改善、增强和发展自身的才干，经过这种整合，新雇员寻找自己长期稳定的职业定位，达到自我满足和补偿。

（3）职业锚是不可能根据各种测试提前进行预测的。职业锚是个人同工作环境互相作用的产物。由于实际工作的偶然性，职业锚是不可能根据各种测试对能力、才干或者动机、价值观等进行预测的，只有新雇员在工作实践中，依据自身的已被证明的才干、动机、需要和价值观，经过多次确认和强化以后，才能找到自己的职业定位。

（4）职业锚不是固定不变的。虽然职业锚是个人稳定的职业贡献区和成长区，但这并不意味着个人的职业锚是固定不变的。这是因为随着雇员职业工作的进一步发展，以及个人生物社会生命周期和家庭生命周期的成长、变化，职业锚本身也可能发生变化，雇员在职业生涯的中后期可能会根据变化了的情况，重新选定自己的职业锚。因此，一个人的职业锚是不断发生变化的，它实际上是一个不断探索过程中所产生的动态结果。

3. 职业锚的类型

施恩从大量的跟踪调查研究中总结了五种职业锚的类型：

（1）技术/功能型职业锚。技术/功能型职业锚的人愿意在专业领域里发展，追求在技术/功能领域的成长和技能的提高，以及应用这种技术/功能的机会。注重个人在专业技术领域的进一步发展，喜欢面对挑战和独立开展工作，希望不受资源限制地开展自己认为正确的工作，大多从事工程技术、财务分析、系统分析、企业计划等工作。拒绝一般的管理性质的工作，因为这将意味着他们放弃技术/功能领域的成就。追求在技术/功能领域获得专家的肯定和认可，以及承担日益增多的富有挑战性的工作。其成长和获得成功看中的主要不是等级地位的大幅度提升，而是其专业地位的提高和技术领域的扩大。

（2）管理型职业锚。管理型职业锚的人有强烈的愿望去做管理人员，同时经验也告诉他们自己有能力达到高层领导职位。承担较高责任的管理职位是这些人的最终目标。他们倾心于全面管理，追求权力；具有强烈的升迁动机和价值观，追求并致力于职位、收入的提升；善于与人沟通；具有较强的分析能力和领导、操纵、控制他人的能力；对组织有很大的依赖性。

（3）创造型职业锚。创造型职业锚的人需要建立完全属于自己的东西，或是以自己名字命名的产品或工艺，或是自己的公司，或是能反映个人成就的私人财产。他们认为只有这些实实在在的事务才能体现自己的才干。他们具有强烈的创造需求的欲望;意志坚定,勇于冒险。

(4)安全/稳定性职业锚。安全/稳定性职业锚的人最关心的是职业长期的稳定性和安全性。他们为了安定的工作、可观的收入、优越的福利与养老制度等付出努力。对他们来说,一份安全稳定的职业、一笔体面的收入、优越的福利和良好的退休保障是至关重要的。他们比较容易接受组织,倾向于根据雇主对他们提出的要求行事,不越雷池半步,对组织有较强的依赖性。

(5)自主/独立型。自主/独立型职业锚的人更喜欢独来独往,希望随心所欲地安排自己的工作方式、工作习惯和生活方式。追求能施展个人能力的工作环境,最大限度地摆脱组织的限制和制约。在选择职业时他们宁可放弃提升或工作拓展的机会,也不愿意放弃自身的自由与独立,视自主为第一需要。很多有这种职业向往的人同时也有相当高的技术型职业定位。但是他们不同于那些单纯的技术型定位的人,他们不愿意在组织中发展,而是宁愿做一名咨询人员,或是独立从业,或是与他人合伙开业。其他独立自由型的人往往会成为自由撰稿人,或是开一家小零售店。

上述五种职业锚之间可能存在着交叉,但是,每一种都有一个最突出、最强烈、最易识别的特性,便于识别。职业锚是个人与工作情景之间互相作用的产物,必须经过一定时间的实际工作的内化沉积才能被发现。

(二)职业定位

1. 职业定位的内涵

职场生涯短暂,走过弯路固然会增强自己的抗击打能力,但如果弯路走多了,快步走在"职业阳关道"上的时间还能剩下多少呢?所以,找准自己的职业锚、定位准确就显得尤为重要,要经常看看自己是否已经走歪,偏离航向了。

2. 职业定位的意义

(1)定位准确,可以获得更加长足的发展。人的职业生涯是有限的,国家与企业都有定位和长期的发展计划,而个人往往忽略了定位,在发展中带有盲目性,也因为不清楚自己要什么,从而无法体会如愿以偿的感觉。有些人把时间用于追逐不是自己真正适合的工作上,但是随着竞争的加剧会感觉后劲不足。在早期职业市场不完善的情况下,机会很多,而现在职业市场已经逐步成熟,在机会越来越难抓的今天,为自己定位找到正确的发展路线就刻不容缓了。

(2)定位准确,可以善用自己的资源。集中精力的发展,而不是"多元化发展",是职业发展的一个规律。有些人多年来涉足很多领域,学习很多知识,博而不专,虽然表面看起来什么都懂,无其不知无其不晓,但其实内部很虚弱,每一项能力上都没有很强的竞争力，外强中干。人们常说，"学 MBA 吧，大家都在学"，"出国吧，再不出国就来不及了"，"读研究生和博士吧，年龄大了就读不动了"。现实已经说明，MBA、出国、研究生和博士生不代表持续的发展，投资很多，收益很少，过于分散精力反而会让你失去原有的优势。

（3）定位准确，可以抵抗外界的干扰，不会轻言放弃。有的人选择工作，用现实的报酬作为准则，哪里钱多去哪里，什么时尚干什么，以至于放弃自己本已不错的职业。但事实上，头几年这一职位在待遇上会有一些优势，但是后来差距越来越小了，甚至风水轮流转，今天时尚的过几年不再时尚了，从前挣钱容易的职业几年后挣钱不再简单，有的人凭借机遇获得一个好职位，但是轻易地放弃了。给自己准确定位，你就会理性地面对外界的诱惑。

（4）定位准确，能吸引合适的用人单位的眼球，或使上司正确地培养自己，调动一切有利因素帮助自己发展。很多人在写简历和面试的时候，不能准确地介绍自己，使得面试官不能迅速地了解你；有的人在职业上摇摆不定，使得单位不敢委以重任；还有的人经常换工作，使得朋友们不敢积极相助。定位不准，就好像游移的目标，让人看不清真实的面目。

（5）定位准确，最大限度地发挥个体才能、特长。个体差异和社会职业的多样性是职业选择"人职匹配"的前提。心理学研究表明，人与人之间的差异最主要的表现在身体素质、智力和个体特征上，个体差异的存在决定了一个人对于某种职业的适应性不同，同时不同的社会职业因其工作内涵、自身性质的不同，使得它对求职者的要求是不一样的。职业选择和定向匹配能使个体充分自由地找到既符合自身的个性特征、兴趣，又能最大限度地发挥自身才能，从而最大限度地发掘人的潜能，提高工作绩效。

（6）定位准确，使得人尽其能，合理地配置人力资源。每个人都具有一个由多种能力组成的能力系统，并且这个能力系统中各方面的能力发展是不平衡的。每个人都有比别人强的能力，也肯定有不如他人的能力。如有的人可能人际交往、组织能力比较强，但沉稳、细致并能静下心来做研究的能力就不一定强。人与人之间存在着能力类型的不同和水平的差异。

人职匹配，除了个人的努力外，还需组织上创造条件。作为组织，应该了解每个人的气质、性格、能力、价值观和理想等，尽可能合理地使用人才。如某大学选拔图书馆馆长，领导看中一位学术水平很高、群众威信好的教授，没想到上岗时间不长，教授馆长就把图书馆搞得一团糟。因为教授虽然有一流的学术水平，但在处理平衡各种人际关系方面就差得多了。通过职业选择，个人能力与职业能尽可能相匹配，才能做到人尽其能，达到人力资源的合理配置。

（7）定位准确，能最大限度地满足社会需要，提供更全面的服务。人和职业能否相匹配对个人和组织来说都至关重要，因为每一种职业都有其特定的社会地位和价值。某一个性类型的劳动者只有从事与其类型相同的职业，才能发挥所长，做好工作。如果因从业人员的不称职而导致某种职业在社会上的声望降低，既对该职业造成不良的社会影响，又难以为社会提供更全面有效的服务，也会对从业人员发挥自己的能力造成影响。通过"人职匹配"，为每个个体找到最能发挥其能力也最适合他工作的职业，是实现职业定向选择、完成"人职匹配"、对社会负责任的做法。它不仅能帮助个体达到和实现个人目标，而且能帮助个体真正了解自己，并根据自己的能力特征，更好地开发自己的潜能，最大限度地帮助个体一步步走向完善。同时，这也是对社会、对相关职业的最优化的发展。现代职业的一个新概念：把握自我和把握职业，尊重自己和尊重职业。"人职匹配"和职业定向只有在充分认识自身条件与相关环境的基础上才能得以实现，对自我及环境了解得越透彻，"人职匹配"职业定向的客观性、有效性就越强，对社会提供的服务也就更全面和优化。同时，职业定向选择既满足社会需要，也体现个体承担社会责任，履行公民义务。

3. 如何进行科学的职业定位

（1）定位是自我定位和社会定位两者的统一。原则上，个人定位是根据个人的兴趣、爱好、核心能力、对工作生活的看法、个人目标、市场状况、切合实际等原则进行个人定位。一个人只有在了解自己和了解职业的基础上才能够给自己准确定位。

（2）为自己定位大致可分为两步：首先，要了解自己，主要是核心价值观念、动力系统、个性特点、天赋能力、缺陷等。方法：可以自我探索，可以请他人做评价，可以借助心理测验——充分地了解自己，一个人一辈子只要能发现自己的优势并把它发挥到极致就非常优秀了。其次，要了解职业，包括职业的工作内容、知识要求、技能要求、经验要求、性格要求、工作环境、工作角色等。方法：询问业内的专家，参照业内成功人士。

（3）要了解自己和职业要求的差距，需要仔细地比较各个方面要求的差距。你可能会有多种职业目标，但是每个目标带给你的好处和弊端不同，你需要根据自己的特点仔细地权衡选择不同目标的利弊得失，还要根据自己的现实条件确定达到目标的方案。

（4）要确定如何把自己的定位展示给面试官和上司。确定了自己的职业取向和发展方向之后，你需要采用适合的方式传达给面试官或者上司，以此获得入门和发展的机会。

随着社会的进步和科学技术的发展，职业对人们的任职素质的要求也越来越高。每项职业，都要求从事的人员具备与之相适应的素质，例如思想品德素质、知识与技能素质、身心健康素质等。同样,由于每个人的思想、文化、身体、心理素质以及家庭条件有所不同,对职业有各自的需求与选择,于是就产生了职业对人的选择和人对职业的选择。

三、职业的选择

(一)职业选择的内涵及其主流理论派别

职业选择是一个复杂的过程,是指人们受到主体的需求动机、自身条件制约,既要考虑职业的声望、地位、社会意义、经济报酬、劳动强度、晋升机会,也要考虑自身的才能、兴趣、爱好等,是一种从主客观多方面进行综合考虑后作出的实实在在的价值判断。职业选择的理论众说纷纭,内容差别很大,且都没有全面地阐述明白这一问题。不同的职业选择理论强调了职业选择的不同方面,有的强调周围环境及其对职业选择的影响,另一些则把个人行为置于职业选择的中心地位。现在比较流行的有以下几种职业选择理论:

1. 金兹伯格的职业选择发展过程论

金兹伯格把职业选择理解为一个发展过程,并将其划分为三个时期:一是幻想式选择时期(7~11岁),主要是对职业进行理想化的想象,而忽视自身情况和外部现实;二是尝试性选择时期(11~17岁),表现为职业兴趣越来越多地取决于个人因素,如个人的爱好和价值观等;三是实际的职业选择时期(17岁之后),这个时期又可具体分为搜集信息的探索期、职业确定期和弄清可行性的实施期。

2. 克伦波尔的职业选择学习过程论

克伦波尔认为,职业选择也是一个学习的过程,个人在其禀赋和周围环境的影响下,经历着一个又一个的学习过程。这些学习过程不断改变着他(她)的自我认识和解决问题的方法,其结果总是令他(她)产生新的择业倾向以及与此相适应的择业行为,这些行为又作为新的学习经验,对他(她)的自我设计和下一步择业行为产生影响。这一连串的学习过程以及随之而变化的人生观、世界观决定着他(她)的职业生涯。

3. 达海姆的职业选择配置论

达海姆等人把职业选择过程的解释由个人的角度扩展到了社会。在现实生活中,职业并不是由人任意选择的,相反,这种选择常常受到社会和经济等各方面的限制。虽然个人也对这一过程起着重要的作用,但职业选择最终仍然是一个社会配置的过程,择业者只能在这个有限的选择范围内按照各自的择业标准(如兴趣、特长、价值观等)作出决定,在当时当地的政治、社会和经济条件下实现自我发展计划。

4. 霍兰德等人的职业选择个性—职业匹配理论

霍兰德等人的基本观点是:根据鉴别心理学,每个人的个性特点都有特定的模式,每一个职业都有其特殊的要求和满足人们某种需求的典型特征,择业者总是力图找到并从事一种最符合自己个性特点的职业。所学专业的含义和职业选择是完全不同的两个概念。职业选择指的是大学生对于自己将来希望从事职业的一个理想化的选择,而大学生现在所学的专业在很多情况下并不是主观的选择,而是很多因素共同作用的结果,比如成绩的影响、高考志愿中的服从调剂等等,都可能让大学生去学一个自己本来不愿意选择的专业。

(二)职业选择应遵循的原则

大学生通过自我评估、职业素质的评估,认识自己,分析形势,形成就业决策,作出自己的职业选择。在职业选择中要做到:

1. 学以致用

所谓学以致用,狭义上是指"专业对口",广义上则是指毕业生无论从事何种类型的职业,其工作性质与所学专业有密切的联系,可以是本专业范围内的工作,也可以是相近专业的工作。学以致用,可以充分发挥大学毕业生的专业特长,使毕业生在工作中如鱼得水,脱颖而出,取得事业上的成功,同时也能避免人才浪费。

2. 扬长避短

首先,毕业生应结合自己的专业特长、性格特征和爱好选择自己的就业单位;其次,毕业生在自荐和应聘过程中,要充分展示自己的特长,如学习成绩、获奖记录、实习和实践经历以及社会工作能力等,还要知己知彼,通过与竞争对手的比较,对自己的优势和不足有比较客观的认识。无论何种职位,都要考虑自己所学专业知识适合何种职位,都要考虑自己所学专业知识在竞争该专业时是否有一定优势,看自己是否具备相应的性格特点以及是否与所学专业所要求的气质倾向一致。如果盲目应聘与自己所学专业毫不相干或与个人的爱好和性格不相一致的职位,则成功的可能性较小。

3. 成功就业

所谓成功就业,最低目标是成功地找到一个能接收自己的单位;较高目标是工作单位适合自己的长远发展,自己的自身条件也适合单位需求。如果毕业生在找到的单位中不能最大限度地发挥自己的作用,那么,即使这个单位其他方面的条件再好,也不能说是成功的就业。要确保成功就业,首先需要根据自身的情况确定一个适当的择业时机,寻找符合自身条件的目标单位并置于优先考虑的范围;其次,还应考虑应聘首选目标成功的把握性,并事先准备相应的对策,一旦首选目标单位应聘失败,必须及时作出调整,降低某一方面的标准,重新应聘适合自己并最有可能接收自己的单位,直到成功。

（三）职业选择的相关影响因素

国内外关于职业选择和专业选择影响因素的研究很多。其中，有广泛的研究，也有针对某一具体职业或具体专业的研究。赵志群（1995）指出，职业选择与很多因素有关，影响职业选择的因素有许多，至少有三方面的因素是不能忽略的：一是社会学方面的因素，如就业机会、培训机会、社会职业价值观、父母的职业态度等；二是心理学方面的因素，如个人的兴趣、能力、性格等；三是生理学方面的因素，如个人的长相、力量、感官机能等。此外，还包括个人情况、社会背景、受教育程度、居住地、社会机构、职业特点、劳动力市场与培训市场、性别、兴趣、能力、性格和职业价值观等因素。但他并没有进行具体的实证研究来验证自己的结论。Steven J. Gedde，MD 和 Donald L. Budenz，MD（2005）等人对医学院眼科毕业生进行了一个有关职业选择的研究。研究发现，影响职业选择的因素很多，其中最主要的因素有两个：一是获得特殊技能的愿望；二是知觉到的该职业在人才市场的声望。此外，还有生活方式的考虑等影响因素。Robert W. Lent 和 Steven D. Brown 等人（2002）对大学生的职业选择进行了研究，结果表明，职业选择的影响因素包括个人因素（如兴趣）、先前工作经验、社会背景（经济制约、社会支持等）。综合以上研究，我们可以把职业影响的相关因素分为两大类：第一类为各种社会环境因素，包括地域因素，社会政治、经济发展趋势，社会的变迁与价值观念，习俗因素，观念因素等；第二类为个性与职业选择。所谓个性是指一个人在其生活、实践活动中经常表现出来的、比较稳定的、带有一定倾向性的个体心理特征的总和，它由个性倾向和个性特征两部分组成。个性倾向包括需要、兴趣、价值观等；个性特征包括气质、性格、能力等方面。在进行职业选择时，只有正确分析自己的个性特点，处理好个性与职业选择的关系，才能找到个人与职业的最佳结合点，从而使人与职业相匹配，合理组合。下面分述之。

1. 各种社会环境因素与职业选择

对社会大环境的认识与分析包括当前社会政治、经济发展趋势；社会热点职业门类分布与需求状况；自己所选择职业在当前与未来社会中的地位情况。

国家政治环境的稳定水平、经济发展状况、就业政策等对个体的择业与就业都有重大影响。人生发展与社会环境密切相关，要分析哪些事情可以做，哪些事情不能干。特别是经济模式的变化对人的影响更大。比如，由过去的计划经济转为市场经济，加上知识经济社会的到来，无疑会影响到人们的生活方式，使之发生巨大的变化，对人的就业、人的发展、人的素质都提出更高的要求；社会的变迁与价值观念对于生活在社会中的个体来说也有重大的影响，要重点分析信息社会对职业生涯发展的影响，分析信息社会对人才成长的要求与挑战。首先是地理环境对择业有重大影响。一般来说,大城市,尤其是省会及省会以上的城市,作为全国或该地区的政治、经济、文化中心,不仅生活方便,条件优越,信息灵通,文化生活丰富,而且学习条件较好,深造机会较多。但是,大城市人才聚集,专业技术人才充盈,刚毕业的大学生由于经验少,工作不容易上手,这将会影响个人才能的施展。并且由于长期的四方积聚,人口基数太大,使得不少大城市不堪重负,在诸如住房、交通等方面,反倒不如许多中小城市宽松。假日里到处是人山人海,公园里、商店里人满为患,难得寻到一块静处。而中小城市的人口一般在 100 万以下,具有较优越的资源条件和生活环境,经济发展的前景乐观,不少单位专业技术人才不足,求贤若渴。所以大学毕业生选择到中小城市去工作也不失为明智之举。另一方面还应看到,我国是一个相对落后的发展中国家,还有不少艰苦的地方和行业需要大学生去开拓、创业。从某种意义上说,在那里经过奋斗实现的自我价值会更加灿烂辉煌。中国文化中的一些传统观念对大学生的择业还有着深刻的影响。如:父母在,不远游。不少毕业生一门心思地要回到父母的身边去工作,一求尽孝道,二求生活有人照顾,而很少把成就一番事业放在第一位来考虑。再如:中庸之道、与世无争,使些毕业生不敢竞争、不思进取等等。民族风情的差异也影响到了大学毕业生的择业,如饮食上的禁忌、服饰上的简繁、观念上的冲突等。在饮食习惯上,如南甜北咸,东辣西酸,广东人没有食物种类是不敢吃的劲头令北方人看了发怵,而北方的硬馒头又使吃惯了白米饭的江南人望而生畏等等。

2. 个性倾向(主要包括需要、兴趣、价值观等)与职业选择

需求指有机体内部的一种不平衡状态,是被有机体感受到的一定生活和发展条件的必要性,是个体活动的源泉,是人的思想和行为的基本动力,它常被体验成一种不满足感。人一旦有了某种需要,这种需要就会成为一种刺激源刺激人们活动的动机,于是他们为自己制定目标、实施行动、克服困难以实现目标,并最终满足需要。需求在人的职业选择中具有重要意义,它是推动人从事职业活动的内部动力,是工作积极性的内部源泉,是人们对从事何种职业、如何开展职业、如何发展职业的内在要求。

兴趣是个体对特定的事物、活动及人所产生的积极的、带有倾向性与选择性的态度和情绪。一个人的兴趣在寻求专业或职业的过程中起着至关重要的作用。首先,兴趣可以影响人的职业选择和定位。一旦对某种职业有浓厚的兴趣,人们就会坚定地追求这一职业,尽心尽力地去工作;其次,兴趣可以增强人的职业适应性和稳定性,因为兴趣可以通过工作动机促使能力的发挥,兴趣和能力的合理结合会大大提高工作效率;第三,兴趣能够开发人的潜能,使个体在职业活动中取得新的发现、新的成果,促进个人的进步和社会的发展。

价值是指人们赋予事物的重要性和意义。价值观是个人对客观事物及对自己

的行为结果的意义、作用、效果和重要性的总体评价,是对什么是好的、是应该的总的看法,是推动并指引一个人采取决定和行动的原则、标准,是个性心理结构的核心因素之一。价值观影响着人们对就业方向和具体职业岗位的选择,对价值观的了解有助于我们弄清"我适合做什么工作"的问题。

个性倾向性是指决定一个人的态度、行为和积极性的选择性的动力系统,主要包括需要、兴趣、价值观三个个性特征,是人的多种心理特点的一种独特结合。主要包括气质、性格、能力等。个人倾向与职业选择关系密切。具体分析如下:

系统的气质学说最早是由古希腊的医生希波克拉底和罗马医生盖仑提出来的。当时他们用体液解释气质缺乏科学证据,后来苏联著名的生理病理学家巴甫洛夫的高级神经活动学说为这种分类提供了科学的基础。这种分类是从实际生活中概括的,所以为人们普遍接受。所谓气质即我们平常所说的"脾气"、"秉性",是人的心理活动在强度、速度、稳定、灵活性及指向性上等方面的动力特征。构成气质类型的几种主要特征包括感受性、耐受性、反映敏捷性、可塑性、情绪兴奋性等,这些特性的不同组合,构成了多血质、胆汁质、黏液质和抑郁质四种气质类型。《红楼梦》中的王熙凤是多血质的代表人物,薛宝钗是黏液质的代表人物,林黛玉是抑郁质的代表人物。《水浒传》中的李逵是胆汁质的代表人物。但是现实生活中属于典型的上述四种类型的人只是少数,大多数人是一种混合性气质类型。每种气质类型有其自身的职业适应性,在职业选择中,分析自己的气质所具备的特征,有利于选择与自身气质相适应的职业,从而更好地发挥个人特长,提高职业活动效率。胆汁质的人属兴奋型,其工作特点带有明显的周期性,能以极大的热情投入工作,克服前进中的困难,他们很适宜从事刺激性大而富于挑战性、开拓性的工作,如推销员、导游、节目主持人、演讲者、外事接待人员、演员等等。胆汁质的人不适合做整天坐在办公室或不走动的工作,不适合长期安坐的细致工作。多血质的人有很高的灵活性,善于交际,很容易适应新环境,在集体中容易处事,朝气蓬勃,机智敏锐,对新鲜事物敏感,他们宜从事做反应迅速而敏捷的工作和多样化、多变的工作,而且适合的工作最广,如外交工作、管理工作、驾驶员、服务人员、医生、律师、运动员、记者、演员、检票员、军人、公安干警等,不适合单调或环境过于安静的职业。黏液质的人是沉着、平稳、坚定和顽强的实际劳动,他们埋头苦干,不被无关的事情所分心,这种气质的人最适宜从事有条理的、冷静的和持久的工作,如外科医生、法官、管理人员、出纳员、新闻播音员、话务员、会计、调解员等。抑郁质的人细心、谨慎、敏感,但缺点是多愁善感、优柔寡断,在友好团结的集体中,他们能够与人融洽相处,这种人比较适合做要求细致的工作,如文字处理、排版、检验员、登录员、化验员、雕刻工作者、刺绣工作者、保管员、机要秘书等。其实科研人员、科学家也需要敏感多疑的。抑郁质的人不适合热闹、繁杂环境下的职业。

性格是个体在对现实的态度及其相应的行为方式中表现出来的稳定而有核心意义的心理特征。性格影响着一个人对职业的适应性,每种职业都会对其从业者的性格特征提出特定的要求。美国心理学家霍兰德根据性格特征与职业的关系,把人的性格划分为六种类型:现实型、研究型、艺术型、社会型、企业型、常规型。一个人在考虑和选择职业时,要考虑自己的性格特征,并尽量选择适合自己性格特点的职业。

能力是指以人的一定的生理和心理素质为基础,在认识和实践活动中形成、发展的完成某种任务的能动力量,它是保证人们顺利地完成某种活动所必需的个性心理特征,直接影响人们活动的效率。英国心理学家斯皮尔曼认为能力是由一般能力和特殊能力构成的,完成任何一个作业都需要由两种能力决定。一般能力通常也称为智力,包括注意力、观察力、记忆力、思维能力和想象力等。特殊能力是指顺利完成某些特殊活动所必备的专门能力,它可分为动作能力、机械能力、美术能力、音乐能力等。社会上不同的职业对从业者的能力有不同的要求,不同的人具有不同的能力。因此,能力是个人职业选择、职业成功的基础。

第四节 专业学习与职业的联系

一、专业的内涵

专业泛指专门学业或专门职业,如干部专业化、生产专业化、分工专业化、专业化经济、专业化制作、专业户等。就学业来说,专业是指教育机构培养专门人才的学业门类。大学设置专业是大学培养人才的重要特征。

1952 年经国务院批准的《高等学校通用专业目录》和《高等学校绝密和机密专业目录》,共设置了 510 种我国大学本科专业。1966 年到 1976 年"文化大革命"期间,大学专业设置混乱,本科专业总数达 1 343 种。1982 年到 1987 年,国家第二次组织对大学专业设置进行了修订,专业口径有所拓宽,专业数由原来的 1 343 种减少到 671 种。1989 年到 1993 年,国家再次对大学专业设置进行了修订,专业口径进一步拓宽,调整归并一批专业,扩大充实专业内涵,专业数由原来的 671 种减少到 504 种。1997 年到 1998 年,为进一步改变专业设置过细过窄、专业名称重复、不规范的状况,专业数由 504 种又减少到 249 种。

关于全国高等职业学校和高等专科学校的专业设置,国家教育部 2004 年 12 月统一颁布了指导性目录,共有农、林、牧、渔、交通运输等 19 个大类,532 个专业。

关于专业设置有三点需要说明：

（1）专业设置有人才培养规格的要求。一个大学生只有完成专业教学计划规定的学习任务，才是一个符合该专业培养规格的合格毕业生。

（2）专业设置兼顾了职业群的要求。大学本科的专业设置是以学科为主进行划分的。学科有其自身的科学体系和内涵，与职业有联系，但不紧密。高等职业学校和高等专科学校目录532种专业，兼顾了职业群的要求，建立了专业与职业（职业群）较紧密的联系。大学生除完成专业学习外，还可以跨专业选修课程，以适应自己职业规划的需要。

（3）专业受社会需求发展变化的制约。那种认为"上了大学就有一个好职业"的时代随着"精英"教育年代的结束而结束了。在"精英"教育年代，大学生是社会紧缺的人才资源，比较容易就业；但是在高等教育"大众化"的当前，大学生不再是社会紧缺人才资源，而是社会高层次人才资源。学习专业应明确个人职业发展方向，合理安排学习计划，选择主修和辅修专业课程，才能培养出适应社会需要和个人职业生涯发展需要的专业素质人才。

大学生能否尽早认识职业，有目的地选择并学好专业，明确个人职业发展方向，是决定能否顺利就业，实现人职和谐的关键。

二、专业与职业的关系

专业是学业门类，职业是工作门类，专业与职业之间大体有四种关系。

（1）专业包容职业。在这种情况下，个人的职业发展一直在所学专业的领域内，选择的职业与学习的专业相吻合，能够做到学以致用。

（2）专业为核心，职业包容专业。这是指以专业为核心发展职业，个人的职业发展以所学专业为核心向外扩展。这种情况下，选择的职业与学习的专业虽然方向一致，但职业发展超出所学专业领域，需要根据自己的职业规划，在学好专业的基础上通过选修、自学提高自己所从事的职业的素质。

（3）专业与职业交叉。以专业为基础发展职业，个人的职业发展在所学专业基础上有重点地沿某一方向拓展。所学专业在个人职业发展中仍有重要意义，需要在职业生涯规划的指导下，在学好本专业的基础上，同时辅修或自学自己规划要从事的其他专业课程。

（4）专业与职业分离。个人规划要从事的职业与所学专业基本无关，所学专业的某些方面在个人职业发展中有一定的重要性，但方向并不一致，这时应尽早调整专业，若为时已晚，应辅修其他专业。

三、职业与课程的联系

表 1-2 列举的是基础课程与职业的大体对应关系,对大学生选择专业或职业或许有一些启发和帮助。专业基础课和专业课与职业的联系自然更为紧密,不再一一列举。

表 1-2　基础课程与职业的对应关系

课程	职业
语言文学	作家,编辑,记者,教师,诗人,电台播音员,演员,图书管理员,资料员,翻译,外交,外贸,海关,外事工作人员,打字员,速记员,办公室职员,售货员,秘书,职业咨询员,图书发行人员,法官,律师,作曲家
数学	工程师,化学家,建筑师,制图员,计算机工作者,数理统计人员,会计,簿记员,营业员,银行职员,出纳员,保险公司职员,部分学科教师,机械工,木工,电工,测量员,统计人员,经济工作人员
物理学	机械制造工程师,设计师,电力工程人员,矿业工程人员,航空工程人员,机械电力安装维修工,制模工,领航员,飞行员,物理化学科技工作者,原子物理科技工作者,原子物理科技工作者,地理物理科技工作者,气象科技工作者,无线电技术工程人员
化学	牙科医生,药剂师,化学工程科技人员,化学研究工作者,石油化工工艺师,兽医,冶金工程师,染色工,实验室技术人员,放射技术人员,摄影师,化学制药工程师,护士,临床检验师,化验师,农技人员,陶瓷工,美容师,画师,地质勘察工程人员,皮肤科医生,生物化学科技工作者,营养学科技工作者,植物学科技工作者,动物学科技工作者
生物学	生物化学科技工作者,生物研究助手,昆虫学科技工作者,动物学科技工作者,人类学科技工作者,营养学科技工作者,植物学科技工作者,环境景色美化者,农业园林工作者,兽医,博物馆管理员,图书馆管理员,医生,护士,科学教师,遗传学科技工作者,医疗秘书,卫生工作者,细菌学科技工作者,实验室人员,X 光技师,林务员,森林保护人员
体育	运动员,体育教师,体操运动员,教练,裁判员,军人,演员,潜水员,飞行员,船员,水手,骨科医生,地理学专业科技工作者,体育编辑,体育理论研究工作者,体育解说者,记者,救生员,导游,侦探,公安人员,警卫员
音乐	声乐器乐工作者,作曲工作者,演员,电台广播员,舞蹈人员,模特,体操工作者,幼儿园教师,中小学音乐教师,疗养院工作人员,职业疗法者,精神科医生,乐器制造工作者,乐器修理人员,诗人,编剧工作者,乐器售货员,指挥家,音乐评论工作者
美术	舞蹈工作者,绘画工作者,广告设计,装潢工,服装设计师,厨师,油漆工,制图员,机械工程师,城市规划,园林设计,木匠,雕刻,桥梁设计师,建筑师,艺术教师,布景制作人员,舞台设计人员,美容工作者,摄影师

第二章

大学生涯规划

第一节 大学生涯规划的含义、目的与意义

一、大学生涯规划的含义

当今,大学生涯规划是个时髦的话题,但不少大学生还没有真正理解生涯规划的确切含义,对大学生涯规划的目的和重要意义认识不足,不了解生涯规划的程序,缺乏进行规划的具体技巧。所以不少大学生对生涯规划或冷眼相对,或茫然无以适从,或使规划流于形式,或不顾主客观条件任意随自己的兴致来"规划",这都会导致生涯规划的应有作用不能充分发挥。

大学生涯规划就是主要针对大学这一特殊时间段,根据学校的教学计划和自己的专业特长、知识结构以及对未来要从事的职业的认知,在对个人职业生涯的主观条件和客观条件进行确定、分析、总结的基础上,对自己的兴趣、爱好、能力、特点进行综合分析与权衡,制定出大学期间个人在学习、思想、择业、就业等方面的知识、素质、能力等培养的总目标和阶段性目标,并通过逐步实施、考核、反馈、调整等行动方略,顺利、充实地度过大学生涯,为实现最终职业目标、为人生的持续发展奠定坚实基础的过程。

大学生涯规划与我们通常所说的学习计划有些相似,但并不完全等同。大学生涯规划是对自己的一个整体规划和综合规划,而不仅仅是一个学习计划。学习计划只是其中很重要的一个部分,而大学生涯规划立足于对未来职业的定位和展望,以大学后的人生阶段为主要参照系和落脚点,以大学后的职业生涯为向度、为载体,从整体上来安排自己的整个大学学习和生活。大学生涯规划的目的是提高自己的综合素质,为未来的职业发展做好知识和能力的准备。大学生涯规划应该也必须与人生规划互为一体,前后呼应。

二、大学生涯规划的目的

（一）直接目的——实现成功就业

大学生终究要走上工作岗位，即使部分同学入学之初就确定了考研或出国留学的目标。这种为了获得继续学习的机会和能力而设定目标、付出努力的过程，同样是大学生涯规划中不可或缺的内容，而且升学之后依旧要面临就业的问题。

不少大学生毕业后因为没有根据自身实际情况结合职场状况确定自己准确的职业规划，拿着求职简历与求职信到处求职，希望找到好工作。但大多非常困难，就算找到了工作，也觉得好像和自己想象的不一样，往往工作不能长久，也因此浪费了大量的时间、精力与资金。好工作不是靠运气得来的，对大学毕业生而言，它是多种因素共同作用的结果。影响大学生成功求职的因素包括学校培养质量、专业与社会需求、来自学生的变量(个人综合素质、就业观念、就业技巧、性别、生源地与家庭背景等)、学校职业指导工作(职业发展教育、就业市场建设、就业服务与管理等)等等。其中，属于大学生本人能够控制的主要是个人素质、就业能力与技巧。

大学生涯规划是大学生为自己的成才和发展订立的心理契约，是自己对未来美好的承诺。大学生为实现自己的规划目标，就会制定大学阶段的学习、素质和能力培养计划，并根据自己的爱好、实际能力和社会需求制定有效的实施步骤，比如某个时间段达到什么目标等。最后，根据目标和进程不断总结并完善自己的计划，对不和谐之处进行矫正。

所以，坚持进行有效、合理的大学生涯规划，才能够引导个人正确认识自身的个性特质、现有与潜在的资源优势，合理评估个人目标与现实之间的差距，学会如何运用科学方法、采取可行步骤与措施，不断增强职业竞争力，积累求职就业的技巧，最终实现职业目标和理想。

（二）最终目的——实现人的全面发展

人的一生总是在社会关系空间中从一个地位向另一个地位移动，在这种移动过程中职业地位对个人来讲具有特殊意义。这种移动产生的原因很多，但社会环境改变、经济文化发展以及个体自身的素质、需要层次高低等方面是起主要作用的。

对现在的年轻大学生而言，他们不可避免地要在不同的时间里经历或者是横向的、或者是纵向的职业移动，努力追求职业声望、职业评价、职业待遇较高的职业，以此构成人生更大价值的实现和更高成绩需要的满足。从职业的横向转换来看，有相当一部分大学生毕业后或者若干年后所从事的职业与在大学时所学的专业没有关系或关系甚少。从人生发展的纵向角度来看，由于个人的积极努力和社会机遇等综合因素,许多大学毕业生在若干年后会走上不同的领导岗位或管理岗位,肩负更重要的社会责任和使命。不论是职业的横向转换,还是人在一种职业中的纵向发展,都表明了人作为主体,其职业活动、社会关系、人的需要、潜能素质等等都是一个永恒的追求和发展过程。生涯规划诠释的正是以人为本的原则,以人的自由全面发展为终极目标的理念。

三、大学生涯规划的意义

合理规划自己的职业生涯,是迈向成功的第一步。大学生涯规划对于社会和大学生个人都有重要意义。具体而言在于:

(一) 大学生涯规划的社会意义

1. 大学生涯规划有利于社会的全面进步

高等教育以培养德、智、体等全面发展的大学生为己任,承担着重要的社会责任和义务。综合素质高的大学毕业生是社会发展的中坚力量。对于他们,理想的人生就是在谋求和促进社会发展与进步中实现个人的价值,其中包括实现个人的职业理想。合格毕业生是高校为社会培养的优秀"个体",社会则需要这个"个体"能在立足于社会的前提下,带动和影响周围的人,进而形成大小不一的促进社会发展与进步的元素,从整体上有利于社会的全面进步。从这一点来看,大学生涯规划的社会意义巨大。

2. 大学生涯规划是知识经济的要求

知识经济对人才素质提出了更高的要求,同时对大学生就业也产生了深刻的影响。在以高新技术产业为支柱的知识经济时代,创新意识、创新精神、创新能力更是衡量新型人才的重要标志。作为一种新的经济形态,它特别强调的是人力资源的开发,发掘人的潜能。所以,对人才素质有了新的要求:一是对于人才的知识结构要求多元化,这一发展趋势将为掌握新知识、新技术的大学毕业生提供更多的就业机会。二是对人才的综合能力要求提高。要求人才具有能很好的运用逻辑思维能力,把知识转化为财富的能力,以及创新能力、应变能力、社会活动能力等等。三是要求人才有新的择业观。大学生要迎接知识经济的挑战,不仅要注重掌握科学前沿的最新知识,更要注重把自己培养成为创新型人才。大学生塑造自我的过程,也应该是生涯规划制定和实施的过程。

3. 大学生涯规划能够协调个人与社会的协调发展问题

毕业生就业模式改革为"国家不包分配,学校指导服务,毕业生自主择业"之后,在我国一定范围内一直存在着毕业生个人利益与国家利益相冲突的问题,突出体现在毕业生择业与就业的定向问题上。大学生的愿望往往过于集中在一些热门行业和一些经济发达地区,这种过于集中对于他们个人的职业发展和国家的发展都是不利的。在合理调控大学生就业地区的前提下,通过职业生涯规划与设计可以帮助大学生加强对国家政治、经济形势的了解,对自己也会有一个比较清醒的认识,进一步树立科学的职业观念,努力协调个人的愿望和国家整体利益两者之间的关系,不是过分强调眼前利益,看不到某些行业和某些地区发展的潜力。通过职业生涯的规划与设计,培养稳健成熟的大学生,使他们更能了解国家政策,树立大局观念,充分认识到只有个人和社会协调一致才能更有作为。

(二)大学生涯规划的现实意义

1. 大学生涯规划是大学生职业成功的有效路径

有的人认为社会上需要什么工作,我就干什么工作,通过社会环境的分析,找出社会需要的职业,就是职业规划了。有的人认为,选择"我喜欢做"的事情,就是职业规划。著名管理学家诺斯威尔对职业生涯规划的内涵是这样界定的:个人结合自身情况以及眼前的制约因素为自己实现职业目标而确定行动的方向、时间和方案。这里所说的个人职业规划指的是在了解自我表现的基础上确定适合自己的职业方向和目标,并制定相应的计划,为个人走向职业成功提供最有效的路径,也就是我们常说的如何把"我想做的事情"与"我能做的事情"有机地结合起来,在社会的需求下如何实现的问题。面对严峻的就业形势和为自己的职业发展着想,大学生们有必要按照职业生涯规划理论加强自身的认识与了解,找出自己感兴趣的领域,确定自己能干的工作即优势所在,明确切入社会的起点及提供辅助支持、后续支援的方式,从而寻求自己职业成功的有效路径。

2. 大学生涯规划能够帮助大学生确定生涯发展目标,以目标促进学习的自主性

目标激励是人奋发向上的原动力。明确的目标可以使人们知道他们要完成什么工作,以及付出多大努力可以完成。对于大学生而言,明确的目标是他们奋发向上、努力学习的动力,它能振奋学生精神,鼓励学生上进,给学生勇气,推动学生全力以赴地去成长、去学习、去钻研,调动其学习积极性。

确定目标,就会如饥似渴地追求知识,充实自己,完善自己,整个大学阶段的学习和生活就会由被动变为主动。假如某大学生毕业后想去政府机关当公务员,那么在大学期间就会主动地加强自身的政策理论水平的修养,加强个人口头表达能力、文字处理能力、组织协调能力的训练;毕业后想从事营销工作,就会培养自主创业、勇于开拓的精神和踏实的工作作风、吃苦耐劳的意志。在努力达到目标的时候,你就会集中精力心无旁骛地投入其中,建立一种自我激励机制,即使遇到一些困难和挫折,也会全力以赴地去克服,不达目的不罢休,真正从内在方面来激励自己的成才欲望和成才行为。

3. 大学生涯规划有利于大学生寻找人生真实的使命，实现自我人生目标

中国有句古语：凡事预则立，不预则废。职业生涯规划是事业成功的导航仪。哈佛大学的一项追踪研究表明，没有明确目标的职业生涯是很难获得成功的。实际上，只有 4％的人能获得成功，而他们之所以成功的共同点都在于他们为自己的职业生涯早早确定了明确的目标，并且始终坚持。成功的职业生涯规划的本质，在于建立一个牢固的发展基地。个人职业生涯为什么重要？用最通俗的话说，它决定了 10 年、20 年后，你的办公桌在哪里。也就是说，个人职业规划在你前进的过程中，能够保持一个向心力，迫使你在实现目标的过程中，成为学习型个人，具有不断自我表现更新的学习能力和持续创新能力，为心中的理想努力奋斗。

第二节　职业与职业理想的确定

一、职业理想对人生的影响

职业理想是指人们对未来职业表现出来的一种强烈的追求和向往，是人们对未来职业生活的构想和规划。刚进入大学的学生，其职业期望、未来的从业目标还不确定，尽管每个大学生都至少涉及过两次以上未来职业目标的选择，包括高中阶段选择文、理科，高中毕业前选择高等学校及选择专业等都体现了他们未来的职业理想，但这一阶段的职业理想是不完善、不稳定的。在大学学习生活中，随着知识的增加、能力的增强，大学生对自身、对社会、对职业都有了更加深刻的认识和了解，政治上、思想上、心理上逐渐成熟，能够把自己的主观愿望、主观条件同社会现实协调起来，在理性的基础上形成相对稳定的职业理想。

职业理想在职业生涯规划过程中起着调节和指南作用。一个人选择什么样的职业，以及为什么选择某种职业，通常都是以其职业理想为出发点的。职业理想形成后，才会确立明确的职业目标。大学生树立职业理想的过程，便是心目中进行职业生涯规划的过程，一旦在心目中有了自己理想的职业，就会依据职业理想的目标，去规划自己的学习和实践，并为获得自己认为理想的职业而去做各种准备。所以，大学生应当尽快树立自己的职业理想，进而确立明确的职业目标，打算成为哪方面的人才，打算在哪个领域成才等等，这是进行大学生涯规划的基础。

二、职业理想的确定

（一）职业目标的含义

职业理想是我们追求的一个结果的最终表现，在职业上，职业理想更多地表现

为是某个具体的职位,也就是职业目标。如你的职业理想是人力资源总监,那么人力专员、人事主管等职位就是实现职业理想的职业目标。在大学生中不乏各种各样的职业理想,如有的人希望成为明星,成为科学家,成为世界首富……这些看似很难实现的理想,并不是不可能实现的,因为这个世界没有一个人天生就是科学家、世界首富。

事实上,目标是我们可以实现的,是我们在实现职业理想过程中的阶段划分。只有把宏大的职业理想转化为无数的可实现的具体目标,我们的职业理想才会最终得以实现。许多大学生整天喊着要实现职业理想,却没有把理想转化为职业目标,更没有去把转化的职业目标实现,最终宏大的职业理想只能成为职业空想了。

"不积跬步,无以至千里;不积小流,无以成江海。"大学生在职业道路上应当根据自己的职业理想,树立一个明确的职业目标,最终达到自己的职业理想,实现人生的价值。

(二)职业目标定位

职业目标定位就是在了解自我的基础上,根据自己的职业理想确定具体的职业方向与目标,从而制定相应的计划,为个人走向职业成功寻找最有效的途径和方法。职业目标的定位要与个人的性格、气质、兴趣、能力特长等方面相结合,充分发挥自己的优势,扬长避短,体现人尽其才、才尽其用的要求。

兴趣是快乐工作的源泉,是进行职业选择的重要依据。如果一个人对某种工作产生兴趣,他在工作中就会具有高度的自觉性和积极性,就会在工作中作出成就。反之,一个人对工作没有兴趣,就不可能将自己的精力投入到工作中去,也就不可能取得工作中的成功。能力特长则是人们在社会活动中所表现出来的身心力量,是职业适应性首要和基本的制约因素。人的能力发展方向存在差异,而职业根据工作的性质、内容、环境划分为不同的类型,每一种职业类型对人的能力要求有所不同,所以在进行职业选择时应注意能力类型和职业类型的匹配。每一种职业都对性格气质有特定的要求,要适应这一职业,就必须具备这一职业所要求的性格气质特征。

每个人最大的成长空间在于其最终的优势领域。通过科学认知的方法和手段(如职业兴趣和职业能力测试、职业锚认定等),对个人的职业兴趣、气质、性格、能力等进行全面认识,让大学生把已经证明的能力和可以开发出来的潜能列出来,在进行职业选择的时候取己所长,是大学生科学定位职业目标的重要途径。这样,大学生就会根据理想的目标,去规划自己四年的学习和实践,并为实现理想的职业目标而进行知识的准备和能力的培养。

第三节 大学生涯规划的制定

一、大学生的素质要求

（一）合理的知识结构

合理的知识结构是担任现代社会职业岗位的必要条件，是人才成长的基础。现代社会的职业岗位，需要的是知识结构合理、能根据社会发展和职业的具体要求，将所学各类知识科学地组合起来的、适应社会要求的人才。因此，大学生不仅要具有相当数量的知识，还必须要形成合理的知识结构。

大学教育已是定向教育，每个专业都有自己固定的必修课程和选修课程。从这些课程中所学到的知识，便构成了知识结构的核心。但是只有核心知识的知识结构并不是完善的知识结构，还必须配合核心以外的诸层次的知识，比如说辅助性知识。辅助性知识是紧密围绕核心知识，与之配合发挥知识结构应有功能的。例如，学习自然科学的大学生，不论他学的专业是什么，都应该在哲学、语言、文学、艺术、历史领域有较丰富的知识，有正确的世界观和人生观，有高尚的思想情操和社会责任感。

构建合理的知识结构没有捷径可走，只能是学习和积累，采取适合自己的科学方法，持续不断地付出艰辛的劳动，辛勤耕耘。在制定和实施大学生涯规划的过程中，大学生要能够根据职业和社会不断发展的具体要求，将已有知识科学地重组，建构合理的知识结构，最大限度地发挥知识的整体效能。

（二）较强的综合能力

大学生的综合能力和知识面是用人单位选择大学生的主要依据。用人单位不仅考核其专业知识和技能，还考核其综合运用知识的能力、对环境的适应能力、对文化的整合能力和实际操作能力等。所以大学生在完成学习任务的情况下，应争取更多的培养适应社会需要的实际应用能力，尤其是从事目标职业所需的基本能力和某些专业能力。

一般来说，各个不同的学科和专业对大学生有着不同的能力要求，即要具有从事本专业活动的某些专门能力。但是，无论什么专业的大学生要想顺利完成大学生涯规划、实现自己的职业目标，都必须具备一些共同的基本的能力。如对未来行为目标进行决断和最佳选择的良好的决策能力；在多种能力发展的基础上，利用已知信息，创造新颖独特具有社会价值的新理论、新思维、新产品的发明创造能力；充分运用语言阐明自己的观点、意见或抒发思想、感情的表达能力；与人的思想品格、知识技能、活动能力、处理人际关系的能力以及健康状况等密切相连的社会适应能力和自我发展的终身学习能力等。

从某种意义上讲，这些能力比知识更重要，大学生只有将合理的知识结构和适应社会需要、职业需要的各种能力统一起来，才能立于不败之地，实现自己的职业目标。

（三）健康的身心状态

健康、坚强的身心状态是大学生实现人生理想和成才目标的前提，也是大学生掌握科学文化知识的必备条件。健康的身体状态指的是具备健康的体格，全面发展的身体耐力和适应性，合理的卫生习惯与生活规律等。健康的心理状态主要包括稳定向上的情感、坚强恒久的意志力量和鲜明独特的人格力量等。没有健康的身体，就没有学习知识和锻炼能力的自我载体。而心理不健康的人，即使知识智能水平再高，也不能很好地适应学习、工作和生活，更谈不上成才。

拥有健康的身心状态，大学生才能尽快适应和正常进行大学的生活、学习和实践，才能始终保持积极乐观的情绪状态，始终保持一种创造激情和对事业的热爱，并充分调动身心的巨大潜能，从而推动我们去探索知识，使个人在事业追求中不断成长和发展。

二、大学生涯规划的基本步骤

作为职业生涯规划的前奏，大学生涯规划也和职业生涯规划一样，包括了认识自我、环境评估、确定大学生涯发展目标、制定行动方案并实施、评估反馈五个步骤。

（一）认识自我

1. 了解自我性格、兴趣、爱好等

每个大学生对自身都要有一个客观、全面的了解，摆正自己的位子，相信自己的实力。现在有很多高校毕业生就业的时候，在用人单位面前缺乏勇气，对比较有把握的事情总是不能大胆接受，尤其是对一些自己向往的职位和单位缺少竞争的勇气，从而丧失理想的就业机会。清楚自己的优势与特长，劣势与不足，知道自己适合做什么，才有可能赢得竞争优势。为此，我们首先要善于剖析自己的个性特征，这是生涯规划的基础。

了解自我的性格、兴趣和爱好，也就是全面了解自己。一个有效的生涯规划必须是在充分且正确认识自身条件与相关环境的基础上进行的。要审视自己、认识自己、了解自己，做好自我评估，包括自己的兴趣、特长、性格、学识、技能、智商、情商、思维方式等。

　　我是一个什么样的人？我将来想做什么？我能做什么？这三个问题实际上都是为了让大学生了解自己、认识自己，这是做好大学生涯规划的第一步。第一个问题是让大学生认识自己的性格、气质。从心理学上来说，每一种性格和气质类型都有自己的长处和不足，客观地加以认识，就能扬长避短，增强规划的匹配性和可行性；第二个问题是了解自己的职业取向，自己将来想从事什么样的职业，这个职业是否与自己的性格、气质相符，是否是自己兴趣所在；第三个问题是为了让大学生了解自己目前已有的知识和能力水平。因为不同的职业对大学生的知识、能力结构的要求是不同的，认清自己现有的知识能力与未来职业要求的差距，才能找准努力的方向，才能对症下药，提高效率。

　　认识自我的性格、兴趣和爱好，可以借助于专业的相关测评来实现，如霍兰德职业兴趣量表、MBTI职业性格测验、职业能力测试、职业价值观测试等，对自己的兴趣、特长、性格、学识、技能、智商、情商以及管理、协调、活动能力等进行系统深入地分析，以发现自己的性格特征，以及对哪些问题较为感兴趣（如是经济问题还是管理问题）或擅长哪些技能（如分析、对数字敏感、语言表达能力）等，也可分析出自己的一些弱点（如想象力不足、沟通能力不强等），从而确定什么样的职业比较适合自己和自己具备哪些潜力。只有在充分认识自我的基础上，才能对自己的生涯目标作出最佳选择，进而选择适合自己发展的生涯发展路线。但更多的主要是根据家长、老师和同学们的评价，同时在实际生活中体验。

　　2. 树立正确的职业理想

　　就现在而言，大学生的职业理想主要归纳为七种取向：①能推动社会发展和历史进程；②助人为乐，为社会服务；③实现自身价值，得到人们的高度评价；④体面，受人尊敬；⑤能赚钱；⑥虽平凡但有固定收入，稳定；⑦自己喜欢。客观地讲，上述七种类型的职业理想并没有什么好坏之分。因为每个人的需要不同，选择也会不同。但客观地认识社会发展水平和实现自我职业理想的条件，就是一个主观见之于客观的过程，只有当理想与现实达到一致时，职业理想才能成为现实。

　　任何人的职业理想必然要受到个人和社会两方面的制约。个人的兴趣、特长和能力是树立职业理想的主观依据，社会发展的需要则是职业理想的客观依据。凡是符合社会发展需要和人民利益的职业理想都是高尚的、正确的。而依据个人自身的主客观条件确立的职业理想才是适合的，并具有现实的可行性。所以，大学生的职业理想应基于个人的特质，更应将职业志向与国家利益和社会需要有机地结合起来。大学生在确立职业理想时，应积极把握社会人才需求的动向，把社会需要作为出发点和归宿，以社会对个人的要求为准绳，既要看到眼前的利益，又要考虑长远的发展，既要考虑个人的因素，也要自觉服从社会需要。

　　没有正确的思想就没有正确的行动。以正确的世界观、人生观、价值观为指导,树立正确的职业理想,大学生在制定自己大学四年的规划时,才能且愿意综合考虑自己所要达到的目标,在学业上成为一个有知识、有技能的人,生活中成为一个有道德的人,政治上成为一个有理想和信念的人,做到成人目标与成才目标并重,而不只是局限于成才。

认识自我相当于内在条件评估。因为只有认识了自己,才能对自己的职业发展作出正确的选择,才能选定适合自己发展的职业道路,才能对自己的职业生涯目标作出最佳抉择。认识自我时要客观、冷静,不能以点代面,既要看到自己的优点,又要面对自己的缺点。只有这样,才能避免设计中的盲目性,达到设计高度适宜。

根据大学四年学习生活的规律和特点,认识自我这一步务必在大学一年级完成。

（二）环境评估

环境评估主要是评估各种环境因素对自己目标职业发展的影响。每一个人都处在一定的环境之中,离开了这个环境,便无法生存与成长。所以,在制定个人的职业生涯规划时,要分析环境条件的特点、环境的发展变化情况、自己与环境的关系、自己在这个环境中的地位、环境对自己提出的要求以及环境对自己有利的与不利的条件等。只有对这些环境因素有了充分的了解,才能做到在复杂的环境中避害趋利,使生涯规划具有实际意义。

环境评估主要包括职业分析和外部环境分析。

1. 职业分析

要尽早建立明确的职业目标,有效降低机会成本和降低选择的风险,深入的职业分析是必不可少的重要一环。

经济的发展和科技的进步,定会导致社会职业结构的变化,新的职业会出现,还有一些职业会衰退,或是有些职业虽然存在,但其相关属性或内涵已经发生了变化。是否能了解一种职业的发展趋势,了解职业内涵的演化,对一种职业是否有深刻的认识,将关系到大学生能否在社会环境的变化中,为自己人生的发展找到或创造适宜的职业平台,有效地规划职业生涯。

职业分析侧重于职业自身发展和职业所在行业的环境分析。现代职业具有自身的区域性、行业性、岗位性等特性。职业区域可能是城市,也可能是农村,可能是经济发达的特区,也可能是经济一般或贫困落后地区。选择目标职业时要考虑到职业区域的具体特点,比如该地区的特殊政策、环境特征。职业角色的发展与职业所在的行业的发展有着密切的关系,所以要对职业所在的行业现状和发展前景进行比较深入的了解。比如:你选择的这个职业是新兴行业还是传统行业;在此行业里,人才供给情况如何;这个行业是否具有较强的生命力,是否有强大的资金技术支持,是否有相关国家政策、法律法规的鼓励和扶持;行业发展可能的风险是哪些等等。我们可以通过有效的职业分析得到启示或答案,进而结合自身的职业兴趣爱好等作出理性的判断和选择。

2. 外部环境分析

外部环境即职业所处的社会环境。社会环境中政治经济形势、社会产业结构的调整与变动、用人政策管理体制的变化、社会劳动力市场人才的需求与变化、对人的职业岗位的认同、流行的工作价值观等因素,无疑都对个人职业生涯发展有着重大的影响。社会环境涉及面很广,分析起来相当复杂。人们通常把社会环境分为五大类,即经济环境、人口环境、科技环境、政治与法律环境、社会文化环境等。如表2-1所示。

表 2-1　影响职业生涯发展的社会环境因素

类　型	影响因素
经济环境	经济形势、劳动力市场供求状况、人民收入水平等
人口环境	人口规模、年龄结构、劳动力质量、专业结构等
科技环境	计算机网络、新机器采用等
政治与法律环境	户籍制度、保障制度、人事制度等
社会文化环境	教育水平、教育条件、社会文化设施、社会价值观念等

经济环境是外部环境分析的重要内容。经济形势对职业的影响是最为明显和复杂的。当经济高速发展时,对各种人才的需求量必定大大增加。对劳动力市场供求状况进行分析,能够清晰地了解我国目前稀缺的劳动力资源分布情况。收入水平和经济发展水平对职业生涯规划的影响主要表现在:经济发展水平高的地区,企业相对集中,优秀企业比较多,个人职业选择的机会就比较多,因而有利于个人职业的发展,同时竞争也比较激烈;反之,在经济落后的地区,个人职业选择的机会就相对较少,个人职业发展也会受到限制。

人口环境尤其是个人所处地区的人文因素对职业选择和发展有重要的影响。主要表现在:社会总人口的规模直接影响着社会人力资源的供给,不同的年龄段有不同的职业价值观,在收入、价值观念、生活方式和社会活动等方面都存在差异,城市化进程日益加快,劳动力由农业转移到非农业,而人口老龄化趋势推动相关领域就业机会,劳动力的质量和专业结构直接影响职业选择和发展的机会。

科学技术的发展会引起产业结构的调整,产业结构的调整必然引起职业模式的变化,其变化最大的是就业岗位由第一产业、第二产业转到了第三产业。第三产业的就业岗位通常包括金融服务、医疗保健、运输、零售、饮食、法律和社会服务、教育、计算机领域等各行各业中的岗位。据有关部门统计，在20世纪，我国消失的旧职业达3 000个，专家预测今后每10年将发生一次全面的"职业大革命"，其中重大变化每两年就会有一次。每个时代转型或者科技发展改变了我们的某种生活状态时，都会出现新兴的职业，同时肯定也会有一些旧职业会被市场淘汰出局。科技的发展带来理论的更新、观念的转变、思维的变革、技能的补充等等，这些都是职业生涯规划中不可或缺的要素。

政治与法律环境主要是指一个国家或地区的法律、法规、方针政策、经济管理体制、人才培养开发政策、人才流动有关规定等。如：消除人才流动中的城乡、区域、部门、行业、身份、所有制等的限制；发展人事代理业务，改革户籍、人事档案管理制度，放宽户籍准入政策；鼓励专业技术人才通过兼职、定期服务、技术开发、项目引进、科技咨询等方式进行流动等等。政治与法律环境直接影响着人才的成长与发展，影响个人职业生涯规划的实施。

社会文化是影响人们职业选择和发展的重要因素。一个人的思想发展、成熟的过程，其实就是认可、接受社会主体价值观念的过程。社会价值观念正是通过影响个人价值观而影响个人的职业选择。在良好的社会文化环境中，个人能力可以受到良好的教育和熏陶，能够为职业发展打下更好的基础。

环境分析应从大学一年级开始着手。现代社会里，社会环境、职业和行业的变动都比较频繁，所以，环境分析是在一个动态的环境中进行的，也需要贯穿于大学生涯的制定和实施过程中。

（三）确定大学生涯发展目标

行之有效的生涯设计需要切实可行的奋斗目标，这是制定生涯规划的关键。在明确了解自身的情况和外部环境之后，我们就需要为自己量身定制今后的发展目标，并在未来的学习或工作中逐步使自己的目标定位清晰化和具体化。

通常目标分长期目标、中期目标、短期目标。

长期目标一般为5～10年，表现为在中、短期目标实施的基础上，为实现自己人生的终极目标而制定的战略性的长期职业规划。长期目标一般是以后职业规划的顶点，或较高点也就是梦想，但要细化至具体工作，如毕业5～8年内进入知名管理顾问公司××公司从事研究分析、咨询工作等。

中期目标一般为3～5年。其基本特征为：切合实际并有所创新，有明确的时间且可以做适当的调整，可以用明确的语言定量说明等。如：大三年级考取中级口译证书，保持优异的成绩毕业，毕业第三年由技术型转型做管理工作等。

短期目标一般为1～2年，短期目标又分日目标、周目标、月目标、年目标。短期目标设立一般是素质能力的提高,如考试的通过和有用证书的获取等。短期目标应清晰、确定,切实可行,并规定了明确的起始时间和终结时间。比如,10月份掌握500个英语单词,本学期期末考试成绩平均分达到80分,二年级上学期通过英语四级考试等。

大学生涯无外乎以就业、升学或留学为目标。当然并不是所有的同学一开始就可以把自己的目标定得非常准确,不断地调整是一种必然。如果选择了就业,按四年来准备,第三年积累专业知识,把握实践机会,这一年专业课会相对增加,不同专业的学生这一年的学习真正开始分化。大四调整、实践、沉淀、就业,这一年课程大幅度减少,要做的就是调整自我,实践知识,把握机会,确定好择业与就业的尺度,最终寻求到自己满意的工作。如果决定了考研,大三抓牢专业知识,收集考研信息。大家都知道考研是分专业的,跨专业考研的人毕竟是少数,因此专业课一定不能放松,这是将来考试的资本。这一年注重以下信息的收集:一是经验、概念收集,跟同门师兄、师姐多交流,分享他们的经验;二是院校、专业收集,自己专业将来的考研方向、院校开设这些方向专业,以及往年分数;三是老师经验收集,接受老师对于考研方面的指导等。大四全部精力用于复习,两手准备,并且要注重非专业课的学习。因为对考研起决定作用的往往不是专业课程而是像外语、政治这样的非专业课程。如果决定留学,大三之前收集相关资料,争取通过托福/雅思。收集留学相关信息,包括各个国家留学政策、院校申请、奖学金、签证、专业信息等。大三通过托福/雅思,可以为大四申请签证争取到充足的时间。大四积极准备,争取一次成功。

对于职业目标,确定目标的方法之一是先定向再定位。对于没有工作实践经验的在校大学生而言,入学后就确定一个非常明确的目标职业显然是不现实的。那么我们怎么来确定自己的职业目标呢?

先定向,就是根据现在所学的专业来确定自己未来的职业方向,我们只需要回答一个简单的问题即对自己的专业有兴趣吗,毕业后希望选择专业对口的单位就业吗,如果回答是肯定的,就可以基本确定我们的职业方向了。比如说,你是学法律专业的,又很喜欢法律专业,你就需要了解法律专业对口的职业(即专业所对应的职业群)有哪些,法律专业对应职业有公务员、律师、教师、法律研究人员、企业法律顾问、法制专栏媒体记者、公司法务职员等等。如果答案是否定的,那就必须找到自己感兴趣的专业,可以通过转专业,或通过辅修、选修专业课程,或者通过跨专业考研来调整和确定自己的职业方向。比如,一位学化学专业的同学,对本专业没有什么兴趣,对工商管理兴趣比较大,大二时他可以选修工商管理的主要课程,大三他可以决定报考工商管理硕士。

如果对职业目标定了向,接下来就可以考虑定位的问题了。这需要对已确定方向的职业群进行更深入的探索,定向的时候需要尽可能扩大自己的职业选择面,而定位则需要逐步缩小职业的选择范围。相对于定向而言,定位的选择也并不容易,因为定位不仅需要了解职业的基本要求,而且需要通过提前参加招聘会、兼职和实习等方式进行社会实践和工作体验,感受意向职业是否适合自己,是否与个人的主观想象一致。

在定位的过程中,还需要注意一个非常重要的问题,那就是定位的目标不宜过于具体,应该有一个选择的范围。比如,你从小就梦想成为一名检察官,学的也是法律专业,你也争取到了在检察院实习的机会,你发现检察官非常适合你,可是,检察官职业在社会上比较饱和,求职竞争非常激烈,如果你仅锁定这一个目标,那么毕业时如果你考公务员失败,将对你的择业带来很大的风险。所以,定位的职业不宜仅限于个别职业,可以有几个职业供自己选择。

大学生在定向和定位的过程中,不能完全以个人的兴趣进行职业决策,还必须考虑人才供求关系。所以,我们提出了先定向再定位的决策方法,在一、二年级开始定向,在三、四年级定位。如果经过对职业的探索后仍然不能定位,但定向是必需的,没有方向,就很难在大学期间作出明确的努力和准备。

先定向再定位的方法,不仅能够解决大学生综合素质和能力的培养问题,也能够解决专业技能和素质的准备问题,是有效的生涯发展目标确定方法。

制定目标要符合个人实际情况,不能过高或过低。过高的目标无法实现会使人受到打击,过低的目标太容易实现不利于发挥潜能,也就不利于获得高成就。建议同学们从现在起,从制定短期目标着手,设立一个"金字塔"形的职业生涯规划,"塔顶"是你的人生终极目标,"塔身"及"塔底"则是为了实现这个终极目标而设立的中、短期目标和实现步骤。这样,你将会拥有一个美好的未来。

(四)制定行动方案并实施

针对大学四年制定的生涯规划,需要制定相应的行动计划来实现它们,把目标转化成具体的方案和措施,分阶段进行。主要包括教育、培训、实践等方面的措施。例如,为达成目标,在知识方面,你计划采取什么措施来完善自己的知识结构;在能力方面,你计划掌握哪些技能,采取什么措施开发你的潜能等等,都要有具体的计划与明确的措施。在具体实施中需要采取的方式和途径也不尽相同,要根据自己的长期目标因人而异,但一般来讲如下:

一年级为试探期。要初步了解职业,特别是自己未来想从事的职业或自己所学专业对口的职业,提高人际沟通能力。具体活动可包括多和师兄师姐们进行交流,尤其是大四的毕业生,询问就业情况,大一学习任务不重多参加学校活动,增加交流技巧,学习计算机知识,争取可以通过计算机和网络辅助自己的学习。为可能的转系、获得双学位、留学计划做好资料收集及课程准备,多利用学生手册,了解相关规定。

二年级为定向期。应考虑清楚未来是深造还是就业,了解相关的活动,并以提高自身的基本素质为主,通过参加学生会或社团等组织来锻炼自己的各种能力,同时检验自己的知识技能;可以开始尝试兼职、社会实践活动,并要具有坚持性,最好是在课余时间从事与自己未来职业或本专业有关的工作,提高自己的责任感、主动性和受挫能力,增强英语口语能力,增强计算机应用能力,通过英语和计算机的相关证书考试,并开始有选择地辅修其他专业的知识充实自己。

三年级为冲刺期。因为临近毕业,所以目标应锁定在提高求职技能、收集公司信息等。在撰写专业学术文章时,可大胆提出自己的见解,锻炼自己独立解决问题的能力和创造性;参加和专业有关的暑期工作,和同学交流求职工作的心得体会,学习写简历、求职信,了解收集工作信息的渠道,并积极尝试,加入校友网络,和已经毕业的校友、师哥师姐谈话,了解往年的求职情况;希望出国留学的学生,可多接触留学顾问,参与留学系列活动,准备 TOEFL、GRE,注意留学考试资讯,向相关教育部门索取简章参考。

四年级为分化期。找工作的找工作,考研的考研,出国的出国,不能再犹豫不决,大部分学生的目标应该锁定在工作申请及成功就业上。这时,可先对前三年的准备做一个总结:首先检验自己已确立的职业目标是否明确,前三年的准备是否已充分;然后,开始毕业后工作的申请,积极参加招聘活动,在实践中校验自己的积累和准备;最后,预习或模拟面试。积极利用学校提供的条件,了解就业指导中心提供的用人单位资料信息,强化求职技巧,进行模拟面试等训练,尽可能地在准备工作较为充分的情况下进行演练。

(五)评估反馈

评估和反馈过程是个人对自己的不断认识过程,也是对社会认识不断加深的过程,是使生涯规划更加有效的有力手段。

在做生涯规划的时候,每个人自身和外部环境不一样,对未来目标的设定也有区别,我们不可能对未来外部情况了如指掌,对自己的一些潜在能力也可能了解不够深入,这就需要注意自身条件和客观环境的变化,在一段时间的学习、生活之后,有意识地回顾自己的行动,反思自己的职业生涯规划是否合理,检验自己的目标是否过高或过低,自觉地总结经验教训,评估自己的职业生涯规划并不断根据反馈进行规划的修正,如职业的重新选择、实现目标的时限调整、职业路线的设定以及目标本身的修正等,使之更加符合客观环境。只有这样,才能更好地实现自身发展的目标。

三、大学生涯规划的主要原则

（一）择己所爱

满足自己的兴趣可以使自身感受愉悦，可以使自己的才能得到发挥，可以使自身的潜力得到进一步的挖掘。从事一项你所喜欢的工作，工作本身就能给你一种满足感，你的职业生涯也会从此变得有意义。在进行职业生涯规划时，务必注意：考虑自己的特点，珍惜自己的兴趣，择己所爱，选择自己喜欢的职业。

（二）择己所长

人生的诀窍就是经营长处。任何职业都要求从业者掌握一定的技能，具备一定的能力条件。而一个人一生中不能将所有的技能都全部掌握，所以必须在进行职业选择时择己所长，从而有利于发挥自己的优势。

（三）择世所需

社会的需求不断演化着，旧的需求不断消失，新的需求不断产生。在进行生涯规划时，一定要分析社会需求，择世所需，多看相关的媒体报道，多参加社会实践，多听相关的讲座、报告，以更多地了解社会需要。

（四）择己所利

职业是个人谋生的手段，其目的在于追求个人幸福。所以在择业时，要考虑自己的预期收益——个人幸福最大化（马斯洛需求层次论）。明智地选择个人利益最大化的职业取向，从社会角度和个人意向中取舍，从而在由收入、社会地位等变量组成的函数中找出一个最大值。要做到能力上胜任、身体上胜任、心理上胜任。一个令自己满意的职业，不一定是人人羡慕的职业，但却是最得心应手、最适合自己的职业。这就是在职业生涯规划中的收益最大化原则。

四、大学生涯规划的主要方法

（一）SWOT 法

SWOT 法最早是由美国旧金山大学管理学教授在 20 世纪 80 年代初提出来的。在此之前，早在 20 世纪 60 年代，就有人提出过 SWOT 分析中设计的内部优势、弱点、外部机会、威胁这些变化因素，但只是孤立地对它们加以分析。而 SWOT 法用系统的思想将这些似乎独立的因素相互匹配起来进行综合分析。运用这个方法，有利于人们对个人或组织所处情景进行全面、系统、准确地研究，有助于人们制定发展战略和计划，以及与之相应的发展计划或对策。

SWOT 分析是一种功能强大的分析工具，是检查个人技能、能力、职业、喜好和职业机会的有用工具。通过它，当事人很容易知道自己的个人优势和弱点在哪里，并会仔细地评估出自己所感兴趣的不同职业道路的机会和威胁所在。S 代表 Strength（优势），W 代表 Weakness（弱势），O 代表 Opportunity（机会），T 代表 Threat（威胁）。其中，S、W 是内部因素，O、T 是外部因素。

一般来说，对自身的职业/职业发展问题进行 SWOT 分析时，应遵循以下 5 个步骤：

1. 评估自己的长处和短处

每个人都有自己独特的技能、天赋和能力。在当今分工非常细的市场经济里，每个人擅长于某一领域，而不是样样精通。譬如说，有些人不喜欢整天坐在办公桌旁，而有些人则一想到不得不与陌生人打交道时心里就发慌，惴惴不安。请做个表，列出你喜欢做的事情和你的长处所在（如果你觉得界定自己的长处比较困难，可以请专业的职业咨询师帮你分析，分析好之后，可以发现你的长处所在）。同样，通过列表，你可以找出自己不是很喜欢做的事情和你的弱势。找出你的短处与发现你的长处同样重要，因为你可以基于自己的长处和短处做两种选择：一是努力去改正你常犯的错误，提高你的技能；二是放弃那些对你不擅长的技能要求很高的职业。列出你认为自己所具备的很重要的强项和对你的职业选择产生影响的弱势，然后再标出那些你认为对你很重要的强势和弱势。

2. 找出你的职业机会和威胁

我们知道，不同的行业或专业都面临不同的外部机会和威胁，所以，找出这些外界因素将帮助你成功地找到一份适合自己的工作，对你的求职是非常重要的，因为这些机会和威胁会影响你的第一份工作和今后的职业发展。如果某个公司处于一个常受到外界不利因素影响的行业里，很自然，这个公司能提供的职业机会将是很少的，而且没有职业升迁的机会。相反，充满了许多积极的外界影响的行业将为求职者提供广阔的职业前景。列出你感兴趣的一两个行业或专业，然后认真地评估这些行业或专业所面临的机会和威胁。

3. 提纲式地列出今后 3～5 年内你的职业目标

仔细地对自己做一个 SWOT 分析评估，列出你未来 3～5 年内最想实现 4～5 个职业目标。这些目标可以包括：大学毕业后你想从事哪一种职业，你将管理多少人，或者你希望自己拿到的薪水属哪一个级别。请时刻记住：你必须竭尽所能地发挥出自己的优势，使之与行业提供的工作机会圆满匹配。

4. 提纲式地列出一份今后 3～5 年的职业行动计划

这一步主要涉及一些具体的内容。请你拟出一份实现上述第三步列出的每一个目标的行动计划，并且详细地说明为了实现每一个目标，你要做的每一件事，何时完成这些事。如果你觉得你需要一些外部帮助，请说明你需要何种帮助和你如何获得这种帮助。例如,你的个人 SWOT 分析可能表明,为了实现你理想中的职业目标,你需要进修更多的管理课程,那么,你的职业行动计划应说明要参加哪些课程、什么水平的课程以及何时进修这些课程的学习等。你拟定的详尽的行动计划将帮助你做决策,就像外出旅游前实现制定的计划将成为你的行动指南一样。

5. 寻求专业帮助

能分析出自己职业发展及行为习惯中的缺点并不难,但要去以合适的方法改变它们却很难。相信你的父母、老师、朋友、上级主管、职业咨询专家都可以给你一定的帮助,特别是很多时候借助专业的咨询力量会让你大走捷径。有外力的协助和监督也会让你更好地取得效果。

很显然,做个人 SWOT 分析需要你的一些投入,而且还需要认真地对待。当然,要做好职业分析难度也很大。但是,不管通过什么渠道,进行一次详尽的个人 SWOT 分析却是值得的,因为当你做完详尽的个人 SWOT 分析后,将有一个连贯的、实际可行的个人职业策略供你参考。在激烈的职场竞争中,拥有一份挑战与乐趣并存、薪酬丰厚的职业是每一个人的梦想的,但不是每一个人都能实现这一梦想的。因此,为了使你的求职和个人职业发展更具有竞争力,请认认真真地为你的职业发展做些实事吧。

（二）"五 What"法

对于许多大学生来说,职业生涯规划也许是个比较模糊的概念,因而就更谈不上对自己进行职业生涯规划了。对于职业生涯规划,并不如某些书上所说的那样玄机无限,只要你对自己有一个基本认识,同时掌握一定的方法,每个人都能对自己进行职业规划,为自己的职业生涯发展画一个蓝图。"五 What"归零思考法共有五个问题：What are you? What you want? What can you do? What can support you? What you can be in the end? 一个人回答了这五个问题,找到它们的最高共同点,就有了自己的职业生涯规划。该方法尤其适合即将毕业的大学生。

对于第一个问题"我是谁"应该对自己进行一次深刻的反思,有一个比较清醒的认识,优点和缺点都应该一一列出来。

第二个问题"我想干什么"是对自己职业发展的一个心理趋向的检查。每个人在不同阶段的兴趣和目标并不完全一致,有时甚至是完全对立的。但随着年龄的增长和经历的增多而逐渐固定,并最终锁定自己的终生理想。

第三个问题"我能干什么"则是对自己能力与潜力的全面总结。一个人职业的定位最根本的还要归结于其能力,而其职业发展空间的大小则取决于自己的潜力。对于一个人潜力的了解应该从几个方面着手去认识,如对事的兴趣、做事的韧性、临事的判断力以及知识结构是否全面、是否及时更新等。

第四个问题"环境允许我做什么"，这种环境支持在客观方面包括本地的各种状态，比如经济发展、人事政策、企业制度、职业空间等，主观方面包括同事关系、领导态度、亲戚关系等，两方面的因素应该综合起来看。有时我们在做职业选择时常常忽视主观方面的东西，没有将一切有利于自己发展的因素调动起来，从而影响了自己的职业切入点。而在国外通过同事、熟人的引荐找到工作是最正常也是最容易的。当然，我们应该知道这和一些不正常的"走后门"等歪门邪道有着本质的区别。这种区别就是这里的环境支持是建立在自己的能力之上的。

明晰了前面四个问题，就会从各个问题中找到实现有关职业目标有利的和不利的条件，列出不利条件最少的、自己想做而且又能够做的职业目标，那么第五个问题有关"自己最终的职业目标是什么"自然就有了一个清楚明了的框架。

下面我们对某高校电子专业的女生的职业选择和职业目标确定做一次分析，或许能启发许多和她一样的同学。

某高校女生，计算机专业，在临近毕业时常常对自己的职业动向难以选择。就现在来说计算机专业属于热门，找一份工作不算太难，但由于是女生，在就业时肯定不如同班的男生，同时她对教师的职业比较喜欢。在这种存在多种矛盾的情况下，我们不妨和她一起进行一次有关职业规划方面的认真思考，并通过对其职业前途的规划确定其就业方向。

What are you? 某重点高校计算机专业毕业生；优秀学生干部，学业成绩优秀，英语国家六级；辅修过心理学、管理学；参加过高校演讲比赛，拿过名次；家庭经济状况一般，属于既不很富裕也不拮据的那种家庭，父母工作稳定，身体健康，暂时还不需要有人特别照顾；自己身体健康；性格不属内向，但也不是特别活跃，喜欢安静。

What you want? 很想成为一名教师，这不仅是儿时的梦想，而且比较喜欢这种职业；其次可以成为公司的一名技术人员；如果出国读管理方面的硕士，回国成为一名企业管理人员也是可以接受的。

What can you do? 做过家教，虽然不是自己的专业，但与孩子交流有天生的优势，做家教时当孩子成绩进步时很有成就感；当过学生干部，与同学们相处比较好，组织过几次有影响的大型活动；实习时在公司做过一些开发，虽然没有大的成就，但感觉还行。

What can support you? 家里亲戚推荐去一家公司做技术开发工作；GRE考得还可以，已经申请了国外几所高校，但能不能拿奖学金还很难说，况且现在签证比较困难；去年曾有几家学校来系里招聘，但不是当老师，而是去学校做技术维护，今年不知会不会有学校再来招聘教师；有个同学开了一个公司，希望自己能够加盟,但自己不了解这个公司的具体业务,也不知道它有多大的发展前途。

What you can be in the end? 最后的选择可能有四种,分别如下:

(1) 到一所学校当老师,自己有这方面的兴趣和理想,在知识和能力方面并不欠缺,在素质教育大趋势下,与师范类专业相比,自己有专业方面的优势,可以让学生了解更多的前沿的知识,特别是现在计算机在中学生中有了相当的普及和基础,并且自己有信心成为学生心目中理想的好老师;不足之处是缺乏作为一名教师的基本训练和一些技巧,但这可以逐步提高。

(2) 到公司做技术人员,收入上会好一些。但通过这几年的发展来看,这种行业起伏较大,同时由于技术发展较快,得随时对自己进行知识更新,压力较大,信心不足,兴趣也不是很大。

(3) 去同学的公司丢掉专业从最底层做起,风险较大,这与自己求稳的心理性格不符,同时家庭也会有阻力。

(4) 如愿获得奖学金,能够出国读书,回国后还是去做一名企业管理人员。不确定因素较多,且自己可把握性较小,自己始终处于被动状态。

单纯从职业发展上看,这四种选择都有其合理性,但如果从个体而言,第一种选择显然更符合她本人的职业取向。从心理学上看,选择第一种能够使得她得到更大的满足,在工作中也最容易投入,作出一定的成绩后会有很大的成就感。从职业前途上看,教师这个职业也日益受到社会的尊重,社会地位呈上升趋势。从性格上看,这种职业也比较符合她的职业取向。主要困难是非师范生进入这个职业的门槛较高,如果她能够确定自己的最终目标后努力去弥补与师范生在职业技巧方面的差距,那么她实现自己的职业理想将为时不远。

当然,大学生涯规划的原则是内容与方法的抽象,进行生涯发展规划的步骤和方法并不是一成不变的,不同的人可以采用不同的方式、方法与步骤。

五、大学生涯规划书的结构与类型

(一) 大学生涯规划书的结构

大学生涯规划书的主要内容通常包括以下项目:

(1) 题目。包括姓名、年龄跨度,起止日期。

(2) 引言。主要写规划的目的以及自己对规划意义的认识。

(3) 自身条件及潜力测评结果。

(4) 发展环境分析。包括对政治环境、经济环境、学校环境的分析,还包括专业发展前景分析、相关的职业与行业环境分析、所在班级与院系的情况分析。

(5) 大学生涯发展方向及总体目标。

（6）目标分解及目标组合。

（7）目标的评估。听取老师、亲人、同学、朋友以及其他一些可能了解或帮助自己的人的意见，征询他们对自己大学生涯目标的建设性意见。

（8）目标与现实的差距分析。即自身现实状况与实现目标要求之间的差距。

（9）确定目标实现或成功的标准。

（10）缩小差距的方法及实施方案。

（11）后记。

无论是大学生的生涯规划书还是员工的职业生涯规划书，其实都没有固定的结构与内容，制定者应从实际出发，实事求是，注重规划书的实用性和指导性。

（二）大学生涯规划书的类型

撰写大学生涯规划书其实没有固定的格式，它只不过是职业理想、生活理想的文字化和条理化，常用的类型有文字型和图表型。

1. 文字型

文字型的生涯规划书主要以叙述的方式按照某逻辑编写。如下所示。

我的大学生涯规划

1. 引言

步入大学生活，我第一次感到了迷茫，不知道该往哪里走。直到接触了大学生涯规划，我才重新找回了方向。通过对自己兴趣及能力的了解，我确定了现实性的奋斗目标，从此我将有目标地生活、有目标地学习，使我的每一天都能有意义！

2. 自我分析

我对研究型和社会型工作都比较感兴趣，对富有创造性的、分析的定向任务性质的职业比较感兴趣，这一点也在霍兰德职业兴趣测量中得以证实。我的社交水平一般，但有一定水平的分析能力，创造能力较强。我比较安静，在同一时间内一般只专注于一件事情，重感情，忠于自己的价值观。但有时候会过于追求完美和固执，容易走极端，做一些不切实际的事。有时也很敏感，因为太在乎别人的看法及感受而改变自己的行为和看法。

3. 未来职业发展目标

我的专业是计算机技术，根据自己的兴趣和所学专业，在未来我希望向管理和技术两个方面发展，最终能成为技术型的管理者。

4. 大学期间的发展目标

为了成为成功的技术型管理者，我在大学期间需要做到的是：

（1）在政治思想及道德素质方面，树立正确的人生观、价值观和道德观，坚持正确的人生价值取向。积极向党组织靠拢,定期递交对党的章程的学习、认识及实践的体会,以及自己言行感受的材料,积极参加党团活动,争取早日加入中国共产党。

(2) 在学业方面,上课不迟到、不早退,绝对不旷课,注意预习和复习,保证学习听课的时间和质量。安心、专注地攻读职业方向类、专业类书籍。毕业之前通过计算机四级考试和英语六级考试。

(3) 在技能培训方面,积极参加多种社会实践活动,锻炼自己的人际交往能力,辅修管理和经济类课程,扩大知识面,提高管理能力。关注计算机科学领域的更多新知识,考取微软认证的部分证书。

(4) 在身心发展方面,积极参加校内外的各项活动,锻炼自己的胆量和能力。积极参加体育锻炼,保持良好的身体素质。

5. 大学期间的行动计划

(1) 一年级:每天抽出 1 个小时来提高英语的听、说能力,每天背诵 20 个单词,增加词汇量。每周一至周五上晚自习,完成当天的作业并预习第二天的功课,确保每门功课的期末考试平均分要达到 85 分以上,争取获得一等奖学金。参加学生会竞选,提升自己的服务意识,锻炼自己的能力。参加兴趣协会,尝试开展科技创新。

(2) 二年级:确保上学期顺利通过英语四级考试,之后坚持学习和练习,争取下学期通过英语六级考试。如果失败,确保在三年级上学期通过英语六级考试。开始辅修经济学和管理学的课程。积极准备,力争通过计算机三级考试。不放松专业课程的学习,保证成绩在 80 分以上。参加数学建模大赛和电子科技大赛,培养自己的合作精神和创新能力。

(3) 三年级:确保通过英语六级考试。考取部分微软认证的资格证书,为将来求职增加砝码。积极参加社会实践和实习。

(4) 四年级:广泛了解招聘信息,掌握求职技巧,积极参加招聘会,力争尽早获得工作岗位。保持优异的专业成绩,完成毕业设计和毕业论文,顺利通过答辩,获取毕业证书和学位证书。

6. 结束语

任何目标,只说不做到头来只是一场空。我愿意向着自己的理想和目标努力奋斗,不怕困难和失败,为自己的大学生涯交上令自己和所有关爱我的人满意的答卷。

2. 表格型

表格型如表 2-2 所示。

表 2-2 我的大学生涯规划

我的SWOT分析	内部因素	优势因素(S)		弱势因素(W)	
		分析能力、策划能力较强,对工作有耐性,认真、负责,积极主动,富有进取精神		不太会处理人际关系,英语能力有限,较为固执	
	外部因素	机会因素(O)		威胁因素(T)	
		学校提供的就业机会较多,所读专业未来市场前景巨大		社会环境不断变化,就业竞争激烈,就业形势日益严峻,所读专业定位不明	
我的职业路径	职业目标	根据自己的职业兴趣和个人能力,我希望最终能成为一名出色的电子商务师			
	职业发展策略	进入网络营销行业			
	职业发展路径	先走技术路线,再转向行政主管路线			
	具体路径	企业电子商务平台开发人员—企业电子商务平台管理人员—企业电子商务高级管理人员			
我的大学四年规划	一年级	养成早起习惯,每天坚持背单词,不断提升英语水平。学好各门课程。多参与学校组织的各项活动,增加人际交往能力			
	二年级	大二在保证各门课程成绩优异的情况下,自学掌握本专业所需网络技术。对整个市场宏观与微观环境有全面的认识,并了解企业的管理运作			
	三年级	参加社会实践,寻找更多的实习机会,拓宽视野。利用周末学习专业技能,考取助理电子商务师			
	四年级	收集、了解工作信息,积极参加招聘活动,强化求职技巧			
我的职业发展规划	毕业后5年内	在技术型职位上努力工作,加强沟通,虚心求教,使自己成为业务精湛的技术骨干,积累管理经验			
	毕业后5~8年	大胆工作,敢于创新,充分发挥自身技术优势,注意管理方法的总结和提高,能在技术管理的岗位上有所成就			
	毕业后10年	顺利实现转型,成为技术型管理者			
	毕业后10~20年	在技术和管理上同时完善自我,达到事业的顶峰			

六、避免大学生涯规划中的几大误区

制定生涯规划可以把人生有限的时间和精力集中起来,用在最该用的地方,从而获得事业的成功和实现人生目标。然而,部分大学生在规划中存在不少误区:

（一）计划不如变化,没有必要做生涯规划

有人认为,世界变化快,人们无法预料未来,故不需要做规划。试想一下,如果世界不存在变化,什么都是既定的、一成不变的,都知道自己未来几十年以后是什么样的,也就没有必要做职业生涯规划了。正是因为要应对当今多变的世界和环境,才更需要积极地做各种规划,也包括我们的职业生涯规划。

一个人从开始从事职业到离开工作岗位大概有三十多年的时间,这段时间是人生最宝贵的时光。但一个人的职业生涯的发展过程,一般来说都不是一帆风顺的。在尊重每个人个性的同时,了解职业生涯发展的规律性,预见职业生涯过程中可能会遇到的问题并及时进行处理和调整,对一个人一生的职业发展具有重要意义。

（二）职业规划等到即将毕业时再做也不迟

大学生对职业进行规划,说明他们有了对职业的成熟理解。但有些大学生认为职业规划等到即将毕业时再做也不迟,其实这是一种误区。国外有一句格言,说人生只有三天:昨天、今天和明天。昨天是幸福或无奈的回忆,今天才是人生的"核心",只有抓紧今天,明天才能生活得更美好。

从走进大学的第一天开始,就接受有关职业规划的理念,并且能在老师的指导下,逐渐形成自己的职业发展规划。在迈进社会的时候,才可以避免不知所措的尴尬。事实上,不容乐观的就业形势也已经让一些大学生意识到,职业规划从大一起就应该作为重点工作来做。一方面,通过职业规划,可选择适合自己发展的职业,确定符合自己兴趣与特长的生涯路线。另一方面,还可拓展到职业修养、价值观等等"内在"的素质培养。

（三）职业规划等同于职业目标或学习计划

职业规划的核心是达到职业目标的步骤、方法、时间安排。从小学到大学,我们立了不少最终失败的目标,其中一个关键的问题就是没有达成目标的计划。因此职业规划不仅要有职业目标,还得将目标分解、细化到每年、每月甚至每周,不仅要有长期计划,还得有阶段计划、短期计划。

同时,需要注意的是,职业规划也不是学习计划,达成职业目标往往不仅需要知识,更重要的是需要能力,所以职业规划的重点是工作能力提升的规划,从长期的角度出发来寻找真正适合自己的岗位,这是今后的一种趋势。

（四）制定职业规划急功近利

职业规划被很多人喻为"瞬间成功和急速暴富"的速成钥匙,这事实上是片面夸大了规划的作用。曾有一份在数百名大学生中所做的调查显示,95％的同学表示自己两年之内要做主管,五年后要成为部门总监;77％的同学说,35 岁之前要成为年薪 50 万～100 万元的职业经理人,还有 20％的同学表示毕业后 10 年之内上《福布斯》等知名杂志的富豪排行榜,做一名"金领"。

有专家指出,许多人在大学时代就已经形成了对未来职业的一种预期,然而他们往往忽视了对个体年龄和发展的考虑,就业目标定位过高,过于理想化。为自己制定职业规划是件好事,但不宜急功近利。追求速成,会导致目前择业过程中的眼高手低。

（五）缺乏对自身的全面了解

许多人没有做好自身的职业规划,首要的原因是对自己认识不清,不知道自己想干什么、适合干什么,想进行职业规划,但不知如何下手。

在制定自己的职业规划时,最好是面对现实,做一个全面的自我分析,做好"四定":"定向",确定自己的职业方向;"定点",定自己职业发展的地点;"定位",确定自己在社会上的位置;"定心",做到心平气和。这些实际上就是解决职业生涯设计中"干什么"、"何处干"、"怎么干"、"以什么样的心态去干"这四个最基本的问题。这样,既可以防止"低价出售"了自己,也可以防止期望值过高而一无所获。

（六）专业就是职业

一般来说,80％的专业决定不了职业。专业是学习阶段的任务,在某种程度上是一种被动的接受,而职业则是毕业后的任务,是一种主动的谋生手段。二者唯一的关联恐怕只是一些知识背景。谁都希望自己选择的专业就是今后的职业,但真正发现要转行时,所付出的代价恐怕也仅止于"知识背景"而已。大学的专业,很大程度上是被动接受知识;而为理想、为事业或者为生存去从事一项工作时,你会主动去学习充电,培养职业要求所需要的专业精神。

（七）就业、职业、事业混为一谈

2005年初,《中国青年报》的一项调查显示,大学生对"先就业,后择业,再创业"的认同率高达80.9％,"先就业,后择业,再创业"正成为当代大学生选择的一种就业新理念。但先就业,并不代表随意就业。要认清形势、认清自己,寻找企业用人与自我发展的契合点,不能因为竞争激烈而"捡到篮里就是菜"。有的人在择业时对于自己想做什么、适合做什么并不清晰,加上就业形势不好,更容易产生"病急乱投医"的心理。如果找到一份不适合自己的工作,可能会经历不必要的挫折,对职业生涯带来负面影响。在没有一个明确的职业目标的前提下匆忙就业,即使勉强做上一两年,所学知识逐渐荒废,转行导致的职业含金量下降,对今后的可持续发展并没有一个很好的作用。

职业生涯设计师徐小平认为人生职业分为三个层次:第一层次就是就业,维持生存;第二层次是职业,从事比较稳定的工作,满足基本的物质需求;第三层次是事业,这个层次不仅有丰富的生活物质,更有精神上的满足感。这三个层次逐步推进、逐步实现,并不能一步到位。"先就业,后择业,再创业"也应围绕这个层次推进。

第四节　大学生涯规划的实施

一、大学生涯规划的分阶段具体实施

从最初的适应了解，到掌握相关信息后的自我定位，再到目标明确后的能力培养，最后以具有自身优势的竞争力为就业做好准备，针对大学四年进行的生涯规划，可根据学生学习发展的具体情况分为四个阶段去实施。

（一）适应了解阶段

从大一开学至大一下半学期，这一阶段是大学生涯的初始阶段。大学生在这一阶段的主要任务是了解有关生涯规划的理论知识，适应刚刚开始的大学生活，对自己将来希望从事的职业有一个初步的设想。

通过学校的教育和自身的思考，大学生意识到生涯规划的重要性和必要性，并对自己的未来有了一个模糊想象。在这个基础上，我们应进行的自我认识，大学阶段是自我认识发展和完善的关键时期，自我认识和积极的自我概念在个人职业生涯发展过程中具有重要意义。在适应了解阶段，大学生将认识、发现和培养个人的态度、潜能和兴趣，理解职业生活的含义等，具体应做到以下几点：

（1）认识自己的个性倾向性和心理特征，包括兴趣、价值观、气质、性格、能力等，以及与自己的个性特点相适应的职业。引导学生从思想、学习、身心各方面为选择职业做好准备，逐步探索明确适合自己的职业群，形成职业意向，并有意识地根据未来职业需要培养锻炼自己，不断提高适应职业需要的能力。

（2）掌握自我认识及有关自我概念与价值的知识。确认个人个性品质，找出影响个人自我概念的重大事件；确认个人兴趣与能力，尤其是与职业发展有关的优势与不足。

（3）理解和掌握交际技能。认识人们看待他人能力的不同方法；认识和描述同学的性格特征；阐述鉴别相同点与不同点的方法；展示有感召力的小组成员的交际技能；学会对他人情感与利益的尊重；阐述处理自己或他人心理冲突、缓解心理压力、应对情感问题的健康方法。此外，大学生还可以在这个阶段通过一些评估技术加深对自己以及职业倾向的了解。如本书前面提供的两种常用的评估工具，大学生可借此分析自己的职业生涯机会，找准自己的定位，对职业生涯更加合理的规划起到辅助作用。

（二）选择定向阶段

第二个阶段是选择定向阶段，历经时间大约从大一下学期至大二上学期。大

学生在了解了生涯规划之后,应对自身情况有了一个较为全面客观的认识,此时可以进一步明确自己的发展方向。因此,这个阶段的主要任务就是在分析职业环境的基础上,结合所学专业,选择合适的职业取向。

此阶段大学生需要进行的是环境评价及职业探索。关于环境评价,职业生涯规划需要充分认识与了解相关的环境,评估环境因素对自己职业生涯发展的影响,分析环境条件的特点、发展变化情况,把握环境因素的优势与限制。要充分了解本专业、本行业的地位、形势以及发展趋势,分析内外组织环境、政治环境、社会环境、经济环境、政策法律、人力资源需求、行业特性、发展前景、工作内容、所需能力、薪资待遇等因素对自己未来生涯发展的影响,以利于在复杂的环境中趋利避害,使生涯规划更具实际意义。

首先,大学生需要对自己所学的专业有充足的认识。对于大学生的职业生涯规划,最基本的出发点就是专业先导性。大学生应了解所在专业的相关信息,明确专业学习与职业世界之间的关系,以初步形成职业生涯发展意识。

对于本专业的认识包括以下几个方面:

(1)明确专业设置的培养目标。培养目标是专业的灵魂,掌握社会对专业人才的需要信息。

(2)了解专业的设置口径。专业口径是划分专业时所规定的主干学科或主要学科基础及业务范围的覆盖面。这样就可以在有限的学习时间和一定的专业范围内,以主干学科为主线,按照循序渐进的认识规律来进行学习,以获得必要的专门知识和技能。

(3)明确专业的设置方向。专业方向是在专业口径之内是否分化专攻方向以及分化多少,它反映了专业设置的同一性要求。任课教师在这方面的教学中还将给学生提供一些高中开设的课程和教育活动的信息。

(4)了解本专业的软硬条件设置。包括专业师资队伍、可利用的硬件设施条件等。

(5)理解学习的意义。理解高等教育及学习计划的作用和意义;理解动机与学习成功的关系;理解成功的含义和掌握获得成功的方式方法;理解教育和工作如何满足个人需要。

(6)认识和理解学习与工作的关系。明确工作对人具有的重要意义;在教师的介绍下了解学校与工作岗位连接的途径;认识大学生如何转入成年工作的角色;理解关于个人技能和态度对成功工作的重要性;明确社会关系、个人关系对职业途径的影响;分析社会需要的,也即是应聘单位所期望的技能与特长;确认那些可由学校迁移至工作岗位的技能与特长。

(7)明确教育设计对职业发展的影响。为继续深造做准备,通过学校提供的可供选择的各种课程和活动,了解研究生及研究生后教育;明确研究生及研究生后教育计划的要求。

对专业认识充分后,大学生对职业生涯的规划就更加明晰了,接下来要做的是职业探索。对于大多数没有进入社会的大学生来说,实施职业生涯规划的最大困难就是不了解职业,对职业都不了解,就谈不上"人职匹配"和职业准备了。大学生可以通过以下方式增加对职业的认识:

(1)拓宽职业信息渠道。大学生应学会利用直接渠道接触社会职业,以取得及时、真实的职业信息。比如可以通过亲戚朋友或校友的关系,主动联系参观自己感兴趣的单位,现场观摩感兴趣职业的真实情况。也可以在暑期或平时做一些兼职,当然是以了解职业为目的的兼职活动。这是了解职业信息的最有效途径,可以获得对职业的切身感受。

(2)进行生涯人物访谈。所谓生涯人物访谈,就是通过对同一行业中数位资深工作者的深入交流获取职业信息的一种方法。这不但可以检验和印证以前通过其他渠道获得的信息,而且可以了解到工作者的内心感受,可以了解到此工作领域里一些比较深入的信息,比如显存和潜在的入职标准、核心素质要求、晋升路径等。此外还有一个好处是可以借此建立个人关系,拓展自己的人脉资源。

(3)了解职业信息的类型,明确一些职业所需要的学术技能,了解职业世界和社会知识。

① 它包含了对社会职业状况的了解。

② 了解职业世界还包含了应清楚地知道不同职业的性质、特点、任务、工作环境、资格要求等方面的内容。

③ 个人为了获得适应某种特殊职业要求的职业资格,需要接受哪些教育与培训,怎样对各种教育、培训机构进行评价、选择,怎样对自己的胜任情况进行评估,需要在哪些方面去提升自己,诸如此类的教育培训信息是了解职业世界必不可少的内容。

④ 寻找工作资源,发现职位空缺,这也是了解工作世界的内容。无论最终的职业选择在哪个领域里进行,都有一个前提条件,那就是有职位空缺,有人才需求,有施展才能的天地。

(4)确立目标与制定行动计划。描述影响目标选择的因素;确定并评析妨碍实现目标的问题;理解决策技能的重要意义;分析个人的信仰、价值观与态度影响其决策的方式问题;明确解决问题及制定决策的因素问题和技术;明确教育决策与职业决策对其他生活主要决策的影响;确定决策的可行性;学会提出切实的问题;明确环境因素对态度、行为习惯和先天素质开发的影响;描述职业、家庭和休闲活动对智力、情感、体力及收入的重要意义;认识和理解职业计划过程;了解关于各种职业、行业的知识信息;了解职业的多样性;了解职业种类划分的不同方法;获得、理解和运用职业信息的技能;掌握运用学校和社区资源去了解行业和行业团体的技术;明确获得各种行业、团体及个人就业的信息资源;了解社会各界举办的与各种职业有关的教育活动,掌握不同行业、团体所需要的特殊技能。

经过这一阶段,大学生在获得的大量信息中进行整合和筛选,并对专业和职业环境有了一定程度的了解,因此能够渐渐明确自己的职业目标,找准自己的定位。下面就可以针对既定目标,有所选择地对某些所需能力进行集中训练。

（三）能力加强阶段

第三阶段是能力加强阶段,这个阶段的跨度主要在大二下学期至大三。在确定了选择方向之后,在既定目标的指引下,便进入了生涯规划的实战阶段。此阶段大学生要为一年后的就业准备阶段积累相关的技能,这里的技能不仅包括重点专业课程的学习和消化,还应在成果方面有所收获,比如英语四六级、计算机的考级、各类奖励的获得、社会实践的积极参与、论文的发表等等。

能力强化阶段的主要任务,就是明确规划的方法和技巧,获得确立目标和适当作出决策所需要的认识与技能。职业能力拓展具体包括以下几个方面:

1. 知识能力的储备

在确立职业目标与职业生涯路线后,首要的就是调整自身的学习目标,把学习精力更多地放到与职业相关的部分上来。对高校学生来说,学习知识储备主要是通过在校期间的课堂所学部分与自学部分两部分获得。大学生与高中生相比,业余时间较多,有利于自学各类知识。首先,应制定学分选修计划。学校课程设置建立在市场分析、行业分析、职业分析、职业岗位群分析及职业能力分析的基础上,在培养学生必需的知识、技能与态度方面作用无可置疑。学习好学校开设的课程是大学生最基础的任务。结合自我的职业生涯发展目标与学习基础,制定详实可行的学分选修学习计划是保证学习效果、提高自身知识能力水平的有效手段。其次,应制订专业的自学培养计划。知识与技能是学生参与就业竞争的资本,仅靠课堂时间远远不够,大学生应该制订课余自主学习计划,积极学习专业相关知识。

2. 实践能力的培养

仅仅掌握理论知识,只是纸上谈兵。作为一名新时代的大学生,不能只靠书本上的学习,还应当注重积极参与实践活动,获取人际交往、事件处理、专业技能等多方面综合能力的培养锻炼。应多多参与社会实践。大学生普遍缺乏社会实践经验,这会减弱自身的岗位适应能力和就业竞争能力。在学习的过程中,大学生应进行有针对性的实践,积极参与学校组织的各种相关的社会实践,如社会调查、行业企业参观、深入岗位体验、见习实习等等。社会实践是大学生了解社会职业信息的有效渠道。社会实践应围绕将来可能要从事的职业展开，要有一定的方向性。用人单位更关心的是大学生的经验和能力是否适合应聘岗位，而不是兴趣有多广泛。也就是说，大学生未来发挥自己能力、兴趣的空间是工作的领域，所以要积累的是工作领域里需要的品质和经验。同时，有针对性的实践活动相当于是大学生提前进行的入职实践，可以通过在实际工作岗位的实践了解更准确、更全面的职业信息。

3. 心理状态的调整

进入 21 世纪，随着经济的高速发展，东西方文化的快速交流碰撞，日益复杂的社会环境使得人们的心理活动更为复杂。在这种大环境下，大学生应在生涯规划实施过程中及时调整自己的心理状态，了解自我，改善自我，发展自我，更好地规划自身的职业生涯。就业前阶段，尤其需要进行心理调整。经过一段时间的学习生活，大学生最终将面临就业的压力。由于在大学前几年中个人发展机遇、自身能力天分等多方面的因素，大学生的职业发展情况不尽相同，并非每个人都能顺利地走上职业发展道路。在就业压力前，大学生往往容易产生各种各样的心理问题，此时就要及时调整。面对困难或挫折，首先要稳定情绪，保持清醒理性的心态。然后尽量站在客观的立场分析问题，找出症结所在，再对此采取相应的措施。

4. 大学生还要注重培养改革意识和应付生活变迁的技能

生涯规划之所以在大学期间开展，是因为大学是人生中最重要的过渡时期，在这个时期规划和设计今后的人生道路是最合适的，但并不意味着生涯规划只是大学四年的任务，大学生现在所考虑的应包含整个人生的计划。因此在培养自身能力的同时，也要注重培养改革意识和应付生活变迁的技能，这些技能对大学生以后的漫长的人生都是十分必要的。在这方面，大学生需要检验价值观在人一生中的变化情况，明确人一生中身体、心理、社会成熟和情感的变化趋势，并尝试着去描述个人对各行各业所发生的社会的、经济的、技术的变革的感受，由此，培养应变能力。同时，还需理解可迁移技能的概念，发展在生活、工作实践中的经验，学会实时确定目标，以便在生涯规划实施的不同阶段都有明确的方向。此外，还要学会减轻压力的策略与技巧，掌握适应工作需要的技能。

(四) 就业准备阶段

从大三下学期或大四开始，就进入了最后一个阶段——就业准备阶段。经过三年的努力，此时应是展示成果的时期了，大学生将通过实际行动，完成职业生涯规划第四阶段的任务，为就业做好充足的准备。表 2-3 为应届毕业生择业行程安排表，大学生可对照这张表按阶段安排自己的就业准备工作。

表 2-3　应届毕业生择业行程安排表

时间(月份)	择业阶段	所做工作(内容)
8~9月中	基础准备	使用学校及大学生就业网站的网络资源,定期上网查看就业信息
		整理与收集择业中所有个人佐证材料(如各类考级证书、获奖证书、发表论文、参加重要实践活动的证明及材料等)
9月中~10月	就业信息收集	参加学校组织的就业形势讲座、职业指导讲座和就业心理辅导,了解、分析就业形势,准备自我定位,锁定就业取向
10月	择业前准备	参加学校组织的就业技巧培训和简历制作指导;由班级统一到学院领取推荐表和就业协议;撰写个人自荐材料;做好面试前的准备
11月~下年1月中	第一次择业高峰	通过学校就业信息网及信息渠道获取就业信息,开始有针对性地择业应聘
1月中~2月	调整	总结反思上一阶段择业的得失,调整择业心态和目标,力争择业能力的再提高
3~5月	第二次择业高峰	再次为择业成功而努力。同时,这一阶段也是考研、出国失利的同学择业的最佳时期
6月初到6月底	签订就业协议	确定就业单位,毕业生与用人单位、学校就业指导中心签订三方协议
6月底~7月	就业准备	确定户档去向和详细地址,做好岗前准备,办理毕业离校手续

二、大学生涯规划的反馈与调整

事物都是处在运动变化中的,一旦自身及外部环境条件变化了,职业生涯规划也要随着时间的推移而变化。在制定职业生涯规划时,由于对自身及外界环境都不十分了解,最初确定的职业生涯目标往往都是比较模糊或抽象的,有时甚至是错误的。在经过选定职业生涯路线,积极行动培养职业能力,做好就业准备后,由于外界环境和自身素质的变化,有必要在这些因素产生变化后,重新对自我进行剖析和评估,反馈这些信息,并对自己的职业生涯目标进行修正。

经过一段时间的工作以后,有意识地回顾自己的言行得失,可以检验自己的职业定位与职业方向是否合适。实施行动与平衡修正这一步骤就是要具体实施既定的职业生涯规划,采取各种积极的行动扎扎实实去发展自己的职业生涯,争取职业目标的达成。同时,还要在职业生涯的准备和发展过程中不断检验自己的职业定位、目标、策略是否符合实际,是否能有效实行。注意平衡计划与实践、主观与客观、职业目标与其他目标之间的关系,自觉总结经验教训,评估和修正不恰当的自我认知、职业目标、职业路线与策略等，及时纠正行动方向，保证职业生涯规划及其指导下的职业活动都能够卓有成效。在实施职业生涯规划的过程中自觉地总结经验和教训，评估职业生涯规划，个人可以修正对自我的认知，通过反馈与修正，调整最终职业目标与分阶段职业目标的偏差，保证职业生涯规划的行之有效。

（一）反馈分析与调整方案

遇到问题，最好的办法是对症下药。

首先，分析清楚问题产生的原因。问题的产生可能是由多种因素引起的，那么大学生就要厘清，是自身素质问题、人际关系问题还是工作本身的问题。

其次，进行方案的调整和自我修正。自我修正的手段，主要包括三个方面。一是加强学习。大学生要在竞争中立稳脚跟，必须做到善于学习、主动学习。在学习期间，要针对自身劣势，制定出自我学习的具体内容、方式、时间安排，尽量落到实处，便于操作。进入工作岗位后，要善于在实践中学习，主动利用组织开展的相应培训学习提高。二是实践锻炼。在校期间，主动参与学生活动，接触特色人群，有针对性地锤炼自身能力欠缺的方面。不妨多看、多听、多写，把自己的收获体会用文字表达出来，这对能力提高帮助更为直接。参加工作以后，更要主动在实践中锻炼才干，不断总结、提高。三是来自他人的帮助。家庭、同学、朋友、师长和专业咨询机构都可以成为个人提高的有力支援，关键要学会求得他人帮助。对自己了解最深的莫过于周围最亲密的人，多听听他们的经验与教训以及对自己的评价，尤其是注意他们对我们的职业选择和职业发展的建议与评价。各类专业咨询机构在指导个人认识和选择职业方面都有一套比较完整的测评手段，可以借助他们全面了解和加深自我认识。

有效的设计就是要不断地反省修正目标，反省策略方案是否恰当，以适应环境的改变，同时可以作为下次就业设计的参考依据。计划赶不上变化。影响就业设计的因素很多，有的变化因素是可以预测的，而有的变化因素难以预测。成功的就业设计需要时时审视内外环境的变化，不断对设计进行评估和修订并调整自己的前进步伐。在生涯规划中，即使未遇到挫折和困难，也要不时回顾前阶段的进展情况，仔细分析反馈的信息，反思自己的得与失，或者将新产生的计划纳入到生涯规划中去。此外，在实施过程中也可以适时适当地调高目标。这样，可以使自己的目标难度更合理，使成就水平更高。如果感到自己的生活节奏很慢，效率很低，没有实现原计划的职业生涯目标，首先要考虑自己的动机水平是否足够。如果不是职业目标太难，就应该加强紧迫感，使自己不要脱离职业规划的轨道。

（二）保障生涯规划实施的建议

由于种种原因，在许多情况下，可能出现许多紧急的工作，让人无法一一应对，这时就应该分轻重缓急予以解决。不能因埋头干活而忘记了努力的方向。生涯规划的行动计划就是努力的方向。为了保证自己的行动能与努力的目标一致，就需要最大限度地根据你的个人职业生涯发展规划约束自己的行为。下面提出了几项建议，帮助保障生涯规划的实施：

（1）要认识到已制订的生涯规划在自己人生中的重要意义，保证经常回顾构想和行动规划。在制订生涯规划时，大学生已对自己进行了全面的认识，但这还不够，还要对规划在操作过程中可能遇到的困难有足够的心理准备。因为每个人在规划实施开始时对自己的惰性可能认识不足，当一个人从无计划的、无序的状态中朝一种规范的、有序的状态转变的过程中，不可能一下子就能完全进入状态，其中会有些反复，甚至会遇到计划执行不下去的情况。在这种情况下，计划的制订者要及时进行反思，在理解自己的基础上，找出其中的原因，甚至对计划做些调整，以小步子逐步向前推进，以积小进步为大进步，因为有时急于求成反而会适得其反。

（2）要逐步学会建立一种激励机制。个体在前进的过程中是需要激励的，它是个体发展的动力。自我激励不同于他人激励，自我激励完全是源于个体自身的，不是外力强加的，它可以来自所崇拜、仰慕的榜样，也可以是个体由自己远大的目标所引发出来的。当个体有一个远大的、自己愿意为之付出努力的目标后，他就会集中精力、心无旁骛地投入其中，即使遇到一些困难和挫折也会全力以赴地去克服，不达目标誓不罢休。自我激励机制的建立需要大学生确立远大的目标，需要找到学习的榜样，同时也需要具有坚强的意志和毅力，不断地勉励自己，使自己保持持续的发展态势。

（3）可以通过组成学习小组，来促进规划的实施和阶段目标的调整。规划的实施不一定是孤军奋战，如果能和志同道合、有着共同生涯目标的同学组成小组或学习共同体，也是一种好的促进规划实施的方式。同时，小组成员之间可以相互勉励、相互交流，对规划实施的进程、实施的方式以及实施的阶段目标，可以根据实际，相互切磋、沟通、讨论，以作出更合理、更符合实际的目标和计划。

（4）当我们作出一个对生活和工作极其重要的决定时，请考虑一下我们的构想和行动规划，并确保我们正在仔细考虑的决策与本意相符。在有些情况下，可能有一些重要的诱因，能获得短期内的收获，但从长期考虑有损失。这种时候，需要冷静地思考，权衡利弊及对策，作出符合职业生涯发展利益的决策。当然，如果我们的理想蓝图已经发生变化，构想和行动规划也要作出相应的变动，从而目标和策略也应随之改变。计划毕竟是计划，往往需要和现实结合起来，动态性地管理，否则，缺乏灵活性也会导致计划落空。

（5）与老师讨论我们的构想和行动方案，并询问实现构想的途径。向老师或同学公开自己的计划，往往能督促自己行动。事先将自己的设想告诉老师和朋友，先征求别人的意见和建议,再采取行动。一方面,可以集集体的智慧,帮助设计最佳的策略和方案;另一方面,可对自己进行约束,增加责任心及激励力量。

（6）每隔一段时间,检查一遍规划实施进度。过程监督十分重要,监督可以发现计划的问题,可以考察计划的落实情况,可以有针对性地提出解决方案。大学生可以通过自己撰写生涯日记的方式来反思自己的行动。撰写生涯日记是一种通过反思的形式来促进规划的实施和目标的调整,不仅可以帮助大学生及时总结、反思自己的行为,而且将大学生整个学习、生活过程如实地记录下来,大学生从中看到自己的进步和不足,从而不断从幼稚走向成熟。

三、大学生涯规划的学校指导与监督

大学生虽然有独立思考能力和行动能力,但毕竟尚未涉足社会,对自己人生的把握也不是完美无缺,因此在为自己做生涯规划时仍然需要获得外界的指引和辅导。此时作为大学引路人的辅导员和班主任便应承担生涯规划指导和监督的重任,帮助大学生顺利实施规划,实现他们的人生目标。

（一）大学生涯规划的指导原则

1. 人本化原则

以人为本的教育理念重视人本身的发展,将人的全面发展与个性发展统一起来,充分开发个体的智能。人本化原则是人本观的具体体现,21世纪的教育必须以人为本,发展素质教育,建立创新教育的机制,创造有利于个性成长、个性特色充分发挥的宽松环境。所以对学生的职业生涯教育必须始终贯彻以人为本的精神,坚持人本化原则,体现出围绕学生、为了学生的思想,从学生的个性特长出发,让其"择己所爱,择己所长,择己所利"来开展教育活动、管理教育过程,以实现学生自主进行职业生涯规划,获取职业生涯的成功。

2. 系统性与全程性原则

职业生涯教育应着眼于职业生涯的持续发展,贯穿于学校教育的全过程、各方面。不仅要引导学生立足现在、设计未来,随着教育过程的深入,教育的方式与方法应随之改变,教育方案应体现出适时性、发展性、持续性、前瞻性;而且要求职业生涯教育应遵循系统性原则,从择校、择专业到择业上岗,从求职技巧学习到综合职业能力的形成,从专题的、专门的职业生涯教育活动到学校教育教学活动,都承载着、体现着职业生涯教育的思想或行动。实施主体全员化,实施过程全程化。

3. 专业化原则

实现职业生涯教育的专业化是未来高等教育圆满完成职业生涯教育的一个重要环节。目前,人们对职业生涯教育工作认识上还不够清楚,也缺乏经验,因此,在

工作中往往以毕业生的思想政治教育代替职业生涯教育或将求职择业的一些技巧等同于职业生涯教育。生涯教育是个专业,而非行政。从长远来看,社会对生涯教育的要求越来越高,从事教育的人员不断专业化、专家化是必然趋势。职业生涯教育只有实现专业化,才能科学、规范地发展,以适应经济建设和社会发展的需要。

4. 团体辅导与个性化指导原则

以团体辅导的形式协助大学生进行职业生涯规划,增强大学生对自己生涯规划和职业定向的关注和重视,使学生认识到现在的学习、实践对未来生涯发展的重要意义,对现在所学与未来工作的关系有了更加明确清晰的认识,对今后择业的信心明显提升。同时,通过学习和掌握生涯规划的方法和策略,对自己生涯进行初步规划,能够提高大学生的生涯规划认识和规划能力。团体辅导可以使团体成员更加了解自我,增强团体成员的自信心,使团体成员生涯目标明确。另一方面,职业生涯规划与就业指导是现代高等教育发展的产物,其理想是促进人的全面发展、实现价值的最大化。因此,除了注重团体辅导之外,还应当尊重每个学生的个性选择,在普遍指导的同时,强化个别辅导。实行团体辅导与个性化指导相结合的原则。

(二)大学生涯规划指导的方法

1. 宣传教育与发动

大学生涯规划宣传教育与发动的目的是让学生对大学生活形成一些感性认识,可采用集中与分散相结合的方式,由辅导员、班主任对学生进行深入细致的、充分的思想动员,同时亦可邀请校内外专家作《构筑人生蓝图》、《从当前就业形势谈大学生涯设计》、《保持良好的心态,乐观地面对人生》等专题讲座,用真实可信的事实,讲述成功人士大学生活的得失,以及用人单位选拔大学生时对学生能力和素质的要求,为学生规划自己的大学生活提供最直观、最初步的感性认识。

2. 引导学生自我认识

大学生涯规划引导学生自我认识的主要目的是,引导学生对大学生活形成一些理性认识,为下一步具体规划大学生活奠定坚实的基础。这一阶段,辅导员、班主任要充分发挥团总支、学生会的作用,在辅导员、班主任的直接指导下,组织开展"怎样设计一个有意义的大学生活"为主题的演讲比赛,同时推出优秀选手参加学院举行的演讲比赛决赛,进一步渲染活动气氛,对全体学生产生更深刻、更广泛的影响。辅导员、班主任亦可通过班会、团会、团组织生活等形式,紧紧围绕大学生涯设计主题开展形式多样、内容丰富的主题活动。通过开展以上活动,学生从心灵深处逐步认识到树立新的奋斗目标和科学规划对大学生活的重要性、必要性,同时就如何确立新的目标、如何成长、如何成才等问题进行热烈而认真的讨论。

3. 活动的规划设计

大学生涯规划的设计阶段,主要解决如何设计一个积极向上、切实可行,通过努力可以实现、可以测量的目标指标体系。辅导员、班主任要熟悉每位学生的情况,并根据他们的实际对他们的规划设计进行逐一的分析和评价。再填写《大学生涯规划设计登记表》。同时,要考虑到多方面的因素,大学生涯规划设计的指标体系一直定位于一个动态的系统,可根据形势和情况的发展变化,在实施过程中,在辅导员、班主任的监控和指导下进一步修正完善。

(三)大学生涯规划指导的途径

丰富、多元化的教育实施途径是职业生涯教育取得实效的根本保证。传统的职业生涯教育途径单一,制约了职业生涯教育效果的取得。我们认为,在现有的教学体制条件下,高校应因地制宜,大胆创新,主要可以通过课程教学、专题辅导、心理咨询、教学渗透、实践熏陶等途径展开。

1. 课堂教学

课堂教学指独立开设职业生涯规划教育课程。课堂教学历来是教育的主要渠道,充分发挥课堂教学的作用,为大学生开设职业生涯规划系统的课程可以系统传授职业生涯的理论、知识与策略和操作方法。

生涯规划是一个科学的体系,它有一个学习、理解、运用的过程。高校开设职业生涯规划课程,将科学的理念灌输给学生,同时教给学生科学的职业规划方法,引导学生树立正确的职业价值观、职业道德观,提高综合素质和职业竞争能力,学会根据社会的变化合理调整职业生涯规划。生涯规划的教育教学要贯穿大学教育的全过程,要列入教学计划,并安排一定的学分量。课程内容针对不同年级,明确目标,突出重点,既分出层次又相互贯通、有机连接,逐渐形成比较完善的课程体系。同时,结合职业咨询师以及企业人力资源专家讲座,丰富职业生涯规划教育,尽早让学生开始认识自己、设计自己、完善自己。

2. 专题辅导

生涯规划具有个性化特点。由于每个人独特的能向、性向、价值取向及生涯运行等情况千差万别,每个人的职业生涯目标、规划应因人而异。课堂教学能起到普及知识理论的作用,但具体到某个人或某一类问题,需要对症下药,进行专题辅导。专题辅导所涵盖的内容包括以学生职业生涯规划过程中所遇到的问题为主题举办专题讲座、报告会、交流会或咨询等,目的在于帮助学生解决职业生涯规划实践中的实际问题。专题辅导可以分别由教师发起和学生发起,教师可根据在职业生涯教育辅导中发现的问题,或是针对职业生涯规划新理论、新方法,或是针对职业世界中的新变化,有意识地进行集中辅导;学生也可以在职业生涯规划实践中发现问题并请求教师给予辅导。

3. 心理咨询

心理咨询主要是运用心理学的方法和手段帮助大学生解决在学习阶段以及职业探索过程中所遇到的种种困惑,帮助学生释放心理压力,调整心态,提高心理素质,重新认识自己,准确地给自己定位,使有差异的个体在不同的地方发挥个人的最大价值,从而培养学生在择业和未来社会竞争中必须具备的各种能力和自信心,促进其职业生涯规划顺利发展。心理咨询可以采用个别咨询和团体咨询两种模式。个别咨询侧重于针对大学生个体职业发展中遇到的个别问题,进行直接的心理帮助;团体咨询主要以分组的方式进行,常可针对一些普遍的、共性的问题进行咨询,具有较强的交流性和互动性。

4. 教学渗透

教学渗透指在学科或专业教学中,以渗透方式,培养学生职业观念、职业理想、职业生涯规划意识与思维等。教学是高校的中心工作,是学生求知、强能、塑品质的主阵地。充分、合理地运用专业教学内容中的职业生涯教育素材,德育课中的职业道德与职业指导素材,营销课中的案例,心理学中的心理学原理,可使教学获得双重功效;教学方法与形式中,利用体育教学中的耐挫折教育、意志力教育,数学课中的规划与预测意识、技巧培养,专业课中的职业道德、职业理想纪律与情感教育等,也能收到职业生涯教育功效。职业生涯教育的渗入,有利于提高教学活动的目的性与效益,帮助学生明确学习目标,有助于提高学生的学习兴趣与学习热情。

5. 实践熏陶

实践熏陶是指通过引导学生有目的地参加社会实践、社会调查、校外实习等活动,让学生在实践中学习,在体验中感悟,在实战中发展。一方面,有助于培养学生的职业素养,让学生通过实践去发现新问题,总结出新规律,培养创新精神和独立工作能力;另一方面,能帮助学生认识职业世界、认识自我,增强职业感性认识和职业适应能力,形成科学的职业观、职业期望等,为职业生涯规划打下基础。

职业教育是职业性、实践性的教育,与社会经济发展紧密相连,学生的职业生涯规划要紧扣社会经济发展现状与趋势,把握时代脉搏。为此,高校应该加强实训基地建设,努力营造仿真环境,很多课程的课堂可以放到实训现场,以培养学生的现实感和职业角色意识,培养学生的工作态度、质量意识、服务意识、吃苦耐劳意识和社会责任感等。还应该加强校外实习基地建设,让学生有一定的时间的校外实习,使学生走出校园,了解真实的职业世界,避免职业生涯规划脱离实际。经过具体的实践,大学生既积累了经验,缩短了走向社会的适应期,又客观准确地认识了自己、认识了社会,了解自己的知识能力与社会的差距,及时调整和补充,合理规划自己未来的职业发展,为将来就业及职业发展打下良好的基础。

（四）大学生涯规划指导的具体内容

辅导员和班主任在大学生职业生涯规划中起着重要的指导作用，具体工作包括以下几个方面：

1. 职业生涯定向教育

首先，要引导大学生实现自我觉醒。自我觉醒包括两方面的内容：一是自我认知；二是职业价值观的澄清。

自我认知方面，自我认知也就是要全面地了解自己。一个有效的职业生涯设计必须是在充分且正确认识自身条件与相关环境的基础上进行的。要审视自己、认识自己、了解自己，做好自我评估，包括自己的兴趣、特长、性格、学识、技能、智商、情商、思维方式等。即要弄清我想干什么、我能干什么、我应该干什么、在众多的职业面前我会选择什么等问题。

职业价值观澄清方面，当今社会，各种价值观念及其文化意识形态相互碰撞、排斥和融合，大学生在面对就业选择时亦是如此，因此，应当利用价值澄清理论对学生进行世界观、人生观和价值观教育，以达到形成科学的职业价值观的目的。对大学生价值观形成的教育不能采取封闭式的灌输，而是要让大学生勇敢地面对现实，在积极参与社会实践、增长社会经验、了解社会需求的基础上，遵循价值观选择的个人取向和集体取向统一、一元性和多元性统一原则，以澄清对自我价值观念判断、自我价值观念选择和自我教育能力的发展，最终根据自身选择形成科学的职业价值观。

职业生涯定向的过程，是学生初步确立自我职业理想的过程，学生对职业生涯定向科学、合理，则会愉快、高效地获得相应的发展，实现预期的目标。职业生涯定向教育的重点在于职业理想教育。理想信念是人的精神境界的集中体现，对人的行为起着引导、动力和精神支撑作用。邓小平同志非常重视理想信念教育，他反复强调，"我们一定要经常教育我们的人民，尤其是我们的青年，要有理想"。职业理想是指个人对未来职业的向往与追求，是人们求职、择业和准备就业的内部动力。一个人职业理想的形成是伴随着他对社会认识的深化、社会职业的增加和发展不断丰富和完善的，是从感性向理性发展的过程。职业理想具有现实可能性，追求社会对自身劳动的认可，与人们对精神生活、物质生活水平提高的向往直接相关，同具体的奋斗目标相联系。职业理想具有导向、维持与激励功用，个体的职业生涯规划建立在职业理想的基础之上；职业行为或职业活动受控于职业理想。现实生活中，人们职业理想的差异是形成职业行为差异的重要因素，影响着人们职业目标的达成和人生理想或人生目标的实现。恰当的职业理想能激励人上进，调动人的潜能，帮助人实现最优化发展。职业生涯教育的重要内容，只有在职业生活中树立良好的职业理想才能热爱自己所从事的职业,做到敬业、乐业、勤业,在工作中表现出良好的职业道德素质。因此,职业生涯规划教育必须进行职业理想教育,引导学生树立现实的、科学的、适宜的职业理想,这是增强他们参与职业生涯规划教育自觉性最有效的措施,也是促进他们取得职业生涯成功的必要条件。

引导学生明确目标,在指导学生进行自我觉醒和定向教育之后,辅导员要引导学生确定较为明确的职业目标。职业抉择不仅仅包括职业目标的确定,还包括根据职业目标制定出行之有效的行动措施。没有行动,再好的规划都是没有用的。行动规划包括长期的行动规划和短期的行动规划。要指导学生根据自己的实际情况制定行动计划,辅导员要对学生进行个性化的指导,使之能够作出真正适合自己的选择。

2. 角色建议与职业环境分析辅导

在大学生涯规划的第一阶段中,就要求大学生能够用客观理性的方式看待自我,客观地认识自我,与此同时,辅导员需要针对学生的不同特点,对学生给出"角色建议",让学生认识到自我现状,辅助学生找准自己的定位。

大学生职业自我意识首先是自我评价,通过专业的心理测试、咨询等,帮助学生了解自我的兴趣、需要、动机、气质、性格,感知、记忆、思维、想象能力,职业兴趣、职业理想与职业性向等,进而形成正确的自我评价,发掘自身的职业倾向性和适应性,进行准确的职业目标定位。在角色建议方面,辅导员要利用一些专业的测评技术来指导学生。职业测评是心理测量技术在职业管理领域的应用,它是以心理测量为基础,对人的素质进行科学、客观、标准的系统评价。以目前国内多数高校引入的北森职业测评规划系统为例,它可以帮助被试者了解自己的深层性格和动力特点,分析被试者所具有的潜在优势和不足,进而提供能帮助被试者更好地发挥自己的潜能、控制自己的不足的建议,从而开启被试者对未来生涯规划的探索。

而通过自我评估,寻找个人核心价值观自我评估的重点是评估分析自己的能力、兴趣、职业生涯、人生目标、工作环境、工作与闲暇活动偏好等,目的在于使个人达到"知己之长、知己之短、知己所能、知己所不能"的境界。可以通过以下问题帮助自己了解自己的核心价值观:

喜欢做什么? ——职业兴趣

能够做什么? ——职业能力

适合做什么? ——个人特质

最看重什么? ——职业价值观

人岗是否匹配? ——胜任特征

辅导员还要创造条件让学生熟悉社会环境和职业环境。辅导员要帮助学生对各种环境因素对自己发展的影响进行评估,确定学生在环境中的地位,环境对学生提出的要求和环境对学生发展的有利条件和不利条件,从而制定出适合自己的职业生涯规划。由于学生除了实习和兼职之外接触职业环境的途径有限,因此辅导员要采取一些措施让学生在校时就熟悉职业环境。

(1)营造职业化氛围。针对学生就业的方向和意向,有针对性地邀请部分优秀的校友代表回校与学生进行交流,开展讲座。由于一、二年级的学生大部分对就业形势认识不足,对自身的兴趣、能力和特长也缺乏整理和规划,通过讲座和交流的方式有利于学生尽早明确自己的目标。

(2)开展专业化的指导。辅导员除了定期给学生上就业指导课之外,还应该定期邀请专业的就业指导人员以及人力资源经理给学生授课,加强学生的就业理论基础,注重理论和实践相结合。辅导员本身也要接受专业化和职业化的培训,提高职业指导的能力,只有这样才能真正对学生起到指导的作用。

(3)进行模拟面试。用人单位面向高校招聘人才的时间逐步提前,因此对即将升入三年级的学生要进行模拟面试和简历制作的培训。这是一种整理过去,发现不足,提高自己的好机会。可以邀请一些参加过不同职位人才招聘的校友模拟不同的用人单位对学生进行模拟面试及点评。通过这些培训,可以让学生认识到应聘的职位、应聘的形式、面试的技巧、简历制作要注意的问题、着装要注意的要点以及面试的礼仪等。经过培训后,学生在真正的面试中就可以自如地面对了。

此外,对职业匹配性的评价,辅导员也可以通过选用合适的心理测验工具对个体的能力倾向、人格倾向、兴趣倾向等进行科学的职业心理测验,以对个体的职业潜能和适应性进行评估,帮助大学生选择适合自己的职业。

3. 职业生涯规划的技能培养

(1)辅导员和班主任要培养大学生生涯规划的技能,首先要从职业生涯的意识培养开始,古人云"凡事预则立,不预则废",在日趋激烈的就业竞争中,如果缺乏自我职业生涯规划的意识与实践,容易导致职业生涯的失利。职业生涯规划意识培养的重点在于引导学生正确、客观、全面地认识职业生涯规划,调动学生进行自我职业生涯规划的自觉性、积极性、主动性与创造性,促使学生愿意且乐意进行自我职业生涯规划。

(2)职业潜能分析辅导。职业潜能的正确分析是保证职业生涯规划实施的前提条件。职业潜能包括两个方面:学生自身的职业发展潜力;社会提供的职业机会。自我职业生涯发展潜力分析:主要分析自我的身体发育情况、健康状况,了解自我的身体机能;自身的学业、知识、能力、经验、技能、行为习惯以及自我的家庭经济、社会关系等情况。职业机会分析:包括社会经济发展的人才总需求、人才结构要求、人才素质要求;产业结构调整及人口的现状与趋势对人才需求与供给的影响;社会观念转变、生产方式变化对职业岗位与人才需求的影响;社会就业制度、人事制度等改革对职业生涯发展等的影响。引导学生学会分析自我潜能和职业机会，使其结合自身情况，尽快确立并适时调整自我职业生涯发展方向与策略、学习方式与计划，以增强职业生涯成功的机会。

（3）对大学生生涯规划技能的培养。具备进行职业生涯规划技能是学生进行职业生涯规划的必要条件。其技能应包括：让学生了解职业生涯规划的基础知识；引导学生逐渐掌握自我职业生涯规划的基本策略；帮助学生收集、分析、处理信息和制订方案、作出决策等的能力，以及与此相关的交往能力、表达能力、判断能力等。

4. 职业生涯心理辅导

职业生涯规划的心理辅导是以个体职业心理发展规律为依据，以职业生涯发展过程为着眼点，帮助个体获得职业生涯良好适应与发展的一套系统的职业生涯的心理辅导计划。美国职业心理学家萨珀认为，人的职业生涯发展可划分为成长、探索、建立、维护和衰退五个阶段，不同阶段表现为不同的心理发展特征，这些心理因素对其职业生涯发展有着显著的影响。相应的职业心理辅导就是要针对大学生在职业生涯探索阶段的不同时期影响职业生涯规划的心理因素进行辅导。

（1）在职业生涯认识、职业个性心理方面。职业生涯认知包括生涯理念和生涯价值观，职业生涯理念是指对职业及其相关因素的认识和理解，对职业生涯规划概念、理论以及实施过程中必须考虑的因素的认知与理解。通过职业生涯的心理辅导，帮助大学生树立正确的职业生涯认识，了解自己，探索自己的职业发展前景，确定合理的职业目标。除了前面讲到的自我认识、角色定位以及职业环境分析外，在心理层面上，辅导员还应努力增强大学生的自信心，通过必要的职业技能训练帮助大学生学会与他人协作，加强自我认识，不断完善自我，增强自信心。拥有良好的自信心有助于大学生保持乐观的心态，积极寻找机会，敢于接受挑战，增强自我调控能力和心理承受能力，帮助自己积极地就业、创业，成功地实现职业生涯目标。而职业个性心理，是美国职业指导专家、心理学教授霍兰德提出的职业个性理论。一般来说，不同的个体根据个性特征的不同，有各自最合适的职业。所以，辅导员应通过对大学生个体的需要、兴趣、气质以及性格等因素的分析、引导和培养，帮助他们了解和选择最佳的职业类型，保证职业生涯规划的顺利开展。

（2）在生涯规划实施的过程中，辅导员和班主任也要根据具体情况对大学生的心理变化予以重视，并采取一些辅导措施。因为任何一个职业规划都不是一成不变的。国家政策的调整、社会环境的变化都会直接影响到职业目标的实现，要使职业生涯规划行之有效，就必须不断地对规划进行修改和调整。辅导员要及时地将政策和形势的改变反馈给学生，并指导他们进行相应的修改。

抽样调查表明，大学生自我评价与同学评价匹配率在60%以下的占大部分，这说明学生自我认识较为缺乏，未能从全面的角度对自我进行客观、准确的评价。这也就会造成大学生在进行职业目标确定时，产生盲目自信、好高骛远或者失去信心、妄自菲薄的心态，这些都不能使他们在主观和客观很好结合的基础上，进行职业生涯规划。这种状况会形成两个误区，辅导员和班主任在职业生涯指导中，应针对这两种情况对学生进行疏导，提供建议。

误区一：过于紧张。有的学生在大一制定了规划之后，由于对自身能力的信心不足，往往会觉得自己离目标很远，压力很大，从而天天处于紧张状态，连周末也不敢休息。其实早做准备不是坏事，但是不能太急于求成。要做好计划逐步提高自己。例如决定考研的同学可以将重点放在学习上，但是并不代表两耳不闻窗外事，应该参加一些活动提高自己的综合能力和适应社会的能力。因为社会需要的高素质的人才，不仅要有高学历而且要有高素质。

误区二：自以为是。有的同学制定了职业生涯规划后，认为自己已经离成功不远了，以为多拿几本证书、多参加一些活动提高自己的能力就万事大吉了。其实一个人的素质，比如沟通能力，协调能力以及做人的品德等这些方面都必须在长期有意识的积累中才能慢慢显示出来，因此证书和成绩只是一个方面，用人单位更重视综合能力和素质。

（3）大学生在走向就业市场，参与"双向选择"的过程中，在择业走向及选择职业岗位方面，由于主观上的不稳定性和不成熟性，客观上的诸多制约因素及就业的压力和困惑，容易在择业时产生矛盾心理，如理想与现实的心理矛盾、就业与择业的心理矛盾、奉献与索取的心理矛盾、独立与依赖的心理矛盾、享乐与创业的心理矛盾、观望与竞争的心理矛盾等，影响大学生顺利走向社会。运用心理学的原理和方法，针对大学生心理发展特点和择业中暴露出来的心理问题，进行择业心理教育与指导是十分重要的。

① 对择业心理的指导。对大学生而言，就业是从职业理想变为社会现实的转变。良好的心态、充分的心理准备是重要的。应该面对现实，一切从实际出发，处理好理想与现实的关系。一般来说，大学生择业都有较高的心理期望值，这是正常的，但脱离现实、好高骛远的想法是不正确的。指导大学生择业心理要解决的就是要帮助大学生树立既有远大理想又要有艰苦奋斗的心理准备。正视社会、适应社会。

② 增强心理承受力的指导。在择业过程中会碰到各种障碍，受到各种挫折。指导大学生正确对待挫折，增强心理承受力是重要的。在择业中很可能产生来自两个方面的心理不平衡：一是在自己的评价和社会的评价不相一致时产生的；二是在自己与同学在学校的比较和在社会的评价不相一致时产生的。要帮助大学生既有自信又能正确地估计自我，保持良好的心理素质。

③ 心理健康的指导。对心理健康的指导具有普遍意义。大学生的心理和生理的成熟程度存在差异，自我心理调节能力的发展明显滞后。进行及时、有效的心理健康教育与指导，不仅有助于毕业生的择业心理准备，而且有助于心理问题的预防和解决；不仅有利于大学生正确认识自我，从个性心理特征设计择业目标，也有利于大学生尽快适应职业，完成角色转换，实现人生价值。

5. 就业准备指导

就业过程是大学生涯规划成果展现的大好时机，也是对大学生来说至关重要的抉择过程，因此作为辅导员和班主任，在就业指导方面应给予全方位的服务和辅导，完善就业指导内容体系。

大学毕业生就业指导是引导学生健康成长成才，帮助毕业生了解国家的就业方针政策，树立正确的就业观念，保障毕业生顺利就业的有效手段。其主要内容包括以下几个方面：

（1）就业政策和法规的指导。政策指导是就业指导的前提。大学生就业政策是国家制定的高层次人力资源配置准则的体现，是调控、约束、导向毕业生择业行为的基本依据。任何人都可以并应当在就业政策允许的范围内自由择业。通过就业政策指导，使学生了解国家制定的全国性的就业政策、有关部门和省市制定的行业性和区域性就业规定以及所在学校制定的具体实施意见，按有关规定就业。就业政策的指导应该在大学毕业生择业前进行。毕业生就业工作程序在教育部的统一布置和要求下进行，一般从毕业生在校最后一学年开始。对大学毕业生进行就业工作程序的指导，有利于大学毕业生在规定的时间段内收集信息、参与双向选择、进行毕业鉴定、办理报到手续等，而不影响学校正常的教育秩序和学生的学习。在学生就业中，一些毕业生由于对就业政策缺乏了解，择业时往往带有很大的随意性和盲目性。学校只有通过就业指导，广泛宣传就业政策，才能引导毕业生走出择业的误区，才能使毕业生根据国家需要并结合个人实际，有针对性地选择职业。

就业法规指导方面，大学生就业的实质是与用人单位建立劳动合同关系。由于就业市场的建立还处于初级阶段，市场运行机制很不完善，因此毕业生必须熟悉和掌握国家、地方性有关劳动就业的法律。就业法规指导应该使大学毕业生了解违约的制裁、纠纷的仲裁等相关内容，让毕业生依法办事，用劳动法维护自身的权益，履行应尽的义务。

（2）就业信息指导。就业信息指导就是学校通过多种渠道收集和掌握社会需求信息，通过整理、归纳和分析，预测就业动态和人才的供需矛盾，了解和掌握用人单位对人才素质的要求，并及时将信息传递给学生，以对他们的求职择业及自我塑造和发展起到帮助和导向作用。就业信息是求职择业的基础。获得的就业信息越广泛，求职的视野就越开阔；就业的信息运用得越好，求职成功率就越高。因此，对大学生进行信息指导是就业指导不可缺少的内容。首先,是对国家宏观就业形势的分析指导。国家宏观的就业形势关系到劳动力市场的供需关系,和毕业生能否充分就业有关。某一类专业人才市场的供需情况,又直接影响该类专业毕业生的就业。帮助大学生了解就业的大形势,有利于毕业生作出合理的就业定位,使其主观期望符合社会实际,能够及时、顺利地就业。其次,是对收集具体就业信息的指导。对收集具体就业信息的指导是帮助毕业生提高收集信息和利用信息的能力。信息是我们这个时代的重要特征,收集的有效信息越多,选择的余地就越大;充分、准确地掌握和利用有效信息能够得到满意的就业选择,在一定程度上,就直接影响到职业的选择和事业的发展。

(3) 就业技巧指导。求职是一门艺术,有许多技术和技巧,求职的技巧有时对学生能否成功择业产生直接的影响,求职技巧的指导,具有较强的实用性。在"公平竞争,择优录用"的原则指导下,用人单位主要通过自荐、面试、笔试等方式来招聘录用人才,因此,指导大学生掌握求职的方法与技巧对保证求职的成功具有重要意义,可以帮助毕业生提前做好充分的准备。

① 关于自荐技巧的指导。在招聘过程中,自荐是首要环节。自荐的方式很多,主要是递送自荐材料。指导自荐技巧是帮助大学生和用人单位进行有效沟通,使大学生能真实地介绍自己,能使用人单位所欣赏的某些特长充分地展示,能使用人单位在自荐的过程中感觉到你有能力和潜力。

② 关于面试技巧的指导。一般情况下,面试是招聘录用中必经的环节。用人单位能直接考察求职者的情况。在面试过程中,掌握一定的技巧,是成功面试的策略,也是作为求职者应有的训练。作为求职的大学毕业生,需要面试技巧的指导,才能在面试时有充分的准备,能进行针对性的辩答和应对。指导大学生面试技巧,不仅对帮助大学生就业有利,而且能使大学生学到更多的人际交往的知识。

③ 关于礼仪的指导。礼仪是给人的第一印象,求职者的礼仪是很重要的。首先是衣着,应该端庄大方;其次是礼貌,能够体现求职者的涵养;第三要表现热情,热情能给人以好感,也能反映求职者的精神状态。求职礼仪的指导可以帮助大学生充分体现出大学生应有的文明、礼貌和修养。因此,礼仪的指导不仅对求职是重要的,而且对体现大学生的素质也是重要的。良好的礼仪应该在大学生的日常生活中养成。

④ 关于走向职业成功的指导。大学生从学校走向社会,是人生道路上的一大转折。在他们刚刚走上新的工作岗位之时,由于环境发生了变化,需要一个适应的过程。在这个过程中,要完成从学生到职业工作者的角色转变,需要经历社会化和

再社会化的过程。如何尽快适应环境,进入新的角色状态,完成工作以后的心理调适,这便是就业指导需要解决的问题。要通过走向社会的指导,帮助学生及时调整自己的心态,尽早进入新的角色状态;尽快适应环境,适应社会;树立信心和责任感,用所学知识在实际工作中乐业、敬业,脚踏实地地干一番事业。

(4) 就业援助。就业援助是职业生涯规划实施阶段必不可少的重要内容。就业援助是帮助学生提高求职能力、开发潜力、弥补不足,为学生顺利就业提供帮助。就业援助的工作内容主要有以下两个方面:其一,职业潜力的开发。学校可以在专业教学的过程中,以培养学生发展潜能、增强就业能力、成为社会有用人才为导向,把教育学、心理学、人才学等相关学科的理论和方法有机地结合起来,帮助学生树立职业意识,发展优良个性,培养高尚品质,提高综合能力,进而加强学生的职业素质,使每个学生能够在未来日趋激烈的竞争中占据有利位置。其二,就业劣势的转化。人无完人,每个人都有弱点和缺陷。在求职时,这些弱点和缺陷就会转化成我们的劣势,给求职带来阻碍。尽管如此,带着劣势求职并不意味着失败,只要善于用长处弥补短处,求职就能突破重围。例如冷门专业的学生不妨在本专业之外再掌握一些实用性强的辅助性技能,这样一方面完善了自己的知识结构与能力,另一方面也增加了求职筹码,将劣势转化为优势。

(5) 职业能力培养。要想在就业大军中脱颖而出,一定要树立自己的就业竞争力。在职业能力的培养中,核心素质是重点和关键,应注重指导学生树立核心竞争力。每个人都有自己的闪光点,辅导员要善于发现学生的特长和优势,鼓励他们发挥自己的优势,培养一些文体积极分子和具有领导能力的学生。除此之外,对于全体学生而言,就是要培养职业核心素质。具体包括职业道德素质、挫折承受能力、创业能力以及综合职业能力等。

(五) 大学生涯规划的监督

辅导员、班主任对大学生涯规划实施监督实际上就是对大学生涯规划实施有效管理的过程,包含两层含义:一是在规划实施过程中,定期地对生涯规划实践进行评估、反省、修改、调整。也就是辅导员、班主任对学生实行个体化指导,全过程监督,并指导学生进行适时的调整。高校除了在学生中开设职业指导课程,对学生进行职业意识、职业选择、职业发展教育的同时,辅导员老师通过找个别学生谈话、开通电话热线、网上信箱等对学生个别指导。同时,在整个在校期间根据社会环境的变化、职业需要发展的变化、学生自身综合素质发展的变化跟踪监督,以便及时指导每个学生对自己的职业锚的准确性进行验证,调整不准确的定位。二是对规划的时间管理。时间管理是大学生涯设计的基本管理,也是关系到大学生涯成功与失败的一个关键性要素。校方应尽早使大学生确立职业生涯的概念,进校就想出门事,就业难就早下手,让职业规划从大学入学的第一天就开始,与四年学习生活同步。我国著名的教育家瞿葆奎先生曾经说过:"时间就是发展的空间。"也就是说,谁抓住了时间,谁就获得了更大的空间。大学四年在人的一生中不算是很长时间,但也不算是很短的时间。就其重要性而言,这四年可以说是人生中的一个最重要的时期,学习、友谊、爱情使这青春的四年充满着诗意和多元色彩。同时,在这段时光里还要学会为人、学会为学,提升自己的整体素质。因此,要学会科学地安排与设计自己的时间。意大利有位经济学家提出了一个"二八"原则,认为一个人可能 20% 的时间决定了他 80% 的时间的效果和发展基础。大学时光是人生 20% 时间的最重要组成部分,是决定今后事业发展的基础,是人生中最宝贵的时光,是黄金时段。因此,大学生涯规划必须有科学的时间安排,一定要做到高标准、高质量、高效率地践行它,如期地去实现它。在学习与奋斗过程中,要自我设置时限,要坚持经济学上的"第一胜过最好"的理念原则,争取到第一也就赢得最大的价值空间,也就是力争把各方面事情做到最好。

附件 1 职业能力倾向测验

本测验把人的职业能力倾向分为 9 种,每种能力由一组 5 个题目反映。测验时,请仔细阅读每一题,采用"五等评分法"由个人进行评定,然后分别计算出自评等级。

1. 测验表

	强 1	较强 2	一般 3	较弱 4	弱 5
(一)一般学习能力倾向(G)					
1. 快而容易地学习新内容					
2. 快而正确地解数学题					
3. 你的学习成绩					
4. 对课文的字、词、段落篇章的理解、分析和综合能力					
5. 对学习过的知识的记忆能力					
(二)言语能力倾向(V)					
1. 善于表达自己的观点					
2. 阅读速度和理解能力					

	强 1	较强 2	一般 3	较弱 4	弱 5
3. 掌握词汇量的程度					
4. 你的语文成绩					
5. 你的文学创作能力					
(三) 算术能力倾向(N)					
1. 作出精确的测量					
2. 笔算能力					
3. 口算能力					
4. 打算盘					
5. 你的数学成绩					
(四) 空间判断能力倾向(S)					
1. 解决立体几何方面的习题					
2. 画二维度的立体圆形					
3. 看几何图形的立体感					
4. 想象盒子展开后的平面图					
5. 想象三维度的物体					
(五) 形态知觉能力倾向(P)					
1. 发现相同图形中的细微差别					
2. 识别物体的形状差异					
3. 注意物体的细节部分					
4. 观察物体的图案是否正确					
5. 对物体的细微描述					
(六) 书写知觉能力倾向(Q)					
1. 快而准地抄写资料 （如姓名、日期、电话号码等）					
2. 发现错别字					
3. 发现计算错误					
4. 能很快查找编码卡片					

续表

	强 1	较强 2	一般 3	较弱 4	弱 5
5. 自我控制能力（如较长时间抄写资料）					
（七）眼手运动协调能力倾向（K）					
1. 玩电子游戏					
2. 打篮球、打排球、踢足球一类活动					
3. 打乒乓球、羽毛球					
4. 打算盘能力					
5. 打字能力					
（八）手指灵巧度（F）					
1. 灵巧地使用很小的工具					
2. 穿针眼、编织等使用手指的活动					
3. 用手指做一件小工艺品					
4. 使用计算器的灵巧程度					
5. 弹琴					
（九）手腕灵巧度（M）					
1. 用手把东西分类					
2. 在推拉东西时手的灵活性					
3. 很快地削水果					
4. 灵活地使用手工工具					
5. 在绘画、雕刻等手工活动中的灵活性					

2. 统计分数的方法

对每一类能力倾向计算总分数。对每一道题目，我们采取"强"、"较强"、"一般"、"较弱"、"弱"五个等级，供自评。每组 5 道题完成后，分别统计各等级选择的次数总和，然后用下面公式计算出该类的总计次数（把"强"定为第一项，以此类推，"弱"定为第五项；第一项之和就是选"强"的次数和）。总计次数：（第一项之和×1）+（第二项之和×2）+（第三项之和×3）+（第四项之和×4）+（第五项之和×5）。

计算每一类能力倾向的自评等级。自评等级为总计次数除以 5。

3. 将自评等级填在下表

职业能力倾向	自评等级	职业能力倾向	自评等级
G		Q	
V		K	
N		F	
S		M	
P			

根据结果对照下表,可找到你适合的职业。

职业类型	职业能力倾向等级								
	G	V	N	S	P	Q	K	F	M
生物学家	1	1	1	2	2	3	3	2	3
建筑师	1	1	1	1	2	3	3	3	3
测量员	2	2	2	2	2	3	3	3	3
测量辅导员	4	4	4	4	4	4	3	4	3
制图员	2	3	2	2	2	3	2	2	3
建筑和工程技术员	2	2	2	2	2	3	3	3	3
建筑和工程技术专家	2	3	3	3	3	3	3	3	3
物理科学技术家	2	2	2	2	3	3	3	3	3
物理科学技术员	2	3	3	3	2	3	3	3	3
农业、生物、动物、植物学的技术专家	2	2	2	2	3	3	3	3	3
农业、生物、动物、植物学的技术员	2	3	3	3	2	3	3	3	3
数学家和统计学家	1	1	1	3	3	2	4	4	4
系统分析和计算机程序编制者	2	2	2	2	3	3	4	4	4
经济学家	1	1	1	4	4	2	4	4	4
社会学家、人类学者	1	1	2	2	2	3	4	4	4
心理学家	1	1	3	4	4	3	4	4	4
历史学家	1	1	4	3	3	3	4	4	4

续表

职业类型	职业能力倾向等级								
	G	V	N	S	P	Q	K	F	M
哲学家	1	1	3	2	2	3	4	4	4
政治学家	1	1	3	4	4	3	4	4	4
政治经济学家	2	2	2	3	3	3	3	3	5
社会工作者	2	2	3	4	4	3	4	4	4
社会服务助理人员	3	3	3	4	4	4	4	4	4
法官	1	1	3	4	3	3	4	4	4
律师	1	1	3	4	3	4	4	4	4
公证人	2	2	3	4	4	4	4	4	4
图书管理学专家	2	2	3	3	4	2	3	4	4
图书馆、博物馆和档案馆管理员	3	3	3	2	3	4	3	2	3
职业指导者	2	2	3	4	3	3	4	4	4
大学教师	1	1	3	3	2	3	4	4	4
中学教师	2	2	3	4	3	3	4	4	4
小学和幼儿园教师	2	2	3	3	3	3	3	3	3
职业学校教师(职业课)	2	2	2	3	3	3	3	3	3
职业学校教师(普通课)	2	2	3	4	3	3	4	4	4
内科、外科、牙科医生	1	1	2	1	2	3	2	2	2
兽医学家	1	1	2	1	2	3	2	2	2
护士	2	2	3	3	3	3	3	3	3
护士助手	2	4	4	4	4	2	2	3	2
工业药剂师	2	1	2	3	2	2	3	2	3
医院药剂师	2	2	2	4	9	2	3	2	3
营养学家	2	2	2	3	3	3	4	4	4
配镜师(医)	2	2	2	2	2	3	3	3	3
配眼镜商	3	3	3	3	3	4	3	2	3

职业类型	职业能力倾向等级								
	G	V	N	S	P	Q	K	F	M
放射科技术人员	3	3	3	3	3	3	3	3	3
药物实验室技术专家	2	2	2	3	2	3	3	2	3
药物实验室技术员	2	3	3	3	3	3	3	3	3
画家、雕刻家	2	3	4	2	2	5	2	1	2
产品设计和内部装饰者	2	2	3	2	2	4	2	2	3
舞蹈家	2	2	4	3	4	4	4	4	4
演员	2	2	3	4	4	3	4	4	4
电台播音员	2	2	3	2	2	4	2	2	3
作家和编辑	2	1	3	3	3	3	4	4	4
翻译人员	2	1	4	4	4	3	4	4	4
体育教练	2	2	2	4	4	3	4	4	4
运动员	3	3	4	2	3	4	2	2	2
秘书	3	3	3	4	3	2	3	3	3
打字员	3	3	4	4	4	3	3	3	3
会计	3	3	3	4	4	2	3	3	4
出纳	3	3	3	4	4	2	3	3	4
统计员	3	3	2	4	3	2	3	3	4
电话接线员	3	3	4	4	4	3	3	3	3
办公室职员	3	4	3	4	4	3	3	4	4
商业经营管理	2	2	3	4	4	3	4	4	4
售货员	3	3	3	4	4	3	4	4	4
警察	3	3	3	4	3	3	3	4	3
门卫	4	4	5	4	4	4	4	4	4
厨师	4	4	4	4	3	4	3	3	3
招待员	3	3	4	4	4	4	3	4	3
理发员	3	3	4	4	9	4	2	2	2

职业类型	职业能力倾向等级								
	G	V	N	S	P	Q	K	F	M
导游	3	3	4	3	3	5	3	3	3
驾驶员	3	3	3	3	3	3	3	4	3
农民	3	4	4	4	4	4	4	4	4
动物饲养员	3	4	4	4	4	4	4	4	4
渔民	4	4	4	4	4	5	4	4	4
矿工	3	4	4	3	4	5	3	4	3
纺织工人	4	4	4	4	3	5	3	3	3
机床操作工	3	4	4	3	3	4	3	4	3
锻工	3	4	4	4	3	4	3	4	3
无线电修理工	3	3	3	3	2	4	3	3	3
细木工	3	3	3	3	3	4	3	4	4
家具木工	3	3	3	3	3	4	3	3	3
一般木工	3	4	4	3	4	4	3	4	3
电工	3	3	3	3	3	4	3	3	3
裁缝	3	3	4	3	3	4	3	2	3

附件2　MBTI 性格测试量表

请在适合你的心意(最能贴切地描绘你一般的感受或行为)的答案前打"√"。

第一部分(E-I)

1. 在社交聚会中,你是

□常常乐在其中　　　　　　　□有时感到烦闷

2. 大多数人会说你是一个

□非常坦率开放的人　　　　　□重视自我隐私的人

3. 在社交场合中,你经常会感到

□与多数人都能从容地长谈

□与某些人很难打开话匣儿和保持对话

4. 你能否滔滔不绝地与人聊天

□几乎跟任何人都可以　　　　　　　□只限于跟你有共同兴趣的人

5. 你通常

□与人容易混熟　　　　　　　　　　□比较沉静和矜持

6. 你在一大群人当中,通常是

□你介绍大家认识　　　　　　　　　□别人介绍你

7. 你通常

□和别人容易混熟　　　　　　　　　□趋向自处一隅

8. 你刚认识的朋友能否说出你的兴趣

□马上可以　　　　　　　　　　　　□要等他们真正了解你之后才可以

9. 你喜欢花很多时间

□和别人在一起　　　　　　　　　　□一个人独处

10. 你认为别人一般

□用很短的时间便认识你　　　　　　□要花很长时间才认识你

11. 和一群人在一起时,你通常会

□参与大伙儿的谈话　　　　　　　　□跟你很熟悉的人个别谈话

12. 你是否

□容易让人了解　　　　　　　　　　□难以让人了解

13. 与很多人在一起会

□令你活力倍增　　　　　　　　　　□常常令你心力交瘁

14. 在社交聚会中,你会

□是说话很多的一个　　　　　　　　□让别人多说话

15. 你是否

□可以与任何人按需要从容地交谈

□只是对某些人或在某种情况下才可以畅所欲言

16. □坦率开放　　　　　　　　　　　□注重隐私

17. □外向　　　　　　　　　　　　　□内向

18. □健谈　　　　　　　　　　　　　□矜持

19. □朋友众多　　　　　　　　　　　□朋友不多

20. □合群　　　　　　　　　　　　　□爱独处

21. □热衷于社交活动　　　　　　　　□文静

第二部分（S-N）

1. 假如你是一位教师,你会选教

□以事实为主的课程　　　　　　　　□涉及理论的课程

2. 你宁愿被人认为是一个

□实事求是的人 　　　　　　　□机灵的人

3. 要做许多人也做的事,你比较喜欢

□按照一般认可的方法去做 　　□构想一个自己的方法

4. 你会

□跟随一些证明有效的方法

□分析还有什么毛病并针对尚未解决的问题

5. 一般来说,你和哪些人比较合得来

□现实的人 　　　　　　　　　□富于想象力的人

6. 你会跟哪些人做朋友

□脚踏实地的 　　　　　　　　□常提出新主意的

7. 哪些人会更吸引你

□实事求是,具有丰富知识的人　□一个思想敏捷非常聪颖的人

8. 你通常较喜欢的科目是

□讲授事实和数据的 　　　　　□讲授概念和原则的

9. 为乐趣而阅读时,你会

□喜欢作者直话直说 　　　　　□喜欢奇特或创新的表达方式

10. □具体 　　　　　　　　　　□抽象

11. □肯定 　　　　　　　　　　□理论

12. □实况 　　　　　　　　　　□意念

13. □以事论事 　　　　　　　　□富想象的

14. □事实 　　　　　　　　　　□理论

15. □真实的 　　　　　　　　　□想象的

16. □必然性 　　　　　　　　　□可能性

17. □已知的 　　　　　　　　　□新颖的

18. □事实 　　　　　　　　　　□意念

19. □声明 　　　　　　　　　　□概念

20. □务实的 　　　　　　　　　□理论的

21. □建造 　　　　　　　　　　□发明

22. □合情合理 　　　　　　　　□令人着迷

23. □制作 　　　　　　　　　　□设计

24. □制造 　　　　　　　　　　□创造

25. □具体的 　　　　　　　　　□抽象的

26. □实际 　　　　　　　　　　□创新

第三部分（T-F）

1. 你是否经常让
□你的理智主宰你的情感　　　　□你的情感支配你的理智

2. 你倾向
□重视逻辑多于感情　　　　□重视感情多于逻辑

3. 你认为哪个是较高的赞誉
□一贯理性的人　　　　□一贯感性的人

4. 你宁愿替哪一类上司（或老师）工作
□言辞尖锐但永远合逻辑的　　　　□天性淳良但常常前后不一的

5. 你认为哪个是较高的赞誉
□能干的　　　　□富有同情心的

6. 在做决定时，你认为比较重要的是
□据事实衡量　　　　□考虑他人的感受和意见

7. □坚定　　　　□温柔

8. □公正　　　　□敏感

9. □远见　　　　□同情、怜悯

10. □客观的　　　　□亲切的

11. □合逻辑　　　　□富同情

12. □意志坚定的　　　　□仁慈慷慨的

13. □力量　　　　□温柔

14. □分析　　　　□同情

15. □有决心的　　　　□全心投入

16. □思考　　　　□感受

17. □令人信服的　　　　□感人的

18. □利益　　　　□祝福

19. □客观的　　　　□热情的

20. □具分析力　　　　□多愁善感

21. □公正的　　　　□有关怀心

22. □实际　　　　□多愁善感

23. □坚持己见　　　　□温柔有爱心

24. □能干　　　　□仁慈

第四部分（J-P）

1. 当你要外出一整天，你会不会
☐ 计划你要做什么和在什么时候做　　☐ 说去就去

2. 当你有一份特别的任务，你喜欢
☐ 开始前小心组织计划　　☐ 边做边找需要做什么

3. 你比较喜欢
☐ 很早就把约会、社交聚会等事情安排妥当
☐ 无拘无束，看当时有什么好玩的就做什么

4. 当你要在一个星期内完成一个大项目，你在开始的时候就会
☐ 把要做的不同工作依次列出　　☐ 马上动工

5. 你通常喜欢
☐ 事先安排你的社交约会　　☐ 随兴之所至做事

6. 你认为自己是一个
☐ 较为有条理的人　　☐ 较为随心所欲的人

7. 在大多数情况下，你会选择
☐ 按程序表做事　　☐ 顺其自然

8. 总的来说，要做一个大型作业时，你会
☐ 首先把工作按步细分　　☐ 边做边想该做什么

9. 计划一个旅程时，你较喜欢
☐ 事先知道大部分的日子会做什么
☐ 大部分时间都是跟着当天的感觉行事

10. 处理许多事情上，你会喜欢
☐ 按照计划行事　　☐ 凭兴致行事

11. 你比较喜欢
☐ 很早就做计划　　☐ 坐观事情发展再做计划

12. 在日常工作中，你会
☐ 通常预先计划，以免在压力下工作
☐ 颇为喜欢处理迫使你分秒必争的突发事件

13. 你认为按照程序表做事
☐ 大多数情况下是有帮助而且是你喜欢做的
☐ 有时是需要的，但一般来说你不大喜欢这样做

14. 你做事多数是
☐ 照拟订好的程序表去做　　☐ 按当天的心情去做

15. 按照程序表做事
□合你心意 □令你感到束缚

16. 把在周末期间要完成的事列成清单,这个主意会
□合你意 □使你提不起劲

17. □预先安排的 □无计划的

18. □有系统 □随意

19. □有条不紊 □不拘小节

20. □有系统 □即兴

21. □预先安排 □不受约束

22. □决定 □冲动

评分规则

请将四个部分小方格内的"√"纵向加起来,然后计算下列各项个数,推测自己的 MBTI 类型:

外向 E		内向 I	
感觉 S		直觉 N	
思考 T		情感 F	
判断 J		认识 P	

布瑞格斯性格类型的特征及对应职业:

1. ISTJ 这种性格类型的人严肃、沉静,因专注和执著而取得成功,务实、有条不紊、尊重事实、逻辑严密、现实、可信、能够承担责任。适合的职业:首席信息系统执行官、天文学家、数据库管理员、会计、房地产经纪人、侦探、行政管理、信用分析师等。

2. ISFJ 这种性格类型的人沉静、友好、可靠、尽责、全力以赴地承担责任、持之以恒、勤劳、细致、忠诚、周到。适合的职业:内科医生、营养师、图书及档案管理员、室内装潢设计师、客户服务专员、记账员、特殊教育教师、酒店管理等。

3. INFJ 这种性格类型的人凭借毅力、创造力以及做任何事情的强烈愿望而取得成功,稳重、尽责、关注他人、尊重公司的原则。适合的职业:特殊教育教师、建筑设计师、培训经理或培训师、网站编辑、作家、仲裁人等。

4. INTJ 这种性格类型的人通常富有创造力,有很强的按照个人愿望和目标行事的动机,疑心较重、挑剔、独立性强、坚定,常常较为固执。适合的职业:首席财政执行官、知识产权律师、设计工程师、精神分析师、心脏病专家、媒体策划、网络管理员、建筑师等。

5. ISTP 这种性格类型的人是冷眼旁观者——沉静、少言、好分析问题,通常

对一些非人际的原则以及事务的运作机制感兴趣，常有创造性的幽默火化闪现。适合的职业：信息服务业经理、计算机程序员、警官、软件开发员、律师助理、消防员、私人侦探、药剂师等。

6. ISFP　这种性格类型的人喜欢独处，沉静、友好、敏感、友善，能力一般，回避矛盾，是忠实的追随者，做事不积极。适合的职业：室内装潢设计师、按摩师、客户服务专员、服装设计师、厨师、护士、牙医、旅游管理者等。

7. INFP　这种性格类型的人对于学习、思想、语言比较感兴趣，独立制定个人计划，倾向于承担过多的工作，但是会设法完成；待人友善，但是常常过于全神贯注。适合的职业：心理学家、人力资源管理者、翻译、大学教师（人文学科）、社会工作者、图书管理员、服装设计师、编辑或网站设计师等。

8. INTP　这种性格类型的人沉静、少言，喜欢理论性和科学性的问题，常常是只对思想感兴趣，对于聚会或者闲谈不太喜欢，个人的兴趣范围是严格界定的。适合的职业：软件设计师、风险投资家、法律仲裁人、金融分析师、大学教师（经济学）、音乐家、知识产权律师、网站设计师等。

9. ESTP　这种性格类型的人尊重事实、不慌不忙，能够坦然面对发生的一切，会略显迟钝或不敏感，对于容易拆分或组合的具体问题具有较强的处理能力。适合的职业：企业家、股票经纪人、保险经纪人、土木工程师、旅游管理者、职业运动员或教练、电子游戏开发员、房产开发商等。

10. ESFP　这种性格类型的人喜欢交往，易于相处，易于接受他人，友好，能够根据他人的喜好让事情变得更有意思，喜欢运动和做事，对于他们来说，记住某种事实比掌握某种理论要更为容易。适合的职业：幼教老师、公关专员、职业策划咨询师、旅游管理或导游、促销员、演员、海洋生物学家、销售等。

11. ENFP　这种性格类型的人充满热情、精力旺盛、富有创造性和想象力，能够做大多数让他们感兴趣的事情；能够快速找到解决问题的方法，乐于助人。适合的职业：广告客户管理者、管理咨询顾问、演员、平面设计师、艺术指导、公司团队培训师、心理学家、人力资源管理者等。

12. ENTP　这种性格类型的人对解决富有挑战性的问题方面能力很强，但是却常常会忽略一些例行的任务。适合的职业：企业家、投资银行家、广告创意总监、市场管理咨询顾问、文案、广播或电视主持人、演员、大学校长等。

13. ESTJ　这种性格类型的人务实、现实、尊重事实，天生就是经商或者从事机械类工作的料，对于他们认为没用的事物不感兴趣，喜欢组织和开展活动。适合的职业：公司首席执行官、军官、预算分析师、药剂师、房地产经纪人、保险经纪人、教师（贸易或工商类）、物业管理等。

14. ESFJ　这种性格类型的人热心肠、健谈、受人欢迎、负责、善于与人合作，需要和平共处,在受到鼓励时能把事情做得最好,对于抽象思维或者技术性问题不感兴趣。适合的职业:房地产经纪人、零售商、护士、理货员、采购员、按摩师、运动教练、饮食业管理者、旅游管理者等。

15.ENFJ 这种性格类型的人敏感、有责任心,通常真正关心他人的想法和需要,好交际,受人欢迎,对于表扬和批评很敏感。适合的职业:广告客户管理员、杂志编辑、公司培训师、电视制片人、市场专员、作家、社会工作者、人力资源管理者等。

16.ENTJ 这种性格类型的人热心、坦诚,是坚定的领导者,通常比较擅长需要推理和机智性交谈的工作,有时候在某些领域显得比在他们的正式工作领域还更为活跃。适合的职业:公司首席执行官、管理咨询顾问、政治家、房地产开发商、教育咨询顾问、投资顾问、法官等。

人职匹配的理论有很多,应用的效果各有千秋,在实践中新的理论还在产生,大学生在做职业生涯规划时,可以比较选择使用。

附件3 气质类型与其相应的职业

四种气质类型的心理特征

气质类型	心理特征
多血质	活泼而好动型。由于神经过程平衡且灵活性强,这种人更易于适应环境的变化,性情开朗、热情,喜闻乐道,善于交际。在群体中精神愉快,相处自然,常能机智地解脱窘境。在工作和学习上肯动脑筋,常表现出机敏的工作能力和较高的办事效率。对外界事务有广泛的兴趣,不安于循规蹈矩的工作。情绪不够稳定,易于浮躁。时有轻诺寡信、见异思迁的表现
胆汁质	兴奋而热烈型。表现为有理想,有抱负,有独立见解,反应迅速,行为果断,表里如一。在言语上、面部表情和神态上都给人以热情直爽、善于交际的印象。不愿受人指挥而喜欢指挥别人。一旦认准目标,就希望尽快实现。遇到困难也不折不挠,有魄力,敢负责,但往往比较粗心,自制力较差,容易感情用事,有时有刚愎自用、鲁莽的表现。由于神经过程的不平衡,工作带有明显的周期性,能以极大的热情投身于事业,一旦精力力竭,情绪顿时转为沮丧而心灰意冷
粘液质	缄默而安静型。由于神经过程平衡且灵活性低,反应迟缓,无论环境如何变化,都能基本保持心理平衡。凡事力求稳妥、深思熟虑,一般不做无把握的事,具有很强的自我克制能力。外柔内刚,沉静多思,很少流露出内心的真情实感。与人交往时态度持重适度,不卑不亢,不爱抛头露面或做空谈的清谈。行动迟缓而沉着,有板有眼,严格恪守既定的生活秩序和工作制度。因此,能够高质量地完成那些要求有坚忍不拔、埋头苦干的品质和长时间集中注意力、有条不紊的工作。不足之处是过于拘谨,不善于随机应变,常常墨守成规,故步自封

续表

气质类型	心理特征
抑郁质	呆板而羞涩型。精神上难以承受或大或小的神经紧张,常为微不足道的小事引起情绪波动。情绪体验的方式较少,极少在外表流露自己的情感,但内心体验却相当深刻。喜欢独处,交往拘束,兴趣爱好少,性格孤僻,在友爱的集体,可能是一个很易相处的人,对力所能及的工作认真完成,遇事三思而后行,求稳不求快,因而显得刻板。学习、工作易疲倦,在困难面前怯懦、自卑、优柔寡断

气质类型与其相应的职业

气质类型	相应职业
多血质	适合与外界打交道,从事灵活多变、富有刺激性和挑战性的工作,如外交、经商、管理、记者、律师、驾驶员、运动员等。他们不太适合做过细的、单调的机械性工作
胆汁质	喜欢从事与人打交道、工作内容不断变化、环境不断转换并且热闹的职业,如导游、推销员、节目主持人、公共关系人员等,但明显不适合长期安坐、持久耐心细致的工作
粘液质	适合做稳定的、按部就班的、静态的工作,如会计、出纳员、话务员、保育员、播音员等
抑郁质	适合安静、细致的工作,如校对、打字、排版、检查员、化验员、登记员、保管员等

附件4　霍兰德职业倾向测验量表

本测验量表将帮助您发现和确定自己的职业兴趣和能力特长,从而更好地作出求职择业的决策。如果您已经考虑好或选择好了自己的职业,本测验将使您的这种考虑或选择具有理论基础,或向您展示其他合适的职业;如果您至今尚未确定职业方向,本测验将帮助您根据自己的情况选择一个恰当的职业目标。本测验共有七个部分,每部分测验都没有时间限制但请您尽快按要求完成。

第一部分　您心目中的理想职业(专业)

对于未来的职业(或升学进修的专业),您得早有考虑,它可能很抽象、很朦胧,也可能很具体、很清晰。不论是哪种情况,现在都请您把自己最想干的三种工作或最想读的三种专业,按顺序写下来。

第二部分 您所感兴趣的活动

下面列举了若干种活动,请就这些活动判断您的好恶。喜欢的,请在"是"栏里打√;不喜欢的在"否"里打×。请按顺序回答全部问题(每个"是"得1分,"否"不得分)。

R:实际型活动

1. 装配修理电器或玩具　　　　　　　　　　是□　　否□
2. 修理自行车　　　　　　　　　　　　　　是□　　否□
3. 用木头做东西　　　　　　　　　　　　　是□　　否□
4. 开汽车或摩托车　　　　　　　　　　　　是□　　否□
5. 用机器做东西　　　　　　　　　　　　　是□　　否□
6. 参加木工技术学习班　　　　　　　　　　是□　　否□
7. 参加制图描图学习班　　　　　　　　　　是□　　否□
8. 驾驶卡车或拖拉机　　　　　　　　　　　是□　　否□
9. 参加机械和电气学习班　　　　　　　　　是□　　否□
10. 装配修理机器　　　　　　　　　　　　　是□　　否□

统计"是"一栏得分计_____

A:艺术型活动

1. 素描/制图或绘画　　　　　　　　　　　是□　　否□
2. 参加话剧/戏剧　　　　　　　　　　　　是□　　否□
3. 设计家具/布置室内　　　　　　　　　　是□　　否□
4. 练习乐器/参加乐队　　　　　　　　　　是□　　否□
5. 欣赏音乐或戏剧　　　　　　　　　　　　是□　　否□
6. 看小说/读剧本　　　　　　　　　　　　是□　　否□
7. 从事摄影创作　　　　　　　　　　　　　是□　　否□
8. 写诗或吟诗　　　　　　　　　　　　　　是□　　否□
9. 艺术(美术/音乐)培训　　　　　　　　　是□　　否□
10. 练习书法　　　　　　　　　　　　　　　是□　　否□

统计"是"一栏得分计_____

I:调查型活动

1. 阅读科技图书和杂志　　　　　　　　　　是□　　否□
2. 在实验室工作　　　　　　　　　　　　　是□　　否□

3. 改良水果品种,培育新的水果　　　　　　　　是□　　否□

4. 调查了解土和金属等物质的成分　　　　　　　是□　　否□

5. 研究自己选择的特殊问题　　　　　　　　　　是□　　否□

6. 解算术或玩数学游戏　　　　　　　　　　　　是□　　否□

7. 物理课　　　　　　　　　　　　　　　　　　是□　　否□

8. 化学课　　　　　　　　　　　　　　　　　　是□　　否□

9. 几何课　　　　　　　　　　　　　　　　　　是□　　否□

10. 生物课　　　　　　　　　　　　　　　　　　是□　　否□

统计"是"一栏得分计＿＿＿＿＿＿＿

S：社会型活动

1. 学校或单位组织的正式活动　　　　　　　　　是□　　否□

2. 参加某个社会团体或俱乐部活动　　　　　　　是□　　否□

3. 帮助别人解决困难　　　　　　　　　　　　　是□　　否□

4. 照顾儿童　　　　　　　　　　　　　　　　　是□　　否□

5. 出席晚会、联欢会、茶话会　　　　　　　　　是□　　否□

6. 和大家一起出去郊游　　　　　　　　　　　　是□　　否□

7. 想获得关于心理学方面的知识　　　　　　　　是□　　否□

8. 参加讲座或辩论会　　　　　　　　　　　　　是□　　否□

9. 观看或参加体育比赛和运动会　　　　　　　　是□　　否□

10. 结交新朋友　　　　　　　　　　　　　　　　是□　　否□

统计"是"一栏得分计＿＿＿＿＿＿＿

E：事业型活动

1. 说服鼓动他人　　　　　　　　　　　　　　　是□　　否□

2. 卖东西　　　　　　　　　　　　　　　　　　是□　　否□

3. 谈论政治　　　　　　　　　　　　　　　　　是□　　否□

4. 制定计划、参加会议　　　　　　　　　　　　是□　　否□

5. 以自己的意志影响别人的行为　　　　　　　　是□　　否□

6. 在社会团体中担任职务　　　　　　　　　　　是□　　否□

7. 检查与评价别人的工作　　　　　　　　　　　是□　　否□

8. 结交名流　　　　　　　　　　　　　　　　　是□　　否□

9. 指导有某种目标的团体　　　　　　　　　　　是□　　否□

10. 参与政治活动　　　　　　　　　　　　　　　是□　　否□

统计"是"一栏得分计＿＿＿＿＿＿＿

C：常规型(传统型)活动

1. 整理好桌面和房间 是□ 否□
2. 抄写文件和信件 是□ 否□
3. 为领导写报告或公务信函 是□ 否□
4. 检查个人收支情况 是□ 否□
5. 打字培训班 是□ 否□
6. 参加打算盘、文秘等实务培训 是□ 否□
7. 参加商业会计培训班 是□ 否□
8. 参加情报处理培训班 是□ 否□
9. 整理信件、报告、记录等 是□ 否□
10. 写商业贸易信 是□ 否□

统计"是"一栏得分计＿＿＿＿＿＿＿

第三部分 您所擅长或胜任的活动

下面列举了若干种活动,其中您能做或大概能做的事,请在"是"栏里打√;反之,在"否"栏里打✕。请回答全部问题。

R：实际型活动

1. 能使用电锯、电钻和锉刀等木工工具 是□ 否□
2. 知道万用表的使用方法 是□ 否□
3. 能够修理自行车或其他机械 是□ 否□
4. 能够使用电钻床、磨床或缝纫机 是□ 否□
5. 能给家具和木制品刷漆 是□ 否□
6. 能看建筑设计图 是□ 否□
7. 能够修理简单的电气用品 是□ 否□
8. 能修理家具 是□ 否□
9. 能修理收录机 是□ 否□
10. 能简单地修理水管 是□ 否□

统计"是"一栏得分计＿＿＿＿＿＿＿

A：艺术型能力

1. 能演奏乐器 是□ 否□
2. 能参加两部或四部合唱 是□ 否□

3. 独唱或独奏　　　　　　　　　　　　　　　　是□　　否□

4. 扮演剧中角色　　　　　　　　　　　　　　　是□　　否□

5. 能创作简单的乐曲　　　　　　　　　　　　　是□　　否□

6. 会跳舞　　　　　　　　　　　　　　　　　　是□　　否□

7. 能绘画、素描或书法　　　　　　　　　　　　是□　　否□

8. 能雕刻、剪纸或泥塑　　　　　　　　　　　　是□　　否□

9. 能设计板报、服装或家具　　　　　　　　　　是□　　否□

10. 写得一手好文章　　　　　　　　　　　　　　是□　　否□

统计"是"一栏得分计_____

I：调研型能力

1. 懂得真空管或晶体管的作用　　　　　　　　　是□　　否□

2. 能够列举三种蛋白质多的食品　　　　　　　　是□　　否□

3. 理解铀的裂变　　　　　　　　　　　　　　　是□　　否□

4. 能用计算尺、计算器、对数表　　　　　　　　是□　　否□

5. 会使用显微镜　　　　　　　　　　　　　　　是□　　否□

6. 能找到三个星座　　　　　　　　　　　　　　是□　　否□

7. 能独立进行调查研究　　　　　　　　　　　　是□　　否□

8. 能解释简单的化学　　　　　　　　　　　　　是□　　否□

9. 理解人造卫星为什么不落地　　　　　　　　　是□　　否□

10. 经常参加学术会议　　　　　　　　　　　　　是□　　否□

统计"是"一栏得分计_____

S：社会型能力

1. 有向各种人说明解释的能力　　　　　　　　　是□　　否□

2. 常参加社会福利活动　　　　　　　　　　　　是□　　否□

3. 能和大家一起友好相处地工作　　　　　　　　是□　　否□

4. 善于与年长者相处　　　　　　　　　　　　　是□　　否□

5. 会邀请人、招待人　　　　　　　　　　　　　是□　　否□

6. 能简单易懂地教育儿童　　　　　　　　　　　是□　　否□

7. 能安排会议等活动顺序　　　　　　　　　　　是□　　否□

8. 善于体察人心和帮助他人　　　　　　　　　　是□　　否□

9. 帮助护理病人和伤员　　　　　　　　　　　　是□　　否□

10. 安排社团组织的各种事务　　　　　　　　　　是□　　否□

统计"是"一栏得分计_____

E：事业型能力

1. 担任过学生干部并且干得不错　　　　　　　　　　是□　　否□
2. 工作上能指导和监督他人　　　　　　　　　　　　是□　　否□
3. 做事充满活力和热情　　　　　　　　　　　　　　是□　　否□
4. 有效利用自身的做法调动他人　　　　　　　　　　是□　　否□
5. 销售能力强　　　　　　　　　　　　　　　　　　是□　　否□
6. 曾作为俱乐部或社团的负责人　　　　　　　　　　是□　　否□
7. 向领导提出建议或反映意见　　　　　　　　　　　是□　　否□
8. 有开创事业的能力　　　　　　　　　　　　　　　是□　　否□
9. 知道怎样做能成为一个优秀的领导者　　　　　　　是□　　否□
10. 健谈善辩　　　　　　　　　　　　　　　　　　是□　　否□

统计"是"一栏得分计_____

C：常规型能力

1. 会熟练地打印中文　　　　　　　　　　　　　　　是□　　否□
2. 会用外文打字机或复印机　　　　　　　　　　　　是□　　否□
3. 能快速记笔记和抄写文章　　　　　　　　　　　　是□　　否□
4. 善于整理保管文件和资料　　　　　　　　　　　　是□　　否□
5. 善于从事事务性的工作　　　　　　　　　　　　　是□　　否□
6. 会用算盘　　　　　　　　　　　　　　　　　　　是□　　否□
7. 能在短时间内分类和处理大量文件　　　　　　　　是□　　否□
8. 能使用计算机　　　　　　　　　　　　　　　　　是□　　否□
9. 能收集数据　　　　　　　　　　　　　　　　　　是□　　否□
10. 善于为自己或集体做财务预算表　　　　　　　　是□　　否□

统计"是"一栏得分计_____

第四部分　您所喜欢的职业

下面列举了多种职业，请逐一认真地看，如果是您有兴趣的工作，请在"是"栏里打√；如果您不太喜欢、不关心的工作，请在"否"栏里打×。请回答全部问题。

R：实际型活动

1. 飞机机械师　　　　　　　　　　　　　　　　　　是□　　否□
2. 野生动物专家　　　　　　　　　　　　　　　　　是□　　否□

3. 汽车维修工 是□ 否□

4. 木匠 是□ 否□

5. 测量工程师 是□ 否□

6. 无线电报务员 是□ 否□

7. 园艺师 是□ 否□

8. 长途公共汽车司机 是□ 否□

9. 电工 是□ 否□

统计"是"一栏得分计_____

S：社会型职业

1. 街道、工会或妇联干部 是□ 否□

2. 小学、中学教师 是□ 否□

3. 精神病医生 是□ 否□

4. 婚姻介绍所工作人员 是□ 否□

5. 体育教练 是□ 否□

6. 福利机构负责人 是□ 否□

7. 心理咨询员 是□ 否□

8. 共青团干部 是□ 否□

9. 导游 是□ 否□

10. 国家机关工作人员 是□ 否□

统计"是"一栏得分计_____

I：调研型职业

1. 气象学或天文学者 是□ 否□

2. 生物学者 是□ 否□

3. 医学实验室的技术人员 是□ 否□

4. 人类学者 是□ 否□

5. 动物学者 是□ 否□

6. 化学学者 是□ 否□

7. 数学学者 是□ 否□

8. 科学杂志的编辑或作家 是□ 否□

9. 地质学者 是□ 否□

10. 物理学者 是□ 否□

统计"是"一栏得分计_____

E：事业型职业

1. 厂长   是□   否□

2. 电视片编制人   是□   否□

3. 公司经理   是□   否□

4. 销售员   是□   否□

5. 不动产推销员   是□   否□

6. 广告部长   是□   否□

7. 体育活动主办者   是□   否□

8. 销售部长   是□   否□

9. 个体工商业者   是□   否□

10. 企业管理咨询人员   是□   否□

统计"是"一栏得分计_____

A：艺术型职业

1. 乐队指挥   是□   否□

2. 演奏家   是□   否□

3. 作家   是□   否□

4. 摄影家   是□   否□

5. 记者   是□   否□

6. 画家、书法家   是□   否□

7. 歌唱家   是□   否□

8. 作曲家   是□   否□

9. 电影电视演员   是□   否□

统计"是"一栏得分计_____

C：常规型职业

1. 会计师   是□   否□

2. 银行出纳员   是□   否□

3. 税收管理员   是□   否□

4. 计算机操作员   是□   否□

5. 簿记人员   是□   否□

6. 成本核算员   是□   否□

7. 文书档案管理员   是□   否□

8. 打字员   是□   否□

9. 法庭书记员   是☐   否☐

10. 人口普查登记员   是☐   否☐

统计"是"一栏得分计_____

第五部分　您的能力类型简评

下面两张表是您在六个职业能力方面的自我评定表。您可以先与同龄者比较出自己在每一方面的能力,然后经斟酌后对自己的能力作评估。请在表中适当的数字上画圈。数字越大,表示你的能力越强。注意,请勿全部画同样的数字,因为人的每项能力不可能完全一样。

表 A

R 型	I 型	A 型	S 型	E 型	C 型
机械操作能力	科学研究能力	艺术创作能力	解释表达能力	商业洽谈能力	事务执行能力
7	7	7	7	7	7
6	6	6	6	6	6
5	5	5	5	5	5
4	4	4	4	4	4
3	3	3	3	3	3
2	2	2	2	2	2
1	1	1	1	1	1

表 B

R 型	I 型	A 型	S 型	E 型	C 型
体育技能	数学技能	音乐技能	交际技能	领导技能	办公技能
7	7	7	7	7	7
6	6	6	6	6	6
5	5	5	5	5	5
4	4	4	4	4	4
3	3	3	3	3	3
2	2	2	2	2	2
1	1	1	1	1	1

第六部分　统计和确定您的职业倾向

请将第二部分至第五部分的全部测验分数按前面已统计好的六种职业倾向

(R型、I型、A型、S型、E型和C型)得分填入下表,并做纵向累加。

测试	R型	I型	A型	S型	E型	C型
第二部分						
第三部分						
第四部分						
第五部分A						
第五部分B						
总分						

请将上表中的六种职业倾向总分按大小顺序依次从左到右排列:

＿＿＿＿型、＿＿＿＿型 ＿＿＿＿型、＿＿＿＿型、＿＿＿＿型、＿＿＿＿型

最高分＿＿＿＿ 您的职业倾向性得分＿＿＿＿ 最低分＿＿＿＿

第七部分 您所看重的东西——职业价值观

这一部分测验列出了人们在选择工作时通常会考虑的9种因素(见所附工作价值标准)。现在请您在其中选出最重要的两项因素,并将序号填入下面相应空格上。

最重要:＿＿＿＿次 重要:＿＿＿＿

最不重要:＿＿＿＿ 次不重要:＿＿＿＿

附:工作价值标准:

1. 工资高、福利好
2. 工作环境(物质方面)舒适
3. 人际关系良好
4. 工作稳定,有保障
5. 能提供较好的受教育机会
6. 有较高的社会地位
7. 工作不太紧张,外部压力少
8. 能充分发挥自己的能力特长
9. 社会需要与社会贡献大

以上全部测验完毕。

现在,将您测验得分居第一位的职业类型找出来,对照下文,判断一下自己适合的职业类型。

职业索引——职业兴趣代号与其相应的职业对照表。

R(实际型):木匠、农民、操作 X 光的技师、工程师、飞机机械师、鱼类和野生动物专家、自动化技师、机械工(车工、钳工等)、电工、无线电报务员、火车司机、长途公共汽车司机、机械制图员、修理机器、电器师。

I(调查型):气象学者、生物学者、天文学家、药剂师、动物学者、化学家、科学报刊编辑、地质学者、植物学者、物理学者、数学家、实验员、科研人员、科技作者。

A(艺术型):室内装饰专家、图书管理专家、摄影师、音乐教师、作家、演员、记者、诗人、作曲家、编剧、雕刻家、漫画家。

S(社会型):社会学者、导游、福利机构工作者、咨询人员、社会工作者、社会科学教师、学校领导、精神病工作者、公共保健护士。

E(事业型):推销员、进货员、商品批发员、旅馆经理、饭店经理、广告宣传员、调度员、律师、政治家、零售商。

C(常规型):记账员、会计、银行出纳、法庭速记员、成本估算员、税务员、核算员、打字员、办公室职员、统计员、计算机操作员、秘书。

下面介绍与您三个代号的职业兴趣类型一致的职业表,对照方法如下:首先根据您的职业兴趣代号,在下文中找出相应的职业,例如您的职业兴趣代号是 RIA,那么牙科技术人员、陶工等是适合您兴趣的职业。然后寻找与您职业兴趣代号相近的职业,如您的职业兴趣代号是 RIA,那么,其他由这三个字母组合成的编号(如 IRA、IAR、ARI 等)对应的职业,也较适合您的兴趣。

RIA:牙科技术员、陶工、建筑设计员、模型工、细木工、制作链条人员。

RIS:厨师、林务员、跳水员、潜水员、染色员、电器修理、眼镜制作、电工、纺织机器装配工、服务员、装玻璃工人、发电厂工人、焊接工。

RIE:建筑和桥梁工程、环境工程、航空工程、公路工程、电力工程、信号工程、电话工程、一般机械工程、自动工程、矿业工程、海洋工程、交通工程技术人员、制图员、家政经济人员、计量员、农民、农场工人、农业机械操作、清洁工、无线电修理、汽车修理、手表修理、管工、线路装配工、工具仓库管理员。

RIC:船上工作人员、接待员、杂志保管员、牙医助手、制帽工、磨坊工、石匠、机器制造、机车(火车头)制造、农业机器装配、汽车装配工、缝纫机装配工、钟表装配和检验、电动器具装配、鞋匠、锁匠、货物检验员、电梯机修工、托儿所所长、钢琴调音员、装配工、印刷工、建筑钢铁工、卡车司机。

RAI:手工雕刻、玻璃雕刻、制作模型人员、家具木工、制作皮革品、手工绣花、手工钩针纺织、排字工作、印刷工作、图画雕刻、装订工。

RSE:消防员、交通巡警、警察、门卫、理发师、房间清洁工、屠夫、锻工、开凿工人、管道安装工、出租汽车驾驶员、货物搬运工、送报员、勘探员、娱乐场所的服务员、起卸机操作工、灭害虫者、电梯操作工、厨房助手。

RSI：纺织工、编织工、农业学校教师、某些职业课程教师（诸如艺术、商业、技术、工艺课程）、雨衣上胶工。

REC：抄水表员、保姆、实验室动物饲养员、动物管理员。

REI：轮船船长、航海领航员、大副、试管实验员。

RES：旅馆服务员、家畜饲养员、渔民、渔网修补工、水手长、收割机操作工、搬运行李工人、公园服务员、救生员、登山导游、火车工程技术员、建筑工人、铺轨工人。

RCI：测量员、勘测员、仪表操作者、农业工程技术、化学工程技师、民用工程技师、石油工程技师、资料室管理员、探矿工、煅烧工、烧窑工、矿工、保养工、磨床工、取样工、样品检验员、纺纱工、炮手、漂洗工、电焊工、锯木工、刨床工、制帽工、手工缝纫工、油漆工、染色工、按摩工、木匠、农民、建筑工人、电影放映员、勘测员助手。

RCS：公共汽车驾驶员、一等水手、游泳池服务员、裁缝、建筑工人、石匠、烟囱修建工、混凝土工、电话修理工、爆炸手、邮递员、矿工、裱糊工人、纺纱工。

RCE：打井工、吊车驾驶员、农场工人、邮件分类员、铲车司机、拖拉机司机。

IAS：普通经济学家、农场经济学家、财政经济学家、国际贸易经济学家、实验心理学家、工程心理学家、心理学家、哲学家、内科医生、数学家。

IAR：人类学家、天文学家、化学家、物理学家、医学病理、动物标本剥制者、化石修复者、艺术品管理者。

ISE：营养学家、饮食顾问、火灾检查员、邮政服务检查员。

ISC：侦察员、电视播音室修理员、电视修理服务员、验尸室人员、编目录者、医学实验定技师、调查研究者。

ISR：水生生物学者、昆虫学者、微生物学家、配镜师、矫正视力者、细菌学家、牙科医生、骨科医生。

ISA：实验心理学家、普通心理学家、发展心理学家、教育心理学家、社会心理学家、临床心理学家、目标学家、皮肤病学家、精神病学家、妇产科医师、眼科医生、五官科医生、医学实验室技术专家、民航医务人员、护士。

IES：细菌学家、生理学家、化学专家、地质专家、地理物理学专家、纺织技术专家、医院药剂师、工业药剂师、药房营业员。

IEC：档案保管员、保险统计员。

ICR：质量检验技术员、地质学技师、工程师、法官、图书馆技术辅导员、计算机操作员、医院听诊员、家禽检查员。

IRA：地理学家、地质学家、声学物理学家、矿物学家、古生物学家、石油学家、地震学家、声学物理学家、原子和分子物理学家、电学和磁学物理学家、气象学家、设计审核员、人口统计学家、数学统计学家、外科医生、城市规划家、气象员。

IRS：流体物理学家、物理海洋学家、等离子体物理学家、农业科学家、动物学家、食品科学家、园艺学家、植物学家、细菌学家、解剖学家、动物病理学家、作物病理学家、药物学家、生物化学家、生物物理学家、细胞生物学家、临床化学家、遗传学家、分子生物学家、质量控制工程师、地理学家、兽医、放射性治疗技师。

IRE：化验员、化学工程师、纺织工程师、食品技师、渔业技术专家、材料和测试工程师、电气工程师、土木工程师、航空工程师、行政官员、冶金专家、原子核工程师、陶瓷工程师、地质工程师、电力工程师、口腔科医生、牙科医生。

IRC：飞机领航员、飞行员、物理实验室技师、文献检查员、农业技术专家、动植物技术专家、生物技师、油管检查员、工商业规划者、矿藏安全检查员、纺织品检验员、照相机修理者、工程技术员、编计算程序者、工具设计者、仪器维修工。

CRI：簿记员、会计、记时员、铸造机操作工、打字员、按键操作工、复印机操作工。

CRS：仓库保管员、档案管理员、缝纫工、讲述员、收款人。

CRE：标价员、实验室工作者、广告管理员、自动打字机操作员、电动机装配工、缝纫机操作工。

CIS：记账员、顾客服务员、报刊发行员、土地测量员、保险公司职员、会计师、估价员、邮政检查员、外贸检查员。

CIE：打字员、统计员、支票记录员、订货员、校对员、办公室工作人员。

CIR：校对员、工程职员、海底电报员、检修计划员。

CSE：接待员、通讯员、电话接线员、卖票员、旅馆服务员、私人职员、商学教师、旅游办事员。

CSR：运货代理商、铁路职员、交通检查员、办公室通信员、簿记员、出纳员、银行财务职员。

CSA：秘书、图书管理员、办公室办事员。

CER：邮递员、数据处理员、办公室办事员。

CEI：推销员、经济分析家。

CES：银行会计、记账员、法人秘书、速记员、法院报告人。

ECI：银行行长、审计员、信用管理员、地产管理员、商业管理员。

ECS：信用办事员、保险人员、各类进货员、海关服务经理、售货员、购买员、会计。

ERI：建筑物管理员、工业工程师、农场管理员、护士长、农业经营管理人员。

ERS：仓库管理员、房屋管理员、货栈监督管理员。

ERC：邮政局长、渔船船长、机械操作领班、木工领班、瓦工领班、驾驶员领班。

EIR：科学、技术和有关周期出版物的管理员。

EIC:专利代理人、鉴定人、运输服务检查员、安全检查员、废品收购人员。

EIS:警官、侦察员、交通检验员、安全咨询员、合同管理者、商人。

EAS:法官、律师、公证人。

EAR:展览室管理员、舞台管理员、播音员、驯兽员。

ESC:理发师、裁判员、政府行政管理员、财政管理员、工程管理员、职业病防治、售货员、商业经理、办公室主任、人事负责人、调度员。

ESR:家具售货员、书店售货员、公共汽车驾驶员、日用品售货员、护士长、自然科学和工程的行政领导。

ESI:博物馆管理员、图书馆管理员、古迹管理员、饮食业经理、地区安全服务管理员、技术服务咨询者、超级市场管理员、零售商店店员、批发商、出租汽车服务站调度。

ESA:博物馆馆长、报刊管理员、音乐器材售货员、广告商、售画营业员、导游、(轮船或班机上的)事务长、飞机上的服务员、船员、法官、律师。

ASE:戏剧导演、舞蹈教师、广告撰稿人、报刊作者、专栏作者、记者、演员、英语翻译。

ASI:音乐教师、乐器教师、美术教师、管弦乐指挥、合唱队指挥、歌星、演奏家、哲学家、作家、广告经理、时装模特。

AER:新闻摄影师、电视摄影师、艺术指导、录音指导、丑角演员、魔术师、木偶戏演员、骑士、跳水员。

AEI:音乐指挥、舞台指导、电影导演。

AES:流行歌手、舞蹈演员、电影导演、广播节目主持人、舞蹈教师、口技表演者、喜剧演员、模特。

AIS:画家、剧作家、编辑、评论家、时装艺术大师、新闻摄影师、男演员、文学作者。

AIE:花匠、皮衣设计师、工业产品设计师、剪影艺术家、复制雕刻品大师。

AIR:建筑师、画家、摄影师、绘图员、环境美化工、雕刻家、包装设计师、陶器设计师、绣花工、漫画工。

SEC:社会活动家、退伍军人服务官员、工商会事务代表、教育咨询者、宿舍管理员、旅馆经理、饮食服务管理员。

SER:体育教练、游泳指导。

SEI:大学校长、学院院长、医院行政管理员、历史学家、家政经济学家、职业学校教师、资料员。

SEA:娱乐活动管理员、国外服务办事员、社会服务助理、一般咨询者、宗教教育工作者。

SCE：部长助理、福利机构职员、生产协调人、环境卫生管理人员、戏院经理、餐馆经理、售票员。

SRI：外科医师助手、医院服务员。

SRE：体育教师、职业病治疗者、体育教练、专业运动员、房管员、儿童家庭教师、警察、引座员、传达员、保姆。

SRC：护理员、护理助理、医院勤杂工、理发师、学校儿童服务人员。

SIA：社会学家、心理咨询者、学校心理学家、大学或学院的系主任、大学或学院的教育学教师、大学农业教师、大学工程和建筑课程的教师、大学法律教师、大学数学教师、大学医学教师、大学物理教师、大学社会科学和生命科学教师、研究生助教、成人教育教师。

SIE：营养学家、饮食学家、海关检查员、安全检查员、税务稽查员、校长。

SIC：描图员、兽医助手、诊所助理、体检检查员、监督缓刑犯的工作者、娱乐指导者、咨询人员、社会科学教师。

SIR：理疗员、救护队工作人员、手足病医生、职业病治疗助手。

附件 5　测定职业锚类型

有两种方案确定您的职业锚类型：一项是职业定位问卷；另一项是职业访谈。

（一）职业定位问卷

这份问卷的目的在于帮助您思索自己的能力、动机和价值观。下面给出了 40 个问题，根据您的实际情况，从 1～6 中选择一个数字。数字越大，表示这种描述越符合您的实际情况。例如，"我梦想成为公司的总裁"，您可以作出如下选择：

选"1"代表这种描述完全不符合您的想法；选"2"或"3"代表您偶尔或有时这么想；选"4"或"5"代表您经常这么想；选"6"代表这种描述完全符合您的日常想法。

请尽可能真实并迅速地回答下列问题。除非您非常明确，否则不要作出极端的选择，例如："从不"或者"总是"。

1. 从不　　2. 偶尔　　3. 有时　　4. 经常　　5. 频繁　　6. 总是

1. 我希望做我擅长的工作，这样我的内行建议可以不断被采纳。

2. 当我整合并管理他人的工作时，我非常有成就感。

3. 我希望我的工作能让我用自己的方式，按照自己的计划去开展。

4. 对我而言，安定与稳定比自由和自主更重要。

5. 我一直在寻找可以让我创立自己事业的创意。

6. 我认为只有对社会作出真正的贡献的职业才算是成功的职业。

7. 在工作中，我希望去解决那些有挑战性的问题，并且胜出。

8. 我宁愿离开公司,也不愿意从事需要个人和家庭作出一定牺牲的工作。

9. 将我的技术和专业水平发展到一个更有竞争力的层次是成功职业的必要条件。

10. 我希望能够管理一个大的公司(组织),我的决策将会影响许多人。

11. 如果职业允许自由地决定自己的工作内容、计划、过程,我会非常满意。

12. 如果工作的结果使我丧失了自己在组织中的安全稳定感,我宁愿离开这个工作岗位。

13. 对我而言,创办自己的公司比在其他的公司中争取一个高的管理位置更有意义。

14. 我的职业满足来自我可以用自己的才能去为他人提供服务。

15. 我认为职业的成就感来自于克服自己面临的非常有挑战性的困难。

16. 我希望我的职业能够兼顾个人、家庭和工作的需要。

17. 对我而言,在我希望的专业领域内做资深的专家比总经理更具有吸引力。

18. 只有在我成为公司的总经理之后,我才认为我的职业人生是成功的。

19. 成功的职业应该允许我有完全的自主和自由。

20. 我愿意在能给我安全感、稳定感的公司中工作。

21. 当通过自己的努力或想法完成工作时,我的工作成就感最强。

22. 对我而言,利用自己的才能使这个世界变得更适合生活或居住,比争取一个高的管理职位更重要。

23. 当我解决了看上去不可能解决的问题,或者在必输无赢的竞赛中胜出,我会非常有成就感。

24. 我认为只有很好地平衡了个人、家庭、职业的关系,生活才能算是成功的。

25. 我宁愿离开公司,也不愿频繁接受那些不属于我专业领域的工作。

26. 对我而言,做一个全面管理者比在我喜欢的专业领域内做资深的专家更有吸引力。

27. 对我而言,用我自己的方式不受约束地完成工作,比安全、稳定更重要。

28. 只有当我的收入和工作有保障时,我才会对工作感到满意。

29. 在我的职业生涯中,如果我能成功地创造或实现完全属于自己的产品或点子,我会感到非常成功。

30. 我希望从事对人类和社会真正有贡献的工作。

31. 我希望工作中有很多机会,可以不断挑战我解决问题的能力(或竞争力)。

32. 能很好地平衡个人生活与工作,比达到一个高的管理职位更重要。

33. 如果在工作中能经常用到我特别的技巧和才能,我会感到特别满意。

34. 我宁愿离开公司,也不愿意接受让我离开全面管理的工作。

35. 我宁愿离开公司,也不愿意接受约束我自由和自主控制权的工作。

36. 我希望有一份让我有安全感和稳定感的工作。

37. 我梦想着创建属于自己的事业。

38. 如果工作限制了我为他人提供帮助或服务,我宁愿离开公司。

39. 去解决那些几乎无法解决的问题,比获得一个高的管理职位更有意义。

40. 我一直在寻找一份能最小化个人和家庭之间冲突的工作。

现在重新看一下您给分较高的描述,从中挑选出与您的日常想法最为吻合的三个,在原有评分的基础上,将这三个题目的得分再各加上 4 分(例如,原来得分为 5,则调整后得分为 9),然后就可以开始评分了。

计分方法:

将每一题得分数填入下面的空白表格(计分表)中,然后按照"列"进行分数累加得到一个总分,将每列的总分除以 5 得到每列的平均分,填入表格。记住:在计算平均分和总分前,不要忘了将最符合您日常想法的三项额外各加上 4 分。

计分表

TF	GM	AU	SE	EC	SV	CH	LS
1	2	3	4	5	6	7	8
9	10	11	12	13	14	15	16
17	18	19	20	21	22	23	24
25	26	27	28	29	30	31	32
33	34	35	36	37	38	39	40

总分:

平均分:

(二)职业锚访谈

这个访谈的目的是通过关键的职业事件,来明确事件或事件背后的潜在原因,帮助您和您的搭档识别出指导和制约职业选择的因素。放松自己,当偏离到其他相关的主题时,也不需要紧张。您的任务只是帮助您的搭档谈出他过去的职业发展过程,以方便您找出职业选择背后真正发挥作用的东西。

● 教育(重点探讨大学和研究生阶段)。我们从教育经历开始谈起,在学校时您最关注的是什么?您为什么选择这些学习领域?对已经选择的这些领域,您现在感觉如何?

● 第一份工作。在毕业后,您第一份真正意义上的工作是什么? 如果您没有开始工作,在您毕业后的生活中,第一件对您重要的事情是什么? 您在第一份工作或重要的生活经历中寻找什么? 您为什么作出这样的选择?

● 目标。您开始自己的职业生涯时,您的抱负或长期目标是什么? 第一份工作对您实现职业目标的意义是什么?

● 下一份工作或重要生活事件。在工作中或雇用您的组织中,您第一次较大的变动是什么? 这次变动是如何出现的? 谁发起了这次变动? 改变的原因是什么? 您如何看待这次变动? 它与您的目标有什么关系?

● 下一份工作或重要生活事件。在工作中,您第二次较大的变动是什么? 这次变动是如何出现的? 谁发起了这次变动? 改变的原因是什么? 您如何看待这次变动? 它与您的目标有什么关系?

● 继续思考并分析工作、组织、职业或生活的重大变动,把这些变动列在下面,分析这些变动的原因及导致的结果。

● 回顾迄今为止的职业和生活,有没有发现重要的转折点? 那时的变化有什么不同寻常的地方? 请描述每一个这样的转折时期。

这个转折点是什么? 这个转折点是如何出现的? 谁发起了这次变化? 您如何看待这次转折? 它与您的目标有什么关系?

● 回顾迄今为止的职业和生活,您能否描绘出一些您感到非常快乐的时期? 在这些时期,什么让您感到非常快乐?

● 有没有让您感到特别不开心的时期? 在这个时期,什么让您感觉不开心?

● 您曾经拒绝过一份工作或一次晋升吗? 如果有,请描述一下,您为什么拒绝? 当您展望职业发展,您有什么特别想回避的事情吗? 是否有一些事情是令您担心的? 这些事情是怎样让您回避和担心的?

● 自从开始工作后,您曾经改变过抱负或长期目标吗? 何时改变的? 为什么? 现在您如何描述您的长期目标?

● 当展望您的职业发展时,有什么事情是您非常期待的? 为什么您会期望这些事情? 您认为您的下一份工作会做什么? 然后,您的再下一份工作将会是什么呢?

继续询问接下来的工作,直到您找到搭档最终喜欢的工作是什么。

● 在接下来的十年中,您认为在您职业发展的过程中会发生什么事情? 您为什么会这样想?

● 您如何向别人介绍您的职业? 您真正擅长什么? 除了职业之外,您最想要的是什么? 在工作中,您特别想获取的价值是什么? 关于您自己,您还有其他的评价想在这里描述吗?

● 当您重新考虑以上这些答案时,您是否在其中发现了一些相似的脉络? 在您明确的这些脉络中,有哪些不一致、矛盾或者冲突的地方? 哪一些假设的场景能解决这些矛盾或冲突?

（三）确定您的职业锚

首先,尝试以访谈为基础的职业锚排序,"1"代表最符合您的职业锚,"8"代表最不符合的。与合作搭档讨论一下,达成一致意见,然后一起完成下面两个表格的排序。

职业锚的等级顺序（以问卷为基础）

等级 1（职业锚）

等级 2

等级 3

等级 4

等级 5

等级 6

等级 7

等级 8

职业锚的等级顺序（以访谈为基础）

等级 1（职业锚）

等级 2

等级 3

等级 4

等级 5

等级 6

等级 7

等级 8

您可能发现处于中间的职业锚很难排序,但逐一区分并排序是非常重要的。最有效的方法是:先设想您最容易放弃的三个(排在后三位)和您非常难放弃的三个(排在前三位),然后再思考您任何情况下都不肯放弃的(排在第一位),这个就是您的职业锚。

附件6 李开复给中国学生的第四封信:大学四年应这样度过

李开复(1961年12月3日—)是一位信息产业的执行官和计算机科学的研究者。1998年,李开复加盟微软公司,并随后创立了微软中国研究院(现微软亚洲研究院)。2005年7月20日加入Google(谷歌)公司,并担任Google(谷歌)全球副总裁兼中国区总裁一职。2009年9月4日,宣布离职并创办创新工场任董事长兼首席执行官。在学术领域,他是攻坚挫锐的科研天才;在管理层面,他又是运筹帷幄的领军人物。作为一位天资卓越的华裔学者,他正在创造着一个又一个奇迹。

李开复 2005年2月

今天,我回复了"开复学生网"开通以来的第1000个问题。关掉电脑后,始终有一封学生来信萦绕在我的脑海里,挥之不去:

开复老师:

就要毕业了。

回头看自己所谓的大学生活,

我想哭,不是因为离别,而是因为什么都没学到。

我不知,简历该怎么写,若是以往我会让它空白。

最大的收获也许是……对什么都没有的忍耐和适应……

这封来信道出了不少大三、大四学生的心声。大学期间,有许多学生放任自己、虚度光阴,还有许多学生始终也找不到正确的学习方向。当他们被第一次补考通知唤醒时,当他们收到第一封来自应聘企业的婉拒信时,这些学生才惊讶地发现,自己的前途是那么渺茫,一切努力似乎都为时已晚……

这"第四封信"是写给那些希望早些从懵懂中清醒过来的大学生,那些从未贪睡并希望把握自己的前途和命运的大学生以及那些即将迈进大学门槛的未来大学生们的。在这封信中,我想对所有同学说:

大学是人一生中最为关键的阶段。从入学的第一天起,你就应当对大学四年有一个正确的认识和规划。为了在学习中享受到最大的快乐,为了在毕业时找到自己最喜爱的工作,每一个刚进入大学校园的人都应当掌握七项学习:学习自修之道、基础知识、实践贯通、兴趣培养、积极主动、掌控时间、为人处事。只要做好了这七点,大学生临到毕业时的最大收获就绝不会是"对什么都没有的忍耐和适应",而应当是"对什么都可以有的自信和渴望"。只要做好了这七点,你就能成为一个有潜力、有思想、有价值、有前途的快乐的毕业生。

大学：人生的关键

大学是人生的关键阶段。这是因为，进入大学是你终于放下高考的重担，第一次开始追逐自己的理想、兴趣。这是你离开家庭生活，第一次独立参与团体和社会生活。这是你不再单纯地学习或背诵书本上的理论知识，第一次有机会在学习理论的同时亲身实践。

这是你第一次不再由父母安排生活和学习中的一切，而是有足够的自由处置生活和学习中遇到的各类问题，支配所有属于自己的时间。

大学是人生的关键阶段。这是因为，这是你一生中最后一次有机会系统性地接受教育。这是你最后一次能够全心建立你的知识基础。这可能是你最后一次可以将大段时间用于学习的人生阶段，也可能是最后一次可以拥有较高的可塑性、集中精力充实自我的成长历程。这也许是你最后一次能在相对宽容的，可以置身其中学习为人处世之道的理想环境。

大学是人生的关键阶段。在这个阶段里，所有大学生都应当认真把握每一个"第一次"，让它们成为未来人生道路的基石；在这个阶段里，所有大学生也要珍惜每一个"最后一次"，不要让自己在不远的将来追悔莫及。在大学四年里，大家应该努力为自己编织生活梦想，明确奋斗方向，奠定事业基础。

大学四年每个人都只有一次，大学四年应这样度过……

自修之道：从举一反三到无师自通

记得我在哥伦比亚大学任助教时，曾有位中国学生的家长向我抱怨说："你们大学里到底在教些什么？我孩子读完了大二计算机系，居然连 VisiCalc 都不会用。"

我当时回答道："电脑的发展日新月异。我们不能保证大学里所教的任何一项技术在五年以后仍然管用，我们也不能保证学生可以学会每一种技术和工具。我们能保证的是，你的孩子将学会思考，并掌握学习的方法，这样，无论五年以后出现什么样的新技术或新工具，你的孩子都能游刃有余。"

她接着问："学最新的软件不是教育，那教育的本质究竟是什么呢？"

我回答说："如果我们将学过的东西忘得一干二净时，最后剩下来的东西就是教育的本质了。"

我当时说的这句话来自教育家 B. F. Skinner 的名言。所谓"剩下来的东西"，其实就是自学的能力，也就是举一反三或无师自通的能力。大学不是"职业培训班"，而是一个让学生适应社会、适应不同工作岗位的平台。在大学期间，学习专业知识固然重要，但更重要的还是要学习独立思考的方法，培养举一反三的能力，只有这样，大学毕业生才能适应瞬息万变的未来世界。我认识不少在中国读完大学来美国念研究生的朋友,他们认为来美国后,不论是学习、工作还是生活,他们最缺乏的是独立思考的能力,因为在国内时他们很少独立思考和独立决策。

上中学时,老师会一次又一次重复每一课里的关键内容。但进了大学以后,老师只会充当引路人的角色,学生必须自主地学习、探索和实践。走上工作岗位后,自学能力就显得更为重要了。微软公司曾做过一个统计:在每一名微软员工所掌握的知识内容里,只有大约10%是员工在过去的学习和工作中积累得到的,其他知识都是在加入微软后重新学习的。这一数据充分表明,一个缺乏自学能力的人是难以在微软这样的现代企业中立足的。

自学能力必须在大学期间开始培养。许多同学总是抱怨老师教得不好,懂的不多,学校的课程安排也不合理。我通常会劝这些学生说:"与其诅咒黑暗,不如点亮蜡烛。"大学生不应该只会跟在老师的身后亦步亦趋,而应当主动走在老师的前面。例如,大学老师在一个课时里通常要涵盖课本中几十页的信息内容,仅仅通过课堂听讲是无法把所有知识学通、学透的。最好的学习方法是在老师讲课之前就把课本中的相关问题琢磨清楚,然后在课堂上对照老师的讲解弥补自己在理解和认识上的不足之处。

中学生在学习知识时更多的是追求"记住"知识,而大学生就应当要求自己"理解"知识并善于提出问题。对每一个知识点,都应当多问几个"为什么"。一旦真正理解了理论或方法的来龙去脉,大家就能举一反三地学习其他知识,解决其他问题,甚至达到无师自通的境界。

事实上,很多问题都有不同的思路或观察角度。在学习知识或解决问题时,不要总是死守一种思维模式,不要让自己成为课本或经验的奴隶。只有在学习中敢于创新,善于从全新的角度出发思考问题,学生潜在的思考能力、创造能力和学习能力才能被真正激发出来。

《礼记·学记》上讲:"独学而无友,则孤陋而寡闻。"也就是说,大学生应当充分利用学校里的人才资源,从各种渠道吸收知识和方法。如果遇到好的老师,你可以主动向他们请教,或者请他们推荐一些课外的参考读物。除了资深的教授以外,大学中的青年教师、博士生、硕士生乃至自己的同班同学都是最好的知识来源和学习伙伴。每个人对问题的理解和认识都不尽相同,只有互帮互学,大家才能共同进步。

有些同学曾告诉我说,他们很羡慕我在读书时能有一位获得过图灵奖的大师传道授业。其实,虽然我非常推崇我的老师,但他在大学期间并没有教给我多少专业知识。他只是给我指明了大方向,让我分享他的经验,给我提供研究的资源,并教我做人的方法。他没有时间也没有必要指导我学习具体的专业知识。我在大学期间积累的专业知识都是通过自学获得的。刚入门时,我曾多次红着脸向我的师兄请教最基本的知识内容，开会讨论时我曾问过不少肤浅的问题，课余时间我还主动与同学探讨、切磋。"三人行必有我师"，大学生的周围到处是良师益友。只要珍惜这些难得的机会，大胆发问，经常切磋，我们就能学到最有用的知识和方法。

大学生应该充分利用图书馆和互联网，培养独立学习和研究的本领，为适应今后的工作或进一步的深造做准备。首先，除了学习老师规定的课程以外，大学生一定要学会查找书籍和文献，以便接触更广泛的知识和研究成果。例如，当我们在一门课上发现了自己感兴趣的课题，就应当积极去图书馆查阅相关文献，了解这个课题的来龙去脉和目前的研究动态。熟练和充分地使用图书馆资源，这是大学生特别是那些有志于科学研究的大学生的必备技能之一。读书时，应尽量多读一些英文原版教材。有些原版教材写得深入浅出，附有大量实例，比中文教材还适于自学。其次，在书本之外，互联网也是一个巨大的资源库，大学生们可以借助搜索引擎在网上查找各类信息。"开复学生网"开通半年以来，我发现很多同学其实并没有很好地掌握互联网的搜索技巧，有时他们提出的问题只要在搜索引擎中简单检索一下，就能轻易找到答案。还有些同学很容易相信网上的谣言，而不会利用搜索引擎自己查考、求证。除了搜索引擎以外，网上还有许多网站和社区也是很好的学习园地。

自学时，不要因为达到了学校的要求就沾沾自喜，也不要认为自己在大学里功课好就足够了。在21世纪的今天，人才已经变成了一个国际化的概念。当你对自己的成绩感到满意时，我建议你开始自学一些国际一流大学的课程。例如，美国麻省理工学院（MIT）的开放式课程已经在网上无偿发布出来，大家不妨去看看MIT的网上课程，做做MIT的网上试题。当你可以自如地掌握MIT课程时，你就可以更加自信地面对国际化的挑战了。

总之，善于举一反三，学会无师自通，这是大学四年中你可以送给自己的最好的礼物。

基础知识：数学、英语、计算机、互联网

我曾经说过，中国学生的一大优势是扎实的基础知识，如数学、物理等。但是，最近几年，同学们在目睹了很多速成的例子（如丁磊、陈天桥等）之后，也迫切希望能驶上成功的快车道。

这渐渐形成了一种追求速成的浮躁风气。有许多大学生梦想在毕业后就立即能做"经理"、"老板"，还有许多大学生入学时直接选择了"管理"专业，因为他们认为从这样的专业毕业后马上就可以成为企业的管理者。可不少学生进入了管理专业后，才发现自己对本专业的学习毫无兴趣。其实，管理专业和其他专业一样，都

是传授基础知识和基本方法的地方,没有哪个专业可以保证学生在毕业时就能走上领导岗位。无论同学们所学的是哪个专业,大学毕业才是个人事业的真正开始。想做企业领导或想做管理工作的同学也必须从基层做起,必须首先在人品方面学会做人,在学业方面打好基础。

如果说大学是一个学习和进步的平台,那么,这个平台的地基就是大学里的基础课程。在大学期间,同学们一定要学好基础知识,其中包括数学、英语、计算机和互联网的使用,以及本专业要求的基础课程(如商学院的财务、经济等课程)。在科技发展日新月异的今天,应用领域里很多看似高深的技术在几年后就会被新的技术或工具取代。只有对基础知识的学习才可以受用终身。另一方面,如果没有打下好的基础,大学生们也很难真正理解高深的应用技术。最后,在许多的中国大学里,教授对基础课程也比对最新技术有更丰富的教学经验。

数学是理工科学生必备的基础。很多学生在高中时认为数学是最难学的,到了大学里,一旦发现本专业对数学的要求不高,就会彻底放松对数学知识的学习,而且他们看不出数学知识有什么现实的应用或就业前景。但大家不要忘记,绝大多数理工科专业的知识体系都建立在数学的基石之上。例如,要想学好计算机工程专业,那至少要把离散数学(包括集合论、图论、数理逻辑等)、线性代数、概率统计和数学分析学好;要想进一步攻读计算机科学专业的硕士或博士学位,可能还需要更高的数学素养。同时,数学也是人类几千年积累的智慧结晶,学习数学知识可以培养和训练人的思维能力。通过对几何的学习,我们可以学会用演绎、推理来求证和思考的方法;通过学习概率统计,我们可以知道该如何避免钻进思维的死胡同,该如何让自己面前的机会最大化。所以,大家一定要用心把数学学好,不能敷衍了事。学习数学也不能仅仅局限于选修多门数学课程,而是要知道自己为什么学习数学,要从学习数学的过程中掌握认知和思考的方法。

21世纪里最重要的沟通工具就是英语。有些同学在大学里只为了考过四级、六级而学习英语,有的同学仅仅把英语当作一种求职必备的技能来学习,甚至还有人认为学习和使用英语等于崇洋媚外。其实,学习英语的根本目的是为了掌握一种重要的学习和沟通工具。在未来的几十年里,世界上最全面的新闻内容,最先进的思想和最高深的技术,以及大多数知识分子间的交流都将用英语进行。因此,除非你甘心做一个与国际脱节的人,英语学习是至关重要的。在软件行业里,不但编程语言是以英语为基础设计出来的,最重要的教材、论文、参考资料、用户手册等资源也大多是用英语写就的。学英语绝不等于崇洋媚外。中国正在走向世界,中国需要学习西方的先进思想和先进的科学技术,学好英语才是真正的爱国。

很多中国留学生的英语考试成绩不错,也高分考过四级、六级、托福,但是留学美国后上课时却很难听懂课程内容,和外国同学交流时就更加困难。我们该如何学好英语呢？既然英语是最重要的沟通工具，那么，最重要的学习方法就是尽量与实践结合起来，不能只"学"不"用"，更不能只靠背诵的方式学习英语。读书时，大家尽量阅读原版的专业教材（如果英语不够好，可以先从中英对照的教材看起），并适当地阅读一些自己感兴趣的专业论文，这可以同时提高英语和相关专业的知识水平。其次，提高英语听说能力的最好方法是直接与那些以英语为母语的外国人对话。现在有很多在中国学习和工作的外国人，他们中的不少人为了学中文，很愿意与中国学生对话、交流，这是很好的学习机会。此外，大家不要把学英语当作一件苦差事，完全可以用有趣的方法学习英语。例如，可以多看一些名人的对话或演讲，多看一些小说、戏剧甚至漫画。初学者可以找英文原版的教学节目和录像来学习，有一定基础的则应该看英文电视或电影。看一部英文电影时，最好先在有字幕的时候看一遍，同时查考生词、熟悉句式，然后在不加字幕的情况下再看一遍，仅靠耳朵去听。听英文广播也是很好的练习英文听力的方法，大家每天最好能抽出半小时到一小时的时间收听广播并尽量理解其中的内容，有必要的话还可以录下来反复收听。在互联网上也有许多互动式的英语学习网站，大家可以在网站上用游戏、自我测试、双语阅读等方式提升英语水平。总之，勇于实践、持之以恒是学习英语的必由之路。

信息时代已经到来，大学生在信息科学与信息技术方面的素养也已成为他们进入社会的必备基础之一。虽然不是每个大学生都需要懂得计算机原理和编程知识，但所有大学生都应能熟练地使用计算机、互联网、办公软件和搜索引擎，都应能熟练地在网上浏览信息和查找专业知识。在 21 世纪里，使用计算机和网络就像使用纸和笔一样是人人必备的基本功。不学好计算机，你就无法快捷、全面地获得自己需要的知识或信息。

最后，每个特定的专业也有它自己的基础课程。以计算机专业为例，许多大学生只热衷于学习最新的语言、技术、平台、标准和工具，因为很多公司在招聘时都会要求这些方面的基础或经验。这些新技术虽然应该学习，但计算机基础课程的学习更为重要，因为语言和平台的发展日新月异，但只要学好基础课程（如数据结构、算法、编译原理、计算机原理、数据库原理等）就可以万变不离其宗。有位同学生动地把这些基础课程比拟为计算机专业的内功，而把新的语言、技术、平台、标准和工具比拟为外功。那些只懂得追求时髦的学生最终只知道些招式的皮毛，而没有内功的积累，他们是不可能成为真正的高手的。

虽然我一向鼓励大家追寻自己的兴趣，但在这里仍需强调，生活中有些事情即便不感兴趣也是必须要做的。例如，打好基础，学好数学、英语和计算机的使用就是这一类必须做的事情。如果你对数学、英语和计算机有兴趣，那你是幸运儿，可以享受学习的乐趣；但就算你没有兴趣，你也必须把这些基础打好。打基础是苦功夫,不愿吃苦是不能修得正果的。

实践贯通:"做过的才真正明白"

　　上高中时,许多学生会向老师提出"为什么? 有什么用?"的问题,通常,老师给出的答案都是"不准问"。进入大学后,这些问题的答案应该是"不准不问"。在大学里,同学们应该懂得每一个学科的知识、理论、方法与具体的实践、应用如何结合起来,尤其是工科的学生更是如此。

　　有一句关于实践的谚语是这样说的:"我听到的会忘掉,我看到的能记住,我做过的才真正明白。"

　　无论学习何种专业、何种课程,如果能在学习中努力实践,做到融会贯通,我们就可以更深入地理解知识体系,可以牢牢地记住学过的知识。因此,我建议同学们多选些与实践相关的专业课。实践时,最好是几个同学合作,这样,既可以经过实践理解专业知识,也可以学会如何与人合作,培养团队精神。如果有机会在老师手下做些实际的项目,或者走出校门打工,只要不影响课业,这些做法都是值得鼓励的。外出打工或做项目时,不要只看重薪酬待遇(除非生活上确实有困难),有时候,即便待遇不满意,但有许多培训和实践的机会,我们也值得一试。

　　以计算机专业为例,实践经验对于软件开发来说更是必不可少的。微软公司希望应聘程序员的大学毕业生最好有十万行的编程经验。理由很简单:实践性的技术要在实践中提高。计算机归根结底是一门实践的学问,不动手是永远也学不会的。因此,最重要的不是在笔试中考高分,而是实践能力。但是,在与中国学生的交流过程中,我很惊讶地发现,中国某些学校计算机系的学生到了大三还不会编程。这些大学里的教学方法和课程的确需要更新。如果你不巧是在这样的学校中就读,那你就应该从打工、自学或上网的过程中寻求学习和实践的机会。在网上可以找到许多实践项目,例如,有一批爱好编程的学生建立了一个讨论软件技术的网站(www. diyinside. com),在其中共享他们的知识和实践经验,并成功举办了很多次活动(如在各大高校举办校园技术教育会议),还出版了帮助学生提高技术、解答疑难方面的图书,该网站有多位成员获得了"微软最有价值的专家"的称号。

培养兴趣:开阔视野,立定志向

　　孔子说:"知之者不如好之者,好之者不如乐之者。"我在"给中国学生的第三封信"中曾深入论述了快乐和兴趣是一个人成功的关键。如果你对某个领域充满激情,你就有可能在该领域中发挥自己所有的潜力,甚至为它而废寝忘食。

　　这时候,你已经不是为了成功而学习,而是为了"享受"而学习了。在"第三封信"中,我也曾谈到我自己是如何在大学期间放弃了我不感兴趣的法律专业而进入我所热爱的计算机专业学习的。

有些同学问我，如何像我一样能找到自己的兴趣呢？我觉得，首先要客观地评估和寻找自己的兴趣所在：不要把社会、家人或朋友认可和看重的事当作自己的爱好；不要以为有趣的事就是自己的兴趣所在，而是要亲身体验它并用自己的头脑作出判断；不要以为有兴趣的事情就可以成为自己的职业，例如，喜欢玩网络游戏并不代表你会喜欢或有能力开发网络游戏；不要以为有兴趣就意味着自己有这方面的天赋，不过，你可以尽量寻找天赋和兴趣的最佳结合点，例如，如果你对数学有天赋但又喜欢计算机专业，那么你完全可以做计算机理论方面的研究工作。

最好的寻找兴趣点的方法是开阔自己的视野，接触众多的领域。唯有接触你才能尝试，唯有尝试你才能找到自己的最爱。而大学正是这样一个可以让你接触并尝试众多领域的独一无二的场所。因此，大学生应当更好地把握在校时间，充分利用学校的资源，通过使用图书馆资源、旁听课程、搜索网络、听讲座、打工、参加社团活动、与朋友交流、使用电子邮件和电子论坛等不同方式接触更多的领域、更多的工作类型和更多的专家学者。当年，如果我只是乖乖地到法律系上课，而不去尝试旁听计算机系的课程，我就不会去计算机中心打工，也不会去找计算机系的助教切磋，就更不会发现自己对计算机的浓厚兴趣。

通过开阔视野和接触尝试，如果你发现了自己真正的兴趣爱好，这时就可以去尝试转系的可能性、尝试课外学习、选修或旁听相关课程；你也可以去找一些打工或假期实习的机会，进一步理解相关行业的工作性质；或者，努力去考自己感兴趣专业的研究生，重新进行一次专业选择。其实，本科读什么专业并不能完全决定毕业后的工作方向，正如我所强调的那样，大学期间的学习过程培养的是你的学习能力，只要具备了这种能力，即使从事的是全新的工作，你也能在边做边学的过程中获取足够的知识和经验。

除了"选你所爱"，大家也不妨试试"爱你所选"。有些同学后悔自己在入学时选错了专业，以至于对所学的专业缺乏兴趣，没有学习动力；有些同学则因为追寻兴趣而"走火入魔"，毕业后才发现荒废了本专业的课程；另一些同学因为在学习上遇到了困难或对本专业抱有偏见，就以兴趣为借口，不愿意面对自己的专业。这些做法都是不正确的。在大学中，转系可能并不容易，所以，大家首先应尽力试着把本专业读好，并在学习过程中逐渐培养自己对本专业的兴趣。此外，一个专业里可能有很多不同的领域，也许你对专业里的某一个领域会有兴趣。现在，有很多专业发展了交叉学科，两个专业的结合往往是新的增长点。因此，只要多接触、多尝试，你也许就会碰到自己真正感兴趣的方向。"数字笔"的发明人王坚博士在微软亚洲研究院负责用户界面的研究，可是谁又能想到他从本科到博士所学的都是心理学专业，而用户界面又正是计算机和心理学专业的最佳结合点。另一方面，就算你毕业后要从事其他的行业,你依然可以把自己的专业读好,这同样能成为你在新行业中的优势。例如,一位同学不喜欢读工科,想毕业后进入服务业发展,我就建议他先把工科读好,将来可以在服务业中以精通技术作为自己的特长。

人生的路很长,每个人都可以有很多不同的兴趣爱好。在追寻兴趣之外,更重要的是要找寻自己终身不变的志向。有一本书的作者曾访问了几百个成功者,问他们有哪件事是他们今天已经懂得,但在年轻时却留下了遗憾的事情。在受访者的回答中,最多的一种是:"希望在年轻时就有前辈告诉我、鼓励我去追寻自己的理想和志向。"相比之下,兴趣固然关键,但志向更为重要。例如,我的志向是"使影响力最大化",多年以来,我有许多兴趣爱好,如语音识别、对弈软件、多媒体、研究到开发的转换、管理学、满足用户的需求、演讲和写作、帮助中国学生等等,兴趣可以改变,但我的志向是始终不渝的。因此,大家不必把某种兴趣当作自己最后的目标,也不必把任何一种兴趣的发展道路完全切断,在志向的指引下,不同的兴趣完全可以平行发展,实在必要时再作出最佳的抉择。志向就像罗盘,兴趣就像风帆,两者相辅相成,缺一不可,它们可以让你驶向理想的港湾。

积极主动:果断负责,创造机遇

创立"开复学生网"时,我的初衷是"帮助学生,帮助自己"。但让我很惊讶的是,更多的学生希望我直接帮他们作出决定,甚至仅在简短的几句自我介绍后就直接对我说:"只有你能告诉我,我该怎么做。"

难道一个陌生人会比你更知道自己该怎么做吗?我慢慢认识到,这种被动的思维方式是从小在中国的教育环境中培养出来的。被动的人总是习惯性地认为他们现在的境况是他人和环境造成的,如果别人不指点,环境不改变,自己就只有消极地生活下去。持有这种态度的人,事业还没有开始,自己就已经被击败,我从来没见过这样消极的人可以取得持续的成功。

从大学的第一天开始,你就必须从被动转向主动,你必须成为自己未来的主人,你必须积极地管理自己的学业和将来的事业,理由很简单:因为没有人比你更在乎你自己的工作与生活。"让大学生活对自己有价值"是你的责任。许多同学到了大四才开始做人生和职业规划,而一个主动的学生应该从进入大学时就开始规划自己的未来。

积极主动的第一步是要有积极的态度。大家可以用我在"第三封信"里推荐的方法,积极规划自己的人生目标,追寻兴趣并尝试新的知识和领域。纳粹德国某集中营的一位幸存者维克托·弗兰克尔曾说过:"在任何特定的环境中,人们还有一种最后的自由,就是选择自己的态度。"

积极主动的第二步是对自己的一切负责,勇敢地面对人生。不要把不确定的或困难的事情一味搁置起来。比如说,有些同学认为英语重要,但学校不考试就不学英语;或者,有些同学觉得自己需要参加社团磨炼人际关系,但是因为害羞就不积极报名。但是,我们必须认识到,不去解决也是一种解决,不做决定也是一个决定,这样的解决和决定将使你面前的机会丧失殆尽。对于这种消极、胆怯的作风,你总有一天会付出代价的。

积极主动的第三步是要做好充分的准备:事事用心,事事尽力,不要等机遇上门;要把握住机遇,创造机遇。中国科技大学校长朱清时院士在大三时被分配到青海做铸造工人。但他不像其他同学那样放弃学习,整天打扑克、喝酒。他依然终日钻研数理化和英语。六年后,中国科学院要在青海做一个重要的项目,这时朱校长就脱颖而出,开始了他辉煌的事业。很多人可能说他运气好,被分配到缺乏人才的青海,才有这机会。但是,如果他没有努力学习,也无法抓住这个机遇。所以,做好充分的准备,当机遇来临时,你才能抓住它。

积极主动的第四步是"以终为始",积极地规划大学四年。任何规划都将成为你某个阶段的终点,也将成为你下一个阶段的起点,而你的志向和兴趣将为你提供方向和动力。如果不知道自己的志向和兴趣,你应该马上做一个发掘志向和兴趣的计划;如果不知道毕业后要做什么,你应该马上制定一个尝试新领域的计划;如果不知道自己最欠缺什么,你应该马上写一份简历,找你的老师、朋友打分,或自己审阅,看看哪里需要改进;如果毕业后想出国读博士,你应该想想如何让自己在申请出国前有具体的研究经验和学术论文;如果毕业后想进入某个公司工作,你应该收集该公司的招聘广告,以便和你自己的履历对比,看自己还欠缺哪些经验。只要认真制定、管理、评估和调整自己的人生规划,你就会离你自己的目标越来越近。

掌控时间:事分轻重缓急,人应自控自觉

除了积极主动的态度,大学生还要学会安排自己的时间,管理自己的事务。一位同学是这么描述大学生活的:

"大学和高中相比似乎没有什么太大的区别,每天依旧是学习,每次考试后依旧是担心考试成绩……不同的只是大学里上网的时间和睡觉的时间多了很多,压力也小了很多。"

这位同学并不明白,"时间多了很多"正是大学与高中之间巨大的差别。时间多了,就需要自己安排时间、计划时间、管理时间。

安排时间除了做一个时间表外,更重要的是"事分轻重缓急"。在《高效能人士的七个习惯》一书中,作者史蒂芬·柯维提出,"重要事"和"紧急事"的差别是人们浪费时间的最大理由之一。因为人的惯性是先做最紧急的事,但这么做会导致一些重要的事被荒废掉。例如,我认为这篇文章里谈到的各种学习都是"重要的",但它们不见得都是老师布置的必修课业,采纳我的建议的同学们依然会因为考试、交作业等紧急的事情而荒废了打好基础、学习做人等重要的事情。因此,每天管理时间的一种好方法是,早上确定今天要做的紧急事和重要事,睡前回顾一下,这一天有没有做到两者的平衡。

每个人都有许多"紧急事"和"重要事",想把每件事都做到最好是不切实际的。我建议大家把"必须做的事"和"尽量做的事"分开。必须做的事要做到最好,但尽量做的事尽力而为即可。建议大家用良好的态度和宽广的胸怀接受那些你暂时不能改变的事情,多关注那些你能够改变的事情。此外,还要注意生物钟的运行规律,按时作息,劳逸结合,这样才能在学习时有最好的状态。

大学四年是最容易迷失方向的时期。大学生必须有自控的能力,让自己交些好朋友,学些好习惯,不要沉迷于对自己无益的习惯(如网络游戏)里。一位积极、主动的中国学生在"开复学生网"上劝告其他同学:"不要玩游戏,至少不要玩网络游戏。我所认识的专业水平比较高的大学朋友中没有一个玩网络游戏的。沉迷于网络游戏是对于现实的逃避,是不愿面对自己不足的一面。我认为,要脱离网络游戏,就得珍惜自己宝贵的大学时间,找到自己感兴趣的方向,做一些有意义并能给自己带来满足感的事情。"

为人处事:培养友情,参与群体

很多大学生入校时都是第一次离开父母,离开自己生长的环境。进入校园开始集体生活后,如何与同学、朋友以及社团的同事相处就成为大学生学习内容的一部分。大学是大家最后一次可以在相对宽松的环境中学习、培养、训练如何与人相处的机会。

在未来,人们在社会里、在工作中与人相处的能力会变得越来越重要,甚至超过了工作本身。所以,大学生要好好把握机会,培养自己的交流意识和团队精神。

"人际交往能力不够强,人际圈子不够广,但又没有什么特长可以引起大家的注意,在社团里也不知道怎么和其他人有效地建立联系。"这是一些大学生在人际交往方面经常遇到的困惑。对于如何在大学期间提高人际交往能力,我的建议是:

第一,以诚待人,以责人之心责己、以恕己之心恕人。对别人要抱着诚挚、宽容的胸襟,对自己要怀着自我批评、有过必改的态度。与人交往时,你怎样对待别人,别人也会怎样对待你。这就好比照镜子一样,你自己的表情和态度,可以从他人对你流露出的表情和态度中一览无遗。你若以诚待人,别人也会以诚待你。你若敌视别人,别人也会敌视你。最真挚的友情和最难解的仇恨都是由这种"反射"原理逐步造成的。因此,当你想修正别人时,你应该先修正自己。你想别人怎么对你,你就应该怎么对人。你想他人理解你,你就要首先理解他人。

第二，培养真正的友情。如果能做到第一点，很多大学时的朋友就会成为你一辈子的知己。在一起求学和寻求自身发展的道路上，这样的友谊弥足珍贵。交朋友时，不要只去找与你性情相近或只会附和你的人做朋友。好朋友有很多种：乐观的朋友、智慧的朋友、脚踏实地的朋友、幽默风趣的朋友、激励你上进的朋友、提升你能力的朋友、帮你了解自己的朋友、对你说实话的朋友等等。此外，大学时谈恋爱也可以教你如何照顾别人，增进同情心和自控力。但恋爱这件事要随缘，不必为了谈恋爱而谈恋爱。

第三，学习团队精神和沟通能力。社团是微观的社会，参与社团是步入社会前最好的磨炼。在社团中，可以培养团队合作的能力和领导才能，也可以发挥你的专业特长。但更重要的是，你要做一个诚心诚意的服务者和志愿者，或在担任学生工作时主动扮演同学和老师之间沟通桥梁的角色，并以此锻炼自己的沟通能力，为同学和老师服务。这样的学习过程也不会很轻松，挫折是肯定有的，但是不要灰心，大学社团里的人际交往是一种不用"付学费"的学习，犯了错误也可以重头来过。

第四，从周围的人身上学习。在班级里、社团中，多观察周围的同学，特别是那些你觉得交往能力和沟通能力特别强的同学，看他们是如何与人相处的。比如，看他们如何处理交往中的冲突、如何说服他人和影响他人、如何发挥自己的合作和协调能力、如何表达对他人的尊重和真诚、如何表示赞许或反对、如何在不冒犯他人的情况下充分展示个性等等。通过观察和模仿，你渐渐地会发现，自己的人际交往能力会有意想不到的改进。在学校里，每一个朋友都可以成为你的良师，他们的热心、幽默、机智、博学、正直、沟通、礼貌等品德都可以成为你的学习对象。同时，那些你不喜欢的人和事也可以为你敲响警钟，警告你千万不要做那样的人和事。当然，你也应当慷慨地帮助每一个朋友，试着做他们的良师和模范。

第五，提高自身修养和人格魅力。如果觉得没有特长、没有爱好可能会成为自己人际交往能力提高的一个障碍，那么，你可以有意识地去选择和培养一些兴趣爱好。共同的兴趣和爱好也是你与朋友建立深厚感情的途径之一。很多在事业上有所建树的人都不是只会闭门苦读的书呆子，他们大多都有自己的兴趣和爱好。我在微软亚洲研究院的同事中就有绘画、桥牌和体育运动方面的高手。业余爱好不仅是人际交往的一种方式，还可以让大家发掘出自己在读书以外的潜能。例如，体育锻炼既可以发挥你的运动潜能，也可以培养你的团队合作精神。如果真的没有什么兴趣爱好，那么，多读些好书丰富自己的知识也可以改进自己的人际交往能力，因为没有什么比智慧和渊博更能体现一个人的人格魅力了。

所以，学会与人相处，这也是大学中的一门"必修课"。

对大学生们的期望

踏入大学校门时,你还是一个忙碌的、青涩的、被动的、为分数读书的、被家庭保护着的中学毕业生。

就读大学时,你应当掌握七项学习,学好自修之道、基础知识、实践贯通、兴趣培养、积极主动、掌控时间、为人处事。

经过大学四年,你会从思考中确立自我,从学习中寻求真理,从独立中体验自主,从计划中把握时间,从交流中锻炼表达,从交友中品味成熟,从实践中赢得价值,从兴趣中攫取快乐,从追求中获得力量。

离开大学时,只要做到了这些,你最大的收获将是"对什么都可以拥有的自信和渴望",你就能成为一个有潜力、有思想、有价值、有前途的中国未来的主人翁。

所以,我认为大学四年应是这样度过。

第三章
大学生的素质与能力培养

第一节　思想道德素质的培养

一、世界观、人生观、价值观的培养

（一）世界观、人生观、价值观的含义

世界观来源于人的生产和生活实践。人类从诞生之日起，为了自身的生存和发展，就必须进行物质资料的生产，并在改造自然和改造社会的实践中形成了人与人之间的各种社会关系。在实践过程中，人们逐渐形成了对世界以及人与世界的关系的看法。世界观就是人们对生活在其中的世界以及人与世界的关系的总体看法和根本观点。世界观不同，表现为人们在认识和改造世界时的立场、观点和方法的不同。世界观的基本问题是精神与物质、思维与存在、主观与客观的关系问题。辩证唯物主义和历史唯物主义是无产阶级及其政党的世界观。我们党把这一科学的世界观同中国的具体实践相结合，形成了有中国特色的"实事求是"的思想路线，即"一切从实际出发，理论联系实际，实事求是，在实践中检验真理和发展真理"。这是科学、正确的世界观最具体、最生动、最集中的表现。

人生观是世界观的重要组成部分，是人们在实践中形成的对人生目的和意义的根本看法，它决定着人们实践活动的目标、人生道路的方向和对待生活的态度。人生观是人们在人生实践和生活环境中逐步形成的。由于人们的社会实践、生活境遇、文化素养和所受教育的不同，因而形成不同的人生观。

价值是一个含义十分复杂的范畴，在不同的语境中具有不同的含义。在哲学中，价值的一般本质在于，它是现实的人的需要与事物属性之间的一种关系。某种事物或现象具有价值，就是该事物或现象能满足人们的某种需要，成为人们的兴趣、目的所追求的对象。在日常生活中，价值是人们经常会碰到的问题，如做事说话经常要考虑"值不值得"、"有没有益处"、"美不美"，这里的"值"、"益"、"美"就是

一种价值判断。人们的认识和实践与价值判断密切相关。当人们从事交往、学习、工作、娱乐、休闲活动时,头脑中就包含着关于这些活动的功用乃至善恶、美丑的某种价值判断。

价值观,是人们对价值问题的根本看法,包括对价值的实质、构成、标准的认识,这些认识的不同,形成了人们不同的价值观。每个人都是在各自的价值观的引导下,形成不同的价值取向,追求着各自认为最有价值的东西。

(二)世界观、人生观、价值观的关系

世界观、人生观、价值观这三者是既相互区别,又相互联系的。区别表现在所指的内涵和范围不同,世界观面对的是整个世界,人生观面对的是社会人生的领域,价值观则更进一步,指人在个人发展过程中的价值取向。同时,三者之间也有着内在的密切联系,一方面,世界观支配和指导人生观、价值观;另一方面,人生观、价值观又反过来制约、影响世界观。世界观是人生观的理论基础,它给人生观提供一般观点和方法的指导;人生观是世界观的一个方面,是世界观在人生观问题上的应用和贯彻。世界观还是形成价值观的基础,世界观不同价值观也不同。人生观与价值观也是相互影响的,正确的人生观有利于指导人们从集体、从社会整体需要出发去看待事物对人的关系,以形成科学的合理的价值评价;正确的价值观有利于人们客观理性地分析人自身的价值,从而树立正确的人生观,尤其是正确的人生价值观。

(三)树立正确的世界观、人生观、价值观

(1)加强马克思主义世界观、人生观、价值观教育,增强大学生对马克思主义世界观、人生观、价值观的信仰。在高校,就是要抓住"两课"教育,"两课"教学是高校思想政治工作的重要组成部分,国家提倡素质教育,要把"两课"教学作为对大学生进行政治素质和道德素质培养的主阵地,使大学生对理想、信念、信仰等有一个正确的认识,对马克思主义理论、共产主义理想有一个科学的认识,加强毛泽东思想、邓小平理论"、三个代表"思想的学习,从而树立科学的马克思主义世界观、人生观、价值观。

(2)加强大学生的实践教育,帮助大学生在实践中逐步形成马克思主义世界观、人生观、价值观。一方面,要以马克思主义世界观指导大学生的社会实践,在实践中检验马克思主义世界观的科学性和可信赖性;另一方面,人生观、价值观形成于人们的社会实践,同时又是人们社会实践的动力。因此,加强大学生的人生观、价值观教育就要求经常地、不间断地引导大学生积极参加社会实践活动,使他们通过走入社会,去了解社会需要的人才素质、社会倡导和认可的价值观念,使其亲身感受到社会主导价值观的重要作用,促使其形成符合社会要求的人生观、价值观。

（3）加强辅导员队伍建设，帮助大学生树立正确的世界观、人生观、价值观。辅导员队伍的素质，与大学生世界观、人生观、价值观的形成有着密切的关系。辅导员与大学生接触时间长，直接参与学生管理，能够及时了解、把握大学生的思想动态，对大学生思想道德素质的形成起到了一定的作用。

（4）积极利用现代信息网络技术，拓展大学生世界观、人生观、价值观教育的手段。现代传播方式特别是信息网络技术的发展，为开展大学生世界观、人生观、价值观教育提供了现代化手段，拓展了世界观、人生观、价值观教育的空间和渠道。高校应建立思想政治教育网站，开发世界观、人生观、价值观教育软件，帮助学生提高世界观、人生观、价值观信息识别能力和形成正确、稳固的世界观、人生观、价值观体系。

二、理想信念教育的培养

（一）理想信念的含义

理想作为一种精神现象，是人类社会实践的产物。对现状永不满足，对未来不懈追求，是理想形成的动力源泉。在一定意义上讲，理想是人们在实践中形成的、有可能实现的、对未来社会和自身发展的向往与追求，是人们的世界观、人生观和价值观在奋斗目标上的集中体现。科学的理想是人的主观能动性与社会发展客观趋势的一致性的反映，是人们在社会实践基础上，对社会历史发展客观规律的正确把握，因而对人们有着巨大的感召力，对社会实践具有重要的指导作用。

信念同理想一样，也是人类特有的一种精神现象。信念是认知、情感和意志的有机统一体，是人们正在一定的认识基础上确立的对某种思想或事物坚信不疑并身体力行的心理态度和精神状态。信念是对理想的支持，是人们追求理想目标的强大动力。信念一旦形成，就会使人坚贞不渝、百折不挠地追求理想目标。科学的信念必然会随着客观实际的改变而不断充实、调整和完善，在现实不断变化的考验中变得更加稳定、更加坚强。

（二）加强大学生理想信念教育的意义

（1）大学生所处的社会环境要求加强理想信念教育。如今的大学生，可以说处在一个十分复杂又多变的环境中，对大学生实施理想信念教育有许多有利条件，同时也面临着一系列因素的严峻挑战。从国内环境看，我国在政治、经济、文化、外交、体育、军事等各方面的不断进步，都对大学生进行理想信念教育提供了极为有利的外部环境和客观条件。但是我们也应该看到，社会经济成分和利益多样化、社会组织形式以及生活方式多样化，特别是由于现实存在的一些社会问题，如贫富差距在逐步不断扩大、大学生就业形势日益严峻，都会对大学生的思想观念和价值取向产生很大的冲撞和影响。对此,若放松教育,不加以正确引导,就极易造成大学生在理想目标认识和追求上的无所适从。从国际环境看,发展中国家不断崛起,特别是中国在国际舞台上的地位和作用不断增强,这有利于增强大学生的民族自豪感和自信心,坚定社会主义信念,树立有中国特色社会主义共同理想。但是资本主义腐朽的世界观、人生观和价值观对大学生的影响和渗透不能抵估,所有这些都突出了使大学生确定正确的价值目标和理想追求的迫切要求。①

（2）提高大学生的精神境界。理想信念作为人的精神生活的核心内容,一方面能使人的精神生活的各个方面统一起来,使人的内心世界成为一个健康有序的系统,保持心灵的充实和安宁;另一方面又能引导人们不断地追求更高的人生目标,提升精神境界,塑造高尚人格。一个人的理想信念越崇高、越坚定,精神境界和人格就会越高。

（3）当前,我们国家提出构建社会主义和谐社会的重大战略举措,从根本上讲,在和谐社会中,人的自身和谐是根本前提,又是自然和社会和谐的产物。大学生是建设和谐社会的重要力量,通过树立科学发展观和和谐社会的思想观点,造就具有和谐自身,正确处理国家利益、集体利益与个人利益关系的大学生,才能树立坚定的理想信念,正确处理个人与自然、社会的关系,从而更好地促进大学生全面发展,为建设和谐社会打下坚实的思想基础。

（三）树立科学的理想信念

1. 确立马克思主义的科学信仰

马克思主义作为科学理论,始终致力于探索和揭示人类历史和自然历史的最基本规律,为人们确立了认识世界和改造世界的科学世界观、方法论,为人类确立了走向美好未来的崇高理想和实现理想的正确途径,伟大理论一旦确立并为人民群众所掌握,必然会产生推动社会前进的巨大物质力量。为此,各高校要充分利用课堂教学,采用各种有效的方式增强马克思主义理论对大学生的吸引力和感染力,从而用科学的理论武装他们,使他们学会用唯物主义的、辩证的和历史的立场、观点、方法看问题。很难想象,一个对学习马克思主义理论缺乏动力、在价值取向上强调功利的大学生能够树立起为人民、为国家、为社会,进而为振兴中华而奋斗的崇高理想。引导大学生树立起共产主义的理想信念,必须以马列主义、毛泽东思想和邓小平理论为根本方针,把个人理想和社会理想统一起来,为国家和社会的发展作出更大的贡献。

2. 树立中国特色社会主义的共同理想

中国特色社会主义共同理想是社会主义核心价值体系的主题。建设中国特色

---

① 杨丽.关于加强大学生理想信念教育的思考[J].西南科技大学《高教研究》.2006(1)

社会主义、实现中华民族伟大复兴,是现阶段我国各族人民的共同理想。当代大学生要正确认识社会发展规律,正确认识国家的前途命运,正确认识自己的社会责任,确立在中国共产党领导下走中国特色社会主义道路,为实现中华民族伟大复兴而奋斗的共同理想和坚定信念。

第二节 学习能力的培养

联合国教科文组织出版的《学会生存》一书中说:"未来的文盲,不再是不识字的人,而是没有学会怎样学习的人。"法国哲学家、科学家笛卡尔说:"最有价值的知识,是关于方法的知识。"对于大学生来说,培养良好的学习能力,养成良好的学习习惯,是今后在社会上生存和立足的关键,所以要重视学习能力的培养,这一方面离不开学生自身的努力,另一方面教师应教会学生受益终生的学习方法,培养学生具有终生学习的习惯和能力。

一、自主学习能力的含义、特点

(一)自主学习能力的含义

长期以来,传统的教育研究侧重于对教育者、教育方法、教育目标以及教育内容的研究,而忽视对受教育者本身的研究。自从心理学家、教育学家提出了自主学习的思想以来,自主学习越来越引起学科教育研究领域的重视。

关于自主学习含义的界定,国内外专家、学者们根据自己的研究需要,从不同的角度对自主学习进行了界定。Holec 将自主学习定义为学习者对自己学习负责的能力;Dickinson 将其理解为学习者在学习过程中承担有关学习的所有决策,并负责实施这些决策;Little 认为这是学习者对学习过程和学习内容的心理关系问题;Gardner 认为这是学习者对学习的计划和实施[①]。国内学者有的人认为自主学习是对自己学习作出有见解的决策的一种能力,是一种潜在的自学行为;有的人认为自主学习就是学习者独立地确定自己的学习,并确定自己的一套评估体系的能力;还有人认为自主学习就是学习者自主地选择学习的机会和环境。尽管对自主学习的概念还没有形成统一的认识,但国内学者普遍认为自主学习这一概念至少包括以下五个方面的含义:

一是学习者的学习主要依靠自己,即学习者能够处在完全自学的状态中;

① David Gardner & Lindsay Miller. Establishing Self-access form Theory to Practice[M]. 上海:上海外语教育出版社,2002

二是在自学过程中可以学到或者用到一整套适合自己的方法；

三是一种与生俱来的、受校园环境学习抑制的能力；

四是学习者对自己的学习承担责任；

五是学习者确定自己学习目标的权利[①]。

自从有人提出自主学习的思想以来，国外已经形成了操作行为主义学派、现象学派、信息加工学派、社会认知学派、意志学派、言语指导学派、建构主义学派的自主学习理论。

鉴于以上认识，我们认为：自主学习能力是指大学生能够不断地调整自己的学习状态，利用自己的知识、能力及所获得的资源，自己主动地学习，有主见地学习，并把学习所获得的知识转化为自身的能力。包括制订学习目标的能力、自主选择学习内容的能力、针对不同的学习任务选择不同的学习方法的能力、对学习过程进行监控的能力、对学习效果进行评估的能力等，是一种综合能力。

（二）自主学习的特点

自主学习是大学生在学习活动中自我选择、自我调控、自我评估、自我反思的过程，具有主体性、独立性、自觉性、非同步性、协调性五个基本特点。

1. 主体性

即大学生处于学习过程中的主体地位，能自觉地对学习进行自我检查和评价，并实施符合自我发展可能性的调整，成为学习的主人，从传统的学什么向我会学、我学会、我学好的方面发展。

2. 独立性

大学生都是具有相对独立的人，都具有求得自我独立的愿望，并具有独立分析、思考的能力，能依靠自己解决学习过程中的问题，从而获取知识和技能。自主学习强调个体独立、自觉、主动、自我负责地学习，是一种自我定向的反馈循环过程，并依据这些反馈反复调整自己的学习活动、学习方法或策略。但自主学习不是完全自我封闭、自发的学习过程，而是和其他各种学习方法一样，时刻与周围的环境发生着联系，并能够根据环境的变化而变化。

3. 自觉性

即大学生在学习过程中，能对为什么学习、学习什么、如何学习有自觉的意识和反应。学习活动前能规划学习目标、制订学习计划、选择学习方法；学习活动中能依据学习情况的变化进行自我调节；学习结束后能认真进行总结，对学习效果作

---

① 金宏艳.浅析大学生自主学习能力的培养[J].新疆警官高等专科学校学报.2007,4(4)：76

自我评价。

4. 非同步性

每个大学生的学习要求、学习方式、学习进度都可能大不一样,这就要求尊重学生的个体差异,让学生根据自身的需要自主地进行学习,不受时间和空间的限制。

5. 协调性

即要求大学生对自身状态进行全方位的协调,既包括师生之间的协调,也包括学生和外部学习环境的协调。

二、大学生自主学习能力的现状

长期以来,受应试教育的影响以及大学专业设置太细、知识面过窄、不注重学习方式、学习方法等诸多因素的影响,致使许多大学生自主学习能力较弱,主要表现在:

(一) 学习的主动性不够

大部分学生认为只要学好课本知识、专业知识就能提高学习水平,他们不会自觉主动的辅修一些相关的专业知识和人文知识,也就是说,大多数大学生课后不能合理安排学习活动。

(二) 学习目标不够明确,学习计划未能实施

大多数学生进入大学后,由于学习方式的变化,由过去的被动灌输变为自主学习,他们往往不知所措,不知道该如何学习,不清楚自己的奋斗目标。虽然也有不少同学制订了自己的四年大学生涯发展规划,制订了自己的学习目标,但他们不懂得设置目标的方法,不懂得把长远的目标分解成具体的、近期的、可以完成的目标,而且,大多数学生的生涯规划因缺乏有效的跟踪、监督而浮于形式。

(三) 缺乏表达能力

表达能力包括语言表达能力、写作能力、演讲能力、音乐绘画能力等。有人对大学毕业生走上社会以后的书面表达能力的现状做过一次调查,统计结果是,认为大学生文字能力还可以的只占12.3%,而有70.4%的人对大学生的文字能力很不满意。南京某高校对20家用人的大单位进行了调查,希望了解用人单位最需要毕业生具备哪些素质,有18家单位把"语言表达能力"列为最需要的。

(四) 缺乏观察能力

李四光说:"观察是得到一切知识的一个重要步骤。"大学生应通过观察向社会学习、向生活学习、向实践学习。现阶段的大学生无论是在观察的整体性和概括性

还是在观察的计划性和灵活性等方面都有待提高。

（五）缺乏协调沟通能力和团队合作精神

现在的大学生大多是独生子女,在家里,他们是父母的掌上明珠,父母的处处关心、迁就致使不少学生形成了以自我为中心的性格,当他们走进大学校园,由于缺乏有效的沟通、理解,同学之间、舍友之间往往会出现一些不该发生的矛盾和冲突。而正是由于这种以自我为中心的性格导致许多学生不能与同学和谐相处,也就不能培养良好的团队合作精神。

大多数大学生虽然表现出不满足于自己学习能力的现状.但往往是不知所措,缺乏强烈的提高自身学习能力的信心和决心。因此,这就迫切需要我们紧密结合大学生的实际和专业特点,构建大学生的学习能力培养体系,切实加强对大学生学习能力的培养.

三、培养大学生自主学习能力的重要意义

（一）自主学习能力是社会发展对大学生的客观要求

时代的发展,社会对大学生的学习能力和创新能力提出了前所未有的新要求,大学生必须学会学习,特别是具备自主学习的能力,才能适应社会的需要,否则就会被时代所淘汰。自主学习的培养,使学生认识到了学习是自我发展的需要,是自我提高的需要,认识到了自主学习在发展中所具有的重要作用。同时,自主学习给个性的发展,尤其是独立的人格、自由的思想和批判的态度等重要人格特征的发展提供了最大的空间,使人的潜力与创造力得到充分的发挥。

（二）大学生自学能力的培养是学好本专业的需要

专业学习是大学生整个学习过程的主线。目前对于大多数学生来说,专业课程的学习一般都是以课堂教学为主,但在大学中课程较多,课时有限,仅利用课堂时间把专业课学习得扎实,这几乎是不可能的。这就要求学生投入大量的自学时间来加强专业课的学习。

四、加强大学生自主学习能力的措施

（一）培养学生的自主学习观

当前很多学生对于学习的目的还主要定位为找好工作、谋好出路,因此学习动机难以得到维持,在物质条件变好的情况下,很多人会放弃学习,而仅仅把学习当作完成任务,为了交差,不仅没有学到知识,也使学习的责任感下降,这种物化学习目的的状况极度削弱了学习的有效性。因此,进行自主学习的前提之一是要使学

生树立自主学习的观念,使他们认识到学习的目的不仅仅在于应付考试,不仅仅在于找一个好工作,而是把学习定位在自我发展的水平上,把培养自己的素质放在首位。这不仅符合学生发展的利益,也是国家发展需要对人才培养的要求。

(二)加强教学管理,促进自主学习能力的发展

要培养大学生的自主学习能力,高校应根据社会对人才的需求情况,调整和设置学科专业,不断优化学科专业结构,把拓宽专业口径与灵活设置专业方向有机结合,淡化专业界限;在制订人才培养计划时要把加强基础与强调适应性有机地结合起来,并强调学生的主体性;积极推进弹性学习制度建设,构建新的课程结构,加大选修课程开设比例,使大学生能够充分发挥学习的主动性,根据自己的个性和特色选择学习内容和学习进度;加强实践教学,使学生通过实践,从机制上形成学生必须进行自主学习的氛围;改变课堂讲授所占学时过多的状况,为学生提供更多的自主学习的时间和空间;积极推行导师制,努力为学生提供个性化的学习指导,使大学生真正成为学习的主体。

(三)充分利用互联网

利用信息技术和互联网络,积极开发和合理利用学习资源。互联网的出现使人们可以快捷、方便地获得各个领域的信息和资源,不仅如此,互联网还提供真实交际的另一平台。教师可以引导学生利用网络优质的教育资源获取信息,扩大知识面。有条件的学校应尽快建立校园网络,使学生在校园内就能上网学习。

(四)学习方法与学习策略的指导

好的教学方法,能使学生悟到好的学习方法。21世纪的教学观要求:"教"是为了"不教","教"是为了"会学"和"学会",教学的目的不仅是关注学生"学到了什么"、"学到了多少",更重要的是关注学生"学会怎样学习了"。在指导学生的学习方法时,应重视学生的个性差异,要让学生形成适合自己个性特点的学习方法。学习策略是指学习者在学习过程中用以提高学习效率而采用的方法和措施。高校教学方法实现由重知识传授到重学习方法与学习策略指导的转变必将有利于学生形成自己独特的学习方法,并完成由"被动型"学习者向"策略型"学习者的转变,也就在这一转变过程中,培养并提高了大学生学习的自我调控能力。

(五)自学能力是创新能力产生的基础

自学能力也是大学生在未来社会的成才需要。未来社会呼唤大学生成为创新性人才。1998年10月,联合国教科文组织在法国巴黎召开了首届世界高等教育大会,大会通过的《世界21世纪高等教育宣言》指出:"大学生应成为社会工作岗位的创造者,而不仅仅是求职者。"培养大学生的创造能力,已成为高等学校教学中的

重中之重。而"自学能力又是创造能力及其他多种能力的基础,由自学能力逻辑地向创造能力发展,正是人才成长的一条重要规律。一个缺乏自学能力的人,是无创造性可言的"。中国工程院院士龙驭球也曾说过,具有了独立求知的自学能力,就能广采博览,主动地获取、积累知识,把知识向前推进一步,向更广、更深、更精的方向迈出一步,都是创新的一步。事实上,创新并不神秘,成才并不艰难,具有自学能力的大学生均有可能成为未来的创新性人才,进而使自我、社会获得持续发展。

五、确立学习目标

大学生的角色,首先是学生,而学生的天职是学习。搞好学习,应是大学生最主要的目标。大学生的角色,其次是"大学生"。大学的学习,不同于以前任何时期的学习,大学生肩负着特殊的历史使命和社会责任。社会向他们提出更高的要求:基础理论宽厚,知识结构复合,实际能力外向。这应成为大学生奋斗的目标。

(一)制定学习规划

哈佛大学有一个非常著名的关于目标对人生影响的跟踪调查,对象是一群智力、学力、环境等条件都差不多的年轻人,调查结果如下:

3%有清晰长期目标的人25年以后几乎都成了社会各界顶尖的成功人士,其中不乏创业者、行业领袖、社会精英;10%有清晰短期目标的人25年以后大都成为各行各业不可或缺的专业人士,如医生、律师、工程师、高级主管等;60%目标模糊的人25年以后几乎都生活在社会的中下层面,能安稳地生活与工作,但没有什么突出的成绩;27%没有目标的人25年以后几乎都生活在社会的最底层,生活都过得很不如意,常常失业,靠社会救济,并且常常抱怨他人,抱怨社会,抱怨世界。[①]

调查者由此得出结论:目标对人生有巨大的导向性作用。

为此,大学生应努力掌握学习规律,制定学习规划,有计划地逐步完成预定的学习目标。严密的学习规划是完成学习任务的重要保证。大学生的学习,首先要树立明确的学习目标,制定切实可行的学习计划。学习计划制定得合理与否,直接关系到最终学习效果的好坏。学习计划的制定应建立在对自己充分认识和了解以及对过去学习经验总结的基础上。

首先,大学生应以学校的教学大纲为依据,从自己的实际情况出发,制定出适合自己的学习规划。如设想在大学自己要达到什么样的目标,达到什么样的知识结构,培养和完善哪几种能力等。对大学新生而言,最好是先制定好一年级的学习规划,经过一年的实践,待熟悉了大学的特点之后,再完善四年的整体学习

---

① 程社明,戴洁.人生发展与职业生涯规划[M].北京:团结出版社,2003

规划。

其次,大学生要制定阶段性具体计划,这种计划主要是根据入学后个人的学习情况和适应程度,主要是学习时间的分配、学习方法的调整以及选择和使用什么教科书和参考书等。学习目标要把长远目标与近期目标相结合,目标既不能过大,也不能过小。目标定得过大,难以实现,会挫伤学习的积极性;目标定得过小,容易实现,往往没有成就感。

另外,大学生要有读书计划,尤其要多阅读一些人文社科类的书籍,不断提高自己的综合素养。

（二）激发学习动机

动机是直接推动一个人进行行为活动的内部动力。学习动机会导致学生的学习行为。学习动机是指个体进行学习活动、维持已引起的学习活动,并使行为朝向一定的学习目标的一种内在的心理过程或内部心理状态。学习动机激发指的是学生对学习的价值评估、学习期望和目标设置、自我效能评估。价值评估关注的是学生对从事的学习任务理由的认识,学习应该是自我成长的需要,学习的任务应该让学生能够感受到学习的自我成长意义。学习期望与目标设置是学生对目前学习任务所要达到的层次的估价,有效的目标应该是超越现有水平,但是应该是通过自己的努力能够实现的,这不仅有利于完成学习任务,也是培养学习自我效能的有效途径,通过逐步的小目标实现大目标,最终成为出色的学习者。自我效能评估是指学生对自己完成某项任务的能力的评价,一个自主学习性强的人应该是自我效能高的个体,在这个基础上,学习的策略才能得到更有效的发挥。[①]

学习动机与学习的积极性、学习效果之间有着极为重要的关系。一般情况下,学习动机的适当提高,学习的积极性与学习效果也会提高。奥苏伯尔在其《学校学习》一书中提出了学习动机的类型,他认为,学校情境中的成就动机主要由认知内驱力、自我提高的内驱力和附属内驱力三个方面组成。认知内驱力是一种要求理解事物,掌握知识,系统地阐述并解决问题的需要。它以求知作为目标,从知识的获得上得到满足。这种内驱力主要是从人类原始的好奇心和探究欲中派生出来的,是一种内部动机。认知内驱力既与学习的目标性有关,也与认知兴趣有关。研究表明,这种对获得知识本身的认知内驱力在学习中是一种最重要、最稳定的动机,它对学习有很大的推动作用。自我提高的内驱力是指个体由自己的学业成就而获得相应的地位和威望的需要。它可以使学生把学习行为指向在当前学校学习中可能取得的成就以及在此基础上将自己的行为指向未来学术和职业方面的成就

---

① 王静琼,张卫,朱祖德. 大学生自主学习能力及其培养. 广西民族大学学报,2007(1)

和地位。它是一种间接的学习需要,属于外部动机。在学习过程中,认知内驱力即内部动机固然重要,但自我提高的内驱力即外部动机也是必不可少的。附属内驱力是指个体为了获得长者的赞许和同伴的接纳而表现出来的把工作、学习搞好的一种需要。它不是直接指向学习任务,而是为了获得教师、家长的赞许或认可,它也是一种外部动机。

因此,教师应注意培养大学生的内部动机和外部动机,激发学生的认知内驱力和自我提高的内驱力,使学生产生主动学习的欲望。

1. 明确学习目的和意义,激发学生求知需要,建立合适的学习目标

一个不知道学习的具体目标和意义的学生是很难充分发挥其学习积极性和主动性的,但是当他明确了学习的目的和意义以后,就会产生一种强烈的学习愿望,推动他积极主动地学习。但是,动机水平也并不是越高越好。根据耶克斯—多德森定律,中等程度的动机激起水平最有利于学习效果的提高。因此,作为教师,必须首先根据学习任务的不同难度为学生确立合适的学习目标要求,目标应当是切实可行的。

2. 帮助学生正确认识挫折与失败,激发学生学习的自我效能感

作为一个学习个体来说,我们每个人都会遇到挫折与失败。教师应正确指导学生进行成败归因。一方面,要引导学生找出失败的真正原因;另一方面,教师也应根据每个学生过去一贯的成绩优劣差异,从有利于今后学习的角度进行归因,哪怕这时的归因并不真实。要增强学生学习的激励因素,提高学习的积极性。另外,心理学研究表明:表扬与奖励比批评与指责更能有效地激发学生的学习动机,前者使学生获得成就感,增强自信心。

(三)改善学习方法,提高学习技能

学习方法是提高学习效率、达到学习目的的手段。钱伟长曾对大学生说过:一个青年人不但要用功学习,而且要有好的科学的学习方法。要勤于思考,多想问题,不要靠死记硬背。学习方法对头,往往能收到事半功倍的成效。某高校一理科女大学生在校心理咨询中心咨询时,觉得自己上课听不懂,作业不会做,学习成绩总上不去,尤其是高等数学和英语最感头疼。过去在读高中时,自己能控制、掌握自己,通过努力,学习成绩总能赶上去,可是自从上了大学,这一套却不管用了。由此可见,学习方法对学习结果的影响是不言而喻的。

1. 大学课堂如何听课

(1)预习

预习是学习的基础,是学生成为学习主体,变被动学习为主动学习的重要环节之一。古人说得好:"凡事预则立,不预则废。"军队不打无准备之仗,预习中要把不

理解的问题记下来,听课时增加求知的针对性。这样既能节省学习时间,又能提高听课效率。经过预习,能有目的、有重点、有选择的记笔记,也就提高了上课的学习效率,还可以培养自学能力,养成良好的学习习惯。

(2) 做好课堂笔记

① 条理清楚,规范统一。条理清楚是指课堂笔记的内容要有条有理,层次分明。一般来说,不同的问题要分段写,问题之间要留空。也可以在上、下底边或两侧留空,便于以后补记遗漏了的知识和新认识。规范统一是指做笔记时的数码、符号、字母等要规范,格式要统一。

② 简明扼要,详略得当。简明扼要是指笔记要语言精练,简单明了,使人看了一目了然。记那些最重要、最关键的内容;笔记不一定求全求齐,只要适用就行。详略得当是指笔记不能不分主次什么都记;也不能记得过于简单,以至于回忆主要内容都困难。

③ 正确处理好听、思、记三者的关系。笔记只是辅助我们听好课的一种手段而不是学习的主要任,所以,上课要以听讲、思考、理解为主。因为真正理解了的、抓住要点的东西,在以后翻阅笔记时,看到几行字就可以回忆起主要内容。所以应尽可能做到边听、边思考、边记笔记,使三者协调进行。

(3) 复习

按照记忆心理学的规律,遗忘是从学习以后就立即开始的,呈现出先快后慢的规律。据艾宾浩斯对记忆所做的实验研究,识记过的材料第一天遗忘得最多,保留的只有 44.2%,第二天保留的为 33.7%,一个月后保留的材料只有 21.9%。因此,要提高记忆的效率,必须及时进行复习,反复复习。

复习就是对已学过的知识消化、巩固和把知识系统化的方法,是巩固所学知识必不可少的一环。复习与预习一样,是一种很重要的学习能力,需要老师在平时帮助学生慢慢养成习惯。复习中要认真整理课堂笔记,对照课本和参考书,进行归纳和补充,经过反复思考写出自己的心得和摘要,从而在头脑中形成一个知识网络。

(4) 考试

考试是检验对所学知识掌握的程度,起到了及时找出薄弱环节加以弥补的作用。对考试要有正确态度,不作弊,不单纯追求高分,要把考试作为检验自己学习效果和培养独立解决问题能力的演练,这样得到的知识和能力才是扎实的。

2. 科学地利用网络

互联网的出现,给人类带来了大量的信息和迅捷的信息传输,它已经成为继报刊、广播、电视之后的第四媒体。随着信息技术的全球性普及,人类已逐渐进入了一个全新的网络时代。网络已渗入社会的各个领域。网络信息的飞速发展和广泛应用,无疑对当代大学生的思想观念与心理空间都产生了强烈的撼动,并由此对教育提出了许多新的课题。正如教育部原部长陈至立所指出的那样:"信息技术日新月异的高速发展必将引起教育的深刻变革,多媒体技术和网络技术已经使教育思想、观念模式、方法手段等发生了巨大变化,现代信息技术正在带来一场教育革命。"

作为人类社会科学技术进步的文明成果,互联网已经不容置疑地走进了大学生的生活。网络信息已经成为大学生获取知识和多种信息的重要渠道,并对大学生的学习、生活产生了广泛而深远的影响。科学地分析网络信息对大学生学习的影响,最大限度地发挥网络资源对大学生学习的指导作用,进一步加强高校学风建设,是高等教育工作者必须正确面对的课题。

(1)网络的益处

① 大学生的学习方式由被动接受型向主动吸收型转变。传统的学习模式是"教师讲,学生听",无论学生是否有学习的兴趣与热情,教师都要把相关的知识向学生传授,学生只能被动接受。网络的广泛应用,使学生真正成为学习活动的主体,自主地选择学习内容和学习方法,自觉地对学习实施自我检查和评价,并能根据自己的情况及时调整学习策略。调查表明,学生使用计算机学习思维更活跃,能够提出更多的问题,从而更有利于激发学习动机。

② 大学生的学习方式由封闭型向开放型转变。传统的学习模式是一种封闭式学习。这种封闭性主要体现在教学资源单一,教学方式固定,教学空间有限等。与传统授课方式相比,网络教育中的教学资源是数字化的信息,它包括了网络教学课件、网络课程、学习工具软件等多种形式。教学资源内容除了有每节课的精讲资料外,还包括教师的上课讲义、自学光盘、名师讲座、针对性的专题讲座。特别是由于互联网是联通全世界的,凡在网络上的用户都可通过互联网进行即时交换和共享信息,各种教育信息又与相关的网站资源连接,世界各地的学生都可同时聆听某一教育家的讲座,也可以通过网络参与学术讨论。

(2)网络的弊端

① 游戏娱乐。2010年7月15日中国互联网络信息中心(CNNIC)发布《第26次中国互联网络发展状况统计报告》显示,截至2010年6月,中国网民规模达到4.2亿,互联网普及率攀升至31.8%。有关调查表明,有60.7%的人是在网上玩游戏,34.1%的人找朋友、聊天,29.2%的人关注影视文艺动态,27.9%的人关注体坛动态,27.5%的人看新闻,24.3%的人发电子邮件,5.7%的人关注卫生保健信息等。严峻的现实表明,网络条件下必须对学生的学习进行有效引导和监控。

② 信息多,理解鉴别较弱。由于网络信息十分丰富,一些大学生就大量浏览、

收集网上各种信息或者强迫性地从网上收集无关紧要的、不迫切需要的信息并以堆积和传播这些信息为乐趣。如通过网络了解各种信息或国内外新闻，访问因特网的有关站点；通过网络了解人才市场信息，为毕业分配做准备或寻求就职机会；通过因特网了解出国深造、考研等新的求学信息。至于这些信息是否是真实的、健康的，是否有助于自己的学习，自己是否需要，则理解不够。据英国一位大学教授调查，在互联网的非学术信息中有 47% 与色情有关，而且有进一步泛滥之势，网上色情信息已成为公害。如果大学生缺乏良好的辨别力和自控力，就容易被消极的、有害的信息腐蚀。

（3）网络学习的特点

① 突破时空的限制。网络所提供的学习环境不受时间、空间的限制，只要有一台连入 Internet 的电脑，在任何时间、任何地点都可以学习。

② 资源丰富与共享性。随着网络的发展，连入因特网的用户越来越多，网络可以说已经成为一个最大的资源库。通过网络搜索工具学生可以方便快速地找到需要的资料，而且可以获得比教师提供的还要丰富得多的资料，解决学习中的问题。

③ 学习自主性。培养学生的自主学习能力，才能使他们成为教育认知的主体，实现他们的社会化和个性化，达到个性化教育的目标。在网络环境中，学生的自主学习成为其主要学习手段，学习者自主选择学习内容、学习时间、学习方式，通过网络与其他同学协作学习，充分体现了学习者的主体参与性。

（4）科学地运用网络

① 加强网络宣传教育，增强大学生网络学习意识。目前，大学生上网多是在没有老师、家长的监督和陪伴下进行的。由于他们对网络的功能没有全方位的了解和掌握，又缺少必要的、及时的指导，容易形成错误的网络观念。不少大学生养成上网偏颇行为，影响正常的学习，根本原因就是网络学习意识还没有形成。高校及各级教育部门可通过校园网、宣传材料、校报等形式的宣传，教育、帮助大学生正确认识和理解网络及其发展，增强大学生网络化的学习意识。

② 加强信息监督管理，净化大学生网络学习环境。面对网上各种有害信息，有关部门要加强网络管理，主动出击，通过技术、行政、法律等手段，控制信息源头，以净化大学生网络学习环境。学校作为教育学生的主战场，要对学生在校的网络行为进行有效的管理，主动担负起过滤不健康信息的重任。要教育学生自觉遵守各信息系统信息传播和使用的法规，遵守网络游戏规则，自觉抵制违法信息行为，应正确处理信息创造、信息传播、信息使用三者之间的关系，有效地运用网络开展学习活动。

六、提高学历

（一）专转本

1. 专转本的含义

专转本考试是在校大专生读本科的一条重要途径,考上后可进入大三学习,而大学专科毕业生通过成人高考的方式读本科叫"专升本",学制两年或三年。"专转本"与"专升本"是两个不同的概念。据介绍,列入国家普通招生计划,经省招生部门按规定程序正式录取在本省各类普通高校的专科二年级、三年级在籍学生可以报名参加"专转本"考试。

2. 专转本考试科目有哪些

文科(英语、日语类)、艺术类考试科目:语文(150分)、英语(日语)(150分)、计算机(100分);理工科考试科目:数学(150分)、英语(150分)、计算机(100分)。英语类考生英语试卷不同于其他类考生。

3. 专转本的录取

英语类、日语类、理工科类、艺术类分别划定。考生可填3所平行院校。考生可根据自己在专科阶段所学专业情况,按照教育部《普通高等学校本科专业目录》(1998年颁布)所划分的11个学科门类,在本学科门类中选择相同或相近专业,不得跨学科门类报考。每生最多可申报3所院校的6个专业。各有关本科院校根据公布的计划和考生志愿从高分到低分顺序录取,省教育考试院监督。对跨大专业门类、专业基础课不符合招生要求的,学校可以不予录取。"专转本"学生统一转入本科三年级学习。"专转本"学生学费接收院校同专业学生实行相同标准。"专转本"学生不得转学。"专转本"学生到录取学校报到后要求返回原校的,视为自动放弃学籍。"专转本"学生除国家和省有明确规定的,享受与转入学校其他本科生同等待遇。普通高校二级学院招收"专转本"学生毕业证书填写"在本校××学院(专转本)××专业×年制本科学习",独立学院招收"专转本"学生毕业证书填写"在本校(专转本)××专业×年制本科学习",学制按本科设置的学习年限填写,学习起止时间按入本科实际时间填写。对符合学位授予条件的可授予相应的学士学位。专转本报名时间一般在3月份,考试时间在4、5月,录取时间为5月下旬。

（二）自学考试

1. 自学考试的含义

高等教育自学考试简称自考。高等教育自学考试是对自学者进行的以学历考试为主的高等教育国家考试,是个人自学、社会助学和国家考试相结合的高等教育形式,是我国社会主义高等教育体系的重要组成部分。其任务是通过国家考试促进广泛的个人自学和社会助学活动,推进在职专业教育和大学后继续教育,造就和选拔德才兼备的专门人才,提高全民族的思想道德、科学文化素质,适应社会主义现代化建设的需要。

2. 报考本科段考生应具备的条件

(1) 必须为具有国家承认的正式专科学历者方可报考高等教育自学考试本科段。

(2) 党校及干部函授大学专科毕业人员,不具备参加本科段考试的资格。

(3) 参加本科段考试的考生,应持专科毕业证书和本人身份证到当地该专业的报名点报名。报考与所学专科专业不同的本科,根据专业的不同需要加试相应的课程。

(4) 报考本科段的具体规定参见所报专业的开考计划。

3. 考试时间、地点

考试时间都是在周六、周日。主要分为两类:一类是天津市实行的一年四次,每年的 1、4、7、10 月四次考试,分别在这四个月份的某一个周的周六、周日安排考试,一天两场;另一类是以吉林省为例实行的一年两次,每年 4 月、10 月两次考试,分别在这两个月份的某一个周的周六、周日安排考试。

自考大考和小考:自考一年有两个大考,分别是 4 月和 10 月,两个小考,分别是 1 月和 7 月,大考各个县级以上都会有,小考则多数只有市一级才有,大考考得比较全,小考只会考些公共课,可以跨区报名考试。考试地点:笔试:一般在报名的自考办所在辖区。实验、上机类:由主考院校与自考办协商,一般在所报专业主考院校内相关专业系(学院)实验室和机房。

(三) 学术硕士

1. 培养目标

培养拥护中国共产党的领导,拥护社会主义制度,为社会主义建设服务,在本门学科内掌握坚实的基础理论和系统的专门知识,具有从事科学研究、教学、管理或独立担负专门技术工作能力和创新精神的高级专门人才。

2. 报考条件

拥护中国共产党的领导,愿为社会主义现代化建设服务,品德良好,遵纪守法;国家承认学历的应届本科毕业生;具有国家承认的大学本科毕业学历的人员;获得国家承认的大专毕业学历后经两年或两年以上(从大专毕业到录取为硕士生当年9 月 1 日,下同),达到与大学本科毕业生同等学力,且符合招生单位根据本单位的培养目标对考生提出的具体业务要求的人员;国家承认学历的本科结业生和成人高校应届本科毕业生,按本科毕业同等学力身份报考;已获硕士学位或博士学位的人员,可以再次报考硕士生,但只能报考委托培养或自筹经费的硕士生;年龄一般不超过 40 周岁，报考委托培养和自筹经费的考生年龄不限；身体健康状况符合招生单位规定的体检要求。

3. 报名时间及手续

硕士研究生招生在全国范围实行网上报名。各位考生登录教育部官方网站中国研究生招生信息网（http://yz. chsi. cn），按报名网站的提示和要求免费注册用户名，准确填写本人信息。考生使用在线咨询、网上报名、初试成绩查询、第二志愿调剂等功能时需凭注册的用户名和密码登录，一个注册用户只能选择唯一的招生单位和报名点。请考生务必记住报名时使用的注册用户名及密码。考生通过登录中国研究生招生信息网（http://yz. chsi. cn）进行网上报名。考生务必按报名网站的提示和要求填写本人信息，慎重选择考试科目，仔细校对报名信息，生成 9 位数的报名号。

4. 现场确认

考生在网上报名选定的报考点进行现场确认，逾期不能补办。应届本科毕业生需持本人身份证和学生证，其他人员持本人身份证或现役军人、文职干部证件和学历证书。考生凭网报生成的报名号，现场确认报名信息，并进行缴费、照相。

5. 准考证打印

根据教育部统一部署，硕士研究生考试准考证由考生自行打印，考生凭网报注册用户名和密码，登陆中国研究生招生信息网（http://yz. chsi. cn），自行查询考试信息并下载打印准考证。

6. 考试

入学考试分初试和复试。初试日期：请关注教育部相关通知。初试科目：思想政治理论，外国语（英语，不含听力）和两门业务课。各科的考试时间均为 3 小时。考试大纲由教育部制订，初试方式为笔试。

7. 体格检查

考生复试时需按国家规定进行体格检查，具体要求由招生单位在复试通知中写明。

8. 录取

招生单位根据考生入学考试的成绩（含初试和复试）并结合其平时学习成绩和思想政治表现、业务素质以及身体健康状况确定录取名单。

（四）工程硕士

1. 工程硕士的含义

工程硕士专业学位侧重于工程应用，主要是为工矿企业和工程建设部门，特别是国有大中型企业培养应用型、复合型高层次工程技术和工程管理人才。工程硕士分为全日制工程硕士和 GCT 工程硕士。

2. 全日制工程硕士考试方式和考试科目

与全日制学术型考试方式和考试科目基本相同,不同之处是全日制工程硕士更加侧重应用能力。

3. 工程硕士和工学硕士的区别

工程硕士专业学位是与工程领域任职资格相联系的专业性学位,它与工学硕士学位处于同一层次,但类型不同,各有侧重。工程硕士专业学位在招收对象、培养方式和知识结构与能力等方面,与工学硕士学位有不同的特点。在职工程硕士只有学位证没有学历证,而工学硕士具有双证,即学历证和学位证。

第三节　自我生活能力的培养

一、培养良好的生活习惯

大学生进入大学后,很重要的就是要培养和提高独立生活能力。他们在生活中往往会遇到各种各样的问题,这就要求大学生必须学会妥善地处理学习、生活和娱乐的关系,养成良好的日常生活习惯,提高自我生活管理的能力。

(一) 不良生活习惯的表现

1. 不良的饮食习惯

目前,有相当部分学生经常不吃或迟吃早餐,有些学生虽然吃早餐,但吃得太少。午餐时,在饥饿感的驱使下学生又吃得太快、太饱,不但影响午休,还对胃肠功能产生不利影响。有相当部分学生有睡前吃夜宵的习惯,这对身体也不利。男同学往往暴饮暴食,挑食偏食,酗酒抽烟;女同学则喜吃零食,过分节食。

2. 不良的休息习惯

多数大学生睡眠较有规律,基本上能做到晚上按时睡觉,早上按时起床,睡眠时间有保证。但也有些同学晚上睡觉较晚,导致早上睡懒觉不想起床,以致没有时间吃早餐。一到周末,从早上睡到中午,不能合理安排时间。还有些同学不能很好地安排学习、娱乐和休息时间,不能保证充足的睡眠,长期睡眠不足,不但学习成绩下降,而且体质下降,情绪低落。正确的休息习惯是按时睡觉,按时起床,每天保证7～8小时睡眠时间,严格遵守学校的作息制度。

3. 不良的学习习惯

多数大学生学习主动性不强,学习不专心,不懂得学习方法,更没有合理的学习计划;他们不重知识的积累,往往是考试之前日夜不睡觉进行突击学习。调查表明,大多数学生平时投入学习的时间要远少于期末考试阶段,学生用于非应试类学习的时间要远少于应试类学习的时间。另外,考试作弊、课堂旷课、早退现象令人担忧。

(二)培养良好的生活习惯

1. 培养健康、科学的生活方式

加强健康指导,强化健康意识,是改进大学生生活方式最根本的手段。针对在生活方式上存在的主要问题,既要充分尊重学生在生活方式上的自主选择,又要循循善诱,引导学生认识并乐于改变不良的生活方式。学校应加强对学生作息制度的管理,特别应坚持晚熄灯制度、早操制度。这样做,既能保证学生有充足的睡眠时间,又能避免出现迟睡迟起影响吃早餐及旷课等不良现象。要教育学生养成有规律的睡眠、饮食习惯,要重视平时学习,避免期末开夜车,搞突击迎考;学习方法要科学、合理。要积极参加学校的各种社团活动,努力培养适应社会的各种能力;要广交朋友,避免因过早谈恋爱而疏远与其他人的交往;要积极参加体育活动和集体活动,以开阔心胸,保持良好的身心状态。

2. 建立合理的生活秩序

为了保持良好的心理状态,有必要建立合理的生活秩序。如果随心所欲,生活无规律,或者负担过重,都会引起心理的不良反应;要使自己的生活安排适应生理变化的规律。有些大学生,不重视建立良好的生活作息制度,结果使生活、饮食起居规律被打乱,久而久之逐渐使身心健康受到影响。在正常的学习、生活以外,大学生还可以参加各类文娱活动、运动会以及一些公益性活动,可以看电视、上网、打篮球、踢足球、利用课余时间发展自己的兴趣。不过,在这里要注意两点:一是合理安排时间,做到劳逸结合;二是合理选择内容,进行积极健康的课余活动,自觉抵制不良风气。

3. 加强健康教育

针对大学生对健康教育认识不足的问题,应在大学生中开设健康教育课程,制定教学计划,编写合适的大学生健康教育教材,并保证教学的学时和质量,以培养学生的健康意识。

二、合理的日常消费

(一)当代大学生消费新概念

1. 消费方式已经进入网络电子时代

随着社会经济的飞跃发展,社会消费方式已经从原来单一的现金交易向现金、信用卡、支票等多样化的交易方式转变,使人们的生活方式更趋方便快捷。当代大学生的消费方式已经进入了网络电子时代。在许多大学生的钱包里,都有校园IC

卡、交通 IC 卡、银行取款卡、上网卡等。

2. 理性消费是主流

价格、质量、潮流是吸引大学生消费的主要因素。据了解,在购买商品时,大学生们首先考虑的因素是价格和质量。这是因为由于消费能力有限,大学生们在花钱时往往十分谨慎,力求"花得值",他们会尽量搜索那些价廉物美的商品。无论是在校内还是在校外,当今大学生的各种社会活动都较以前增多,加上城市生活氛围、开始谈恋爱等诸多因素的影响,他们不会考虑那些尽管价廉但不美的商品,相反,他们比较注重自己的形象,追求品位和档次,虽然不一定买名牌,但质量显然是他们非常关注的内容。

(二) 当代大学生消费状况存在的问题

1. 储蓄观念淡薄,财商需培养和加强

"财商"一词的提出者罗伯特·清崎曾经说过:"财商与你挣了多少钱没关系,它是测算你能留住多少钱以及能让这些钱为你工作多久的能力。"财商主要包括两方面的内容:其一,正确认识金钱及金钱规律的能力;其二,正确运用金钱及金钱规律的能力。大部分同学都坦然承认自己的消费已经超出计划范围,甚至有些同学还需要向别人借回家的路费,略有剩余的同学也想着如何把剩余的钱花完,只有极个别同学有储蓄的意识。可见,当前大学生的财商需要培养和加强。

2. 消费差距拉大,出现两极分化

大学生的消费差距增大,两极分化比较分明,这在我国当前剧烈转型的社会大背景下有一定的必然性。但我们相信,随着社会的发展和人民生活水平的进一步提高,这些问题必将在一定程度上得到改善。

3. 诚信意识淡薄

有些大学生因为家庭经济原因,不得不进行助学贷款,在获得助学贷款之后,部分同学诚信意识淡薄,毕业后不主动还贷,更有甚者还切断与学校、银行的联系,社会影响极坏,以至于银行在放贷时小心谨慎,从而不利于贫困大学生入学。

4. 浪费现象严重

我们经常看到食堂里大量的剩饭、剩菜,教室里长开的电灯、电风扇等等浪费现象。有些大学生每逢节假日、生日就大摆宴席,把高消费作为满足优越感和虚荣心的手段,这不利于大学生的健康成长,必须予以重视。

(三) 培养健康的消费心理

宫立波在《我国高校开展消费教育的几个问题》中认为,大学生的消费教育应该包括以下内容:

1. 消费与市场的基本理论教育

主要为消费观念、消费计划、消费结构、消费方式、消费心理、消费市场和消费营销等知识。

2. 消费品常识教育

主要为常用的消费品的选择、评价、鉴赏、使用、维修与保护等。

3. 消费生态意识教育

让大学生认识到自己的消费与社会持续的发展、生态平衡、环境保护的关系，深刻认识生态需要保护的极端重要性，从而关注社会消费问题，提高社会责任感。

4. 消费文明教育

包括物质文明和精神文明。消费是两个文明的结合点，它对大学生的消费伦理、消费质量、精神文化消费的提高，能起到很大的促进作用。

5. 消费者权益与保护教育

主要是帮助大学生充分认识法律赋予自己的权利，懂得如何运用自己的权利，以及如何用法律手段来保护自己，从而提高大学生的抗逆能力，熟悉消费者的权利和义务、消费者保护组织、消费者保护法规等。现阶段对大学生的消费教育应从以下四个方面进行：

（1）培养和加强大学生的财商

所谓财商，指的是一个人在财务方面的智力，即对钱财的理性认识与运用。财商主要包括两方面的内容：其一，正确认识金钱及金钱规律的能力；其二，正确运用金钱及金钱规律的能力。我们应该围绕这两方面的内容，在"两课"教学活动中设计生动活泼的教学形式以达到教育目的。大学生的理财能力不是简单的实现收支平衡，它需要增强对获取劳动收入和报酬来之不易的感性认识，并在长期的生活体验中不断健全和完善。

（2）树立正确的消费观

导致大学生消费误区的因素是多方面的，主要有社会经济发展水平、家庭收入状况、个人价值取向、学校教育环境以及社会习俗等。因此，要加强对大学生的思想政治教育、勤俭节约教育，帮助他们树立正确的消费观，养成良好的消费习惯。

（3）加强诚信教育

对大学生的诚信教育，不能把起点放在要不要诚信上，而是应该让学生思考：怎样建立诚信，使社会多些诚信。市场经济要求我们加强对大学生的诚信教育。因此，我们应积极建立大学生诚信品行档案，增强大学生的诚信意识。通过这种档案银行可以更多地了解每个借贷学生的详细资料，并以此作为发放贷学金的主要依据，减少银行的风险和顾虑；同时，也激发大学生更好地学习生活，增强他们的诚信意识。

（4）加强消费教育

高校可以通过制定教学计划,编写合适的消费教育的教材,开设大学生消费指导课教育大学生科学消费。大学生科学消费指导课的内容:一是市场与消费的基本理论知识;二是科学消费观知识。

第四节　心理素质的培养

一、心理素质

（一）心理素质的内涵

WHO(世界卫生组织)对健康的重新定义把心理健康也划入了健康的范畴:"健康不仅仅是没有疾病,而且是身体上、心理上的完好状态,进一步达到完全康宁。"在目前推行的大学生的综合素质构成中,心理素质又是整体素质的基础,大学生的身心素质和社会适应能力是大学生进入社会的前提,也是一个人社会生存的基础。心理素质,是以人的自我意识发展为核心,由积极的与社会发展相统一的价值观所导向的,包括认知能力、需要、兴趣、动机、情感、意志、性格等智力和非智力因素有机结合的复杂整体,是在先天与后天共同作用下形成的人的心理倾向和心理发展水平。心理素质是人的素质的深层内涵,它在素质体系中处于基础地位、中心位置,是素质的核心。心理素质是大学生自身成长与发展的内在需要,是全面素质发展的心理内在机制和动力,在大学生综合素质的形成、发展和发挥中起着决定性的作用。21世纪是高科技迅猛发展和国际间经济激烈竞争的世纪,是创新的世纪,这对大学生的心理素质提出了更高的要求,大学生只有学会生存、竞争、合作、应变、创新,才能适应21世纪社会发展的需要。

综合各种观点,心理素质的概念包括以下方面:

（1）心理素质是以先天的禀赋为基础的,是在环境、教育的过程中逐渐形成和发展的稳定的心理品质,而不是个人的具体的心理活动或心理现象。心理活动或心理现象是伴随着对事物的认识和社会行为产生的,心理素质则是指产生这一心理活动或心理现象的倾向性。

（2）心理素质既包括智力因素,也包括非智力因素(如需要、兴趣、动机、情感、意志、性格等)。

（3）心理素质与思想道德素质、文化知识技能素质、身体素质等是相互影响、互相促进的,而心理因素反映其他素质的发展水平;在其他因素水平相当的情况下,心理素质在整体素质中起着决定性的作用。

（4）心理素质是以先天的禀赋为基础的,同时又是在环境、教育的过程中逐渐形成和发展的,因此心理素质可以通过教育和训练加以提高和发展。

（5）从提高心理素质的层次看,认为心理素质具有二元结构,即心理健康水平和优秀的心理品质。心理素质教育首先是提高心理健康水平,其次是在此基础上促进优秀心理品质的形成。

（二）心理素质的特征

通过对心理因素含义的了解,心理因素具备如下几方面的特征:

（1）相对稳定性与可发展性。心理素质不是个体的心理特质,不是人的个别心理或行为表现,更不是一个人一时一刻的心理与行为表现。但是,心理因素又始终处于发展之中,具有自我延伸的功能。

（2）综合性。对心理素质,不应从简单的心理过程或心理特征的角度来加以研究,不能将心理素质简单地看成感觉、知觉、思维、情感、意志及其特性,对心理素质的研究应从个体层面上着手。心理素质是人的个性心理品质在学习、工作和活动实践中的综合表现。

（3）可评价性。心理素质对人的活动成效有影响,因而具有社会评价意义,其品质具有优劣高低之分。人的某些心理品质,如内向与外向,一般不对人的行为成效产生影响,因此不应将它纳入心理素质之列。

（4）基础性。心理素质不是大学生在特定领域中获得的某一门专门知识和技能,应是那些对大学生学习、生活、社会适应性和创造性等活动效果产生重要影响的心理品质的综合。

二、大学生的心理素质现状

调查表明,当代大学生的综合素质不尽如人意,心理素质更令人担忧。具体表现为意志薄弱,情绪不稳,心理承受能力差,缺乏自信心,依赖性强,人际关系不够融洽等。追根溯源,恐怕与中国传统思想观念和现行教育制度等不无关系。特别是近几年的大学生,为了在激烈的高考竞争中取得好成绩,几乎从一上学开始就全身心地投入到文化课学习中,家庭的宠爱,学校的保护,使他们长期处于一种"两耳不闻窗外事,一心只读圣贤书"的封闭、狭隘的环境中,致使素质教育有名无实,许多学生心理发育不健全,人进入了大学,可心智还停留在小学水平,这反映出了学校、社会及家庭教育等方面的许多矛盾。

专家认为,大学生心理健康问题的存在有着诸多原因:

（1）在人际交往上,现在的大学生很少经受挫折锻炼,善言谈而不善交流。还有一些学生来自单亲家庭,在生活环境变化后,不知该怎样和别人交往或交往失败后自卑感占据了心灵的大半空间,常常导致性格孤僻或少言寡语。

(2)在性与恋爱上,开放的校园使一些学生在怎么看待性和性在生活中的意义的认识方面存在偏差,一些学生难以把握自己,一旦出现问题就可能走向极端。

(3)在学习上,一些学生在刚进入大学后,因未能掌握大学的学习方法而考试不及格,从而自信心下降,失去学习兴趣,进而对后继课程望而生畏,形成考试焦虑症,学习变得越来越艰难,如此恶性循环,难以自拔;一些学生由于家长长期以来对其期望太高,使之在大学中不能正确认识、调控和把握自己,对自己的期望值也过高,导致学习压力过大,心理失去平衡,严重的可能导致轻生;一些学生由于从紧张的高考中脱颖而出,到了大学就想放松一下,甚至生活颓废,迷恋于网吧、聊天等等,导致学业荒废。

(4)现在的大学生多数是独生子女,独立生活能力较差,大学生活与梦想的落差,理想的困惑,家庭经济状况导致生活上的一些差异,使他们很容易产生心理上的不稳定。

(5)近年来,大学生一次性就业率呈逐年下降趋势,今后大学生就业难度将进一步加大,严峻的就业形势以及择业的迷惘给在校大学生带来了新的压力。

(6)当前社会处于转型时期,来自外部社会环境因素对大学生的影响较大,也较为复杂。新旧观念的碰撞,对多元价值趋向的无所适从,进一步加剧了大学生迅速成长中原已产生的各种矛盾冲突,也有可能引发新的矛盾冲突和心理压力。

三、影响大学生心理素质的因素

现阶段,影响大学生心理素质的因素有多方面,归纳起来包括社会、家庭、校园以及自身因素的影响等方面。

(一)社会环境的影响

大学生是崇尚科学、善于思考、知识层次较高的青年群体。然而,随着市场经济体制的变化和改革开放的不断深入,人们的思想观念和价值观念发生了很大的变化,个人至上、享乐至上的价值取向在一定程度上影响着一些大学生,使他们的价值取向趋于功利化、实用化。社会上的一些腐败现象也摧残和侵蚀着他们的心灵,使他们出现了道德的滑坡,有的开始感到茫然、疑虑、紧张、压抑、空虚,从而造成信仰危机,这些严重影响了大学生心理素质的健康发展。

(二)家庭环境的影响

家庭对一个人的成长有着巨大的影响作用,一个人对世界的认知往往是从家庭环境包括家长的言谈举止开始的。不同的家庭教育与影响产生的结果也是截然不同的,对子女管教特别严格的父母,望子成龙心切,只是关注孩子的学习,但对其他的兴趣和爱好不给予支持,缺乏沟通,经常用命令、指责的方式强迫孩子做事情,这样的结果使得子女往往性格上很不自立,不能适应社会,没有棱角和个性;有的父母对子女百依百顺,过分溺爱,导致的结果是孩子的依赖性极强,缺乏同情心,缺乏自制力和自信心,遇到挫折便不知所措;有的父母对子女放任不管,对孩子缺乏约束,这样的孩子常常以自我为中心,缺少家庭教养,不懂得尊重他人,任性自负,很难适应集体生活;还有的家庭由于父母离异等原因,造成孩子脾气暴躁,心理压抑,逆反心理和自卑心理极强。

(三)校园环境的影响

环境、角色的变化引起心理的不适应。需要的百依百顺没有了,原来过分的依赖性与现在必需的独立性,原来的任性自负,以自我为中心与现在必须过的集体生活,需要和睦的人际关系形成强烈的反差和矛盾,这些反差和矛盾使他们对新生活感到迷茫。再加上学习内容复杂,学习方式和中学时代的不同,随时面临着不及格、降级和退学的危险,这样的大学生活打破了他们的浪漫想象,滋生了孤独和怀旧情绪,他们害怕与人接触,害怕考试,害怕各种活动,这种情绪不仅妨碍了他们适应大学生活,还给他们的身心健康造成了影响。不健康的校园文化也影响着大学生的思想。社会上的一些低级庸俗潮流通过多重渠道向校园辐射,使原本清净的校园滋生了不健康现象。一些学生热衷于追求新潮,热心于牌桌、酒楼,流连于花前月下,考试作弊,弄虚作假现象屡见不鲜,而"课桌文化"、"厕所文化"则更是不堪入目。这些现象严重影响了大学生的身心健康,使得一些大学生变得颓废沮丧,失去了朝气和活力。

(四)大学生自身因素的影响

一些大学生对自己不能很好的定位,不能客观的进行自我评价。有的大学生只看到自己的长处,自以为是,自视清高,看不起别人,遇事只相信自己的判断,听不进别人的意见,有时甚至显得十分傲慢;有的大学生只看到自己的不足,妄自菲薄,遇事悲观;有的对自己的期望值过高,拼命追求超出本身能力所及的东西;有的对自己不负责任,当一天和尚撞一天钟,整天无所事事,懒懒散散。这些不客观、不实际的自我评价对大学生心理素质的提高极为不利。此外,还有生理成熟和心理不成熟的矛盾。大学生由于生理的成熟,使他们在处理异性情感方面都有自己的想法。他们渴望接触异性,但由于心理的不成熟,经验不足,阅历浅,往往在感情问题上缺少严肃性,而多盲目性。这样很容易使他们进入感情误区而无法自拔,最终导致情绪不稳、心理冲突直至行为异常。有的失恋后情绪低落,甚至痛不欲生,产生悲观厌世情绪。

四、提高大学生心理素质的方法

大学生的心理虽然尚未完全成熟和定型，但可塑性很强，只要方法得当，良好的心理素质完全可以凭借自身的努力而形成。

（一）要培养良好的求知欲和浓厚的探索兴趣

大学生的主要任务是学习知识，包括文化知识和社会知识。学习文化知识是为了掌握一定的文化技能，为将来走向社会并能够立足社会打下良好的基础。大学的学习方法和内容与中学有着很大的不同，因此进入大学校门首先要适应大学的学习方法和内容，尽快掌握学习要领，培养浓厚的学习兴趣和求知欲。学习社会知识是为了更好地适应社会发展的需要，当今社会需要的是复合型、多方位的人才。大学生活，文化课的学习固然重要，但是同学之间、朋友之间和师生之间的人际交往能力、组织协调能力、动手实践能力以及应付各种困难、处理各种问题的能力都是不可或缺，应该掌握的。因为大学生活是一个人的世界观、人生观和价值观定型的时期，因此，只有培养良好的求知欲和探索兴趣，掌握更多的文化知识和社会知识，才能树立正确的世界观、人生观和价值观，才能做一个对社会有意义的人。

（二）要有正确和谐的自我认知

大学生对自己要有一个良好准确的定位和认知，社会上认为我们是"天之骄子"，可我们却不能总以此自居，骄傲自大，不虚心学习，过高的估价自己。当然也不能因为遇到一些挫折和困难而自轻自贱、妄自菲薄，过低的估价自己。而应当把"自尊、自强、自信、自立、自制、自爱"作为自我认知的具体指标，把"真诚、理解、信任、体贴、热情、友善、幽默、开朗"作为自我完善的具体指标，从而客观地认识自我，正确地评价自我，积极有效地控制自我和科学地发展自我，增强自信心，树立健康的自我形象。

（三）要有健全的意志品质，敢于面对各种挫折

人生之路不可能是一帆风顺的，难免会遇到一些挫折和困难，大学生要想成为社会的有用之才，就要不断提高自身抗挫折的能力，保持健康向上的心理，提高心理素质，要正确面对挫折并主动适应和战胜它。这就要求一是要加强自身素质的修养，不断丰富和完善自己；二是要学会控制和调节自己的情绪，不断优化自己的心理素质，增强适应能力；三是要有坚强的意志品质，俗话说"有志者事竟成"，大学生要想成才，就必须优化自身的意志品质，做一个意志坚强的人。

（四）要有健康的情绪体验，提高情绪调节与控制的能力

情绪是心理素质教育中的重要内容，一个人的情绪在一定的周期里都有高潮和低潮，把握高潮和控制低潮是调节情绪的关键所在。但是一个人过分的情绪化是心理不成熟的表现，处理问题和解决矛盾不是理性的去对待，而是感情用事，这样不仅不利于解决问题，反而会使矛盾更加激化。大学里出现的各种矛盾与社会相比，并不是什么大的矛盾。因此，作为一名大学生，在大学的学习和生活中，在处理各种矛盾和问题的时候就要学会调节和控制自己的情绪。学习情绪理论的相关知识，掌握自我情绪调节和控制的技巧，培养积极健康的情绪，排除消极的不健康的情绪，保持情绪的稳定，为以后走向社会打下良好的基础。因为在职业成功的道路上，最大的困难往往并不是缺少机会或资历浅薄，而是缺乏对自己情绪的控制。心理素质的高低好坏不是先天的，而是在于后天的学习、实践和锻炼。积极参加心理素质的教育活动，听取心理素质的教育报告，学习心理素质的常识，积极参加课外社团活动，参加学校组织的各种校园文化体育活动，参加社会实践活动等等，这些都有助于提高大学生的心理素质。

五、心理素质：智商与情商

（一）智商

智商是用来表示人们聪明程度的一个心理学术语，简称为 IQ（Intelligence Quotient）。智力是人的能力结构的重要组成部分。了解人的智力水平，对合理地选拔人才以及针对不同的智力情况搞好教育、医疗等各项工作是很有益的、必要的。智商通过智力量表测出的智商值来分级，见表 3-1。

表 3-1 不同智商水平的人数分配百分数

智商	百分比（%）	级别
140 以上	1	非常优秀
120～139	11	优秀
110～119	18	中上
90～109	46	中智
80～89	15	中下
70～79	6	临界智力
70 以下	3	智力迟钝

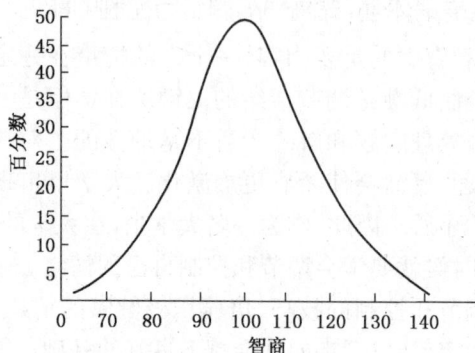

图 3-1 智力常态分布图

（二）情商

情商（Emotional Quotient，EQ），是"情感智力商数"的简称，它是相对于智商"IQ"提出的，从而也说明情商表示与情绪有关的智力，智商表示以学术为重的智力。为此，美国心理学家高曼把情绪智力称为情商，是衡量情感智力水平高低的一项指标。高情商者，表现为有良好的情绪自控能力、丰富而稳定的情感、稳定持久的注意力、良好的社会交往能力与适应能力，以及面对挫折与失败的耐受力等；低情商者，表现为情绪自制力差、情感贫乏、注意力涣散、意志品质差、人格障碍、缺乏交际能力、难以适应社会、受挫承受力差等。

高曼认为，情商是个体最重要的一种生存能力。它影响着人的生活的各个层面，主要由情绪的自我认知、自我控制、自我驱策能力和对他人情绪的识别、移情及适度的反应能力所组成。它包括如何准确地了解自己的真情实感；如何克服冲动，延迟满足；如何调适情绪，避免因过度沮丧而影响思维；如何设身处地为他人着想，真诚地去理解他人；如何激励自己愈受挫愈勇敢，对未来永怀期望。它涵盖了一个人对己、对人、对事的自制力、刚毅力、善解人意的能力和与人热忱相处的交往能力等内容。高情商是完美人格、高尚道德和至尊至爱情操的集合，是影响人生未来的最重要的关键性心理品质。

（三）情绪对事业成功的影响力

人们通常所表现出来的镇定、浮躁、乐观、悲伤、坚强、怯弱等等，都源于情商。心理学家研究发现，情商是比智商更为重要的心理素质，它往往能左右和决定一个人一生的起落沉浮。美国著名心理学家特尔曼曾对 800 名男性进行了 30 年的追踪调查，研究表明，成就最大的 20％ 与成就最小的 20％ 之间，最明显的差别不在智力水平，而在于是否具有良好的心理素质。专家认为，人的成功，智商因素可能占到 20％～30％,情商因素占到 70％～80％。

在历史上可以看出,一切取得了卓越成就的人,虽然其智商不一定很高,但相信他们的情商一定不会低。贝多芬失明之后,对于音乐创造来说,他面临着巨大的困难与挑战,但他却扼住了命运的咽喉,发愤创作,靠乐感和直觉,呕心沥血,以坚强的意志力奏出人类为之俯仰共鸣的《英雄交响曲》。在体坛上,个子矮小的邓亚萍,当初并不是打乒乓球的料,可她用百倍的努力,面对一切强手,方寸不乱,展示了不屈服于命运,敢于向命运挑战的可贵素质。美国心理学家荷尔姆斯运用情商概念,对美国历史上历届总统进行了研究。他认为:富兰克林·罗斯福总统是个具有二流智力、一流情商的政治家,被认为是美国历史上一个卓越的领导人;而尼克松具有一流智慧、二流情商水平,结果黯然下台。美国的贝尔实验室里的工程师和科学家 IQ 都很高,但却有的人表现平平,有的人却成为学界的泰斗。研究发现:原因不在 IQ 的差距,而在于每个人 EQ 的高下。贝尔的顶尖人才呈现了一些特质:善于人力的组织协调、能领导众人建立共识、能参考别人的观点、具有说服力、懂得促进合作与避免冲突等,这些是社会技巧。他们还具有两种特质:一是富于主动精神,能自发地肩负起超越本身岗位的责任;二是自我管理能力,善于调配时间和工作进度。这些能力都是 EQ 的范围。另外,美国"创造性领导研究中心"的一份研究报告指出,一些高级主管无法正常开展工作的原因并不是因为技术上的无能,而是因为人际关系的缺陷。该中心在对美国及欧洲的大企业的最高主管调查之后,列出管理人员有"九大致命缺陷",这九大缺陷大多与个人情绪因素有关,如"野心太大"、"处理不好工作关系"、"太武断"、"常与上级对着干"等。因此,哈佛大学发展心理学家霍华·加登纳认为:"一个人最后在社会上占据什么位置,绝大部分取决于非智力因素。"

众多实例和实验证明,智商的高低与一个人的成就并没有什么必然的联系,而情商则在成功中扮演着更为重要的角色。哈佛大学教授、《情感智商》作者丹尼尔·戈尔曼认为:"仅有 IQ 是不够的,我们应该用 EQ 教育我们的下一代,帮助他们发挥与生俱来的潜能。"

有人提出了成功的公式:成功＝20％智商＋80％情商

为什么会这样呢?智商分数更多地只能预测一个人的学业成就,而情商使我们具有觉察我们自己的和别人的感情的意识,它使我们具有移情、同情、产生动机以及对痛苦和欢乐作出适当反应的能力,情商可以决定其他能力(包括智能)的发挥极限。当运动员在赛场上忍着伤痛坚持比赛,最终取得冠军的时候;当少年时被称为"笨小孩"的爱因斯坦,成为举世公认的杰出人才的时候;当具有二流智力的富兰克林·罗斯福,被认为是美国历史上卓越的领导人的时候……是情商给了他们前进的动力和超越自己的勇气。

情商是一种基本需要；
情商是一种生存能力；
情商是一种生活智慧；
情商是一种前进动力。

【案例 3-1】

内心的羁绊

一个猎手非常喜欢在冬天打猎。这一天，他追随着野鹿留下的痕迹，来到了一条结冰的河流跟前。

这是一条相当宽阔的河流，河面完全被冰所覆盖。猎手无法判定冰层能否承受得住他的体重，最终捕鹿的强烈愿望使猎手决定涉险跨过河流。

猎手伏下他的双手和膝盖，小心翼翼地在冰面上爬行起来。当他爬行到近一半的时候，他的想象力开始空前活跃起来。他似乎听到了冰面裂开的声音，他觉得随时都有可能跌落河里淹死。巨大的恐惧向猎手袭来，鹿已经勾不起他的兴趣，现在，他只想返回去，回到安全的岸边。但他已经爬行得太远了，无论是往前爬还是返回去，都危险重重。猎手趴在冰面上瑟瑟发抖，进退两难。

就在此时，猎手听到了一阵可怕的嘈杂声。当他心惊肉跳地抬头望过去，他看到一个农夫驾着一辆满载货物的马车，正悠然地驶过冰面。当农夫看到匍匐在冰面上、满脸惊恐不安的猎手时，一脸的莫名其妙，以为遇到了一个受到惊吓的疯子。

很多时候，我们踌躇不前，并非因为外界或自身条件的阻挡，而是受到了内心的羁绊。

（四）如何培养情商

情商对一个人的成长发展有着举足轻重的作用，所有有识之士对情商的培养十分重视。正式提出"情感智商"这一术语的是 1990 年美国耶鲁大学的彼得·沙洛维教授和新罕布什尔大学的约翰·梅耶（John Mayer）教授。1995 年 10 月，美国《纽约时报》专栏作家丹尼尔·戈尔曼（Daniel Goleman）出版了《情感智商》一书，一时间，"情感智商"这一概念在世界各地广泛传播。戈尔曼在其书中称情感智商包括五个方面的能力：

（1）认识自身情绪的能力。这是一种能随时随地认知感觉的能力，对了解自身、认识自身的情绪的能力，对了解自身非常重要。不了解自身真实感觉的人必然会沦为感觉的奴隶；反之，掌握自身的感觉才能成为生活的主宰，所以说"人贵有自知之明"。了解自己的人在面对婚姻或工作等人生大事时，更能作出明智的抉择。

（2）妥善管理情绪。情绪管理必须建立在自我认知的基础上。这方面的能力包括如何自我安慰,如何摆脱焦虑、灰暗或不安等。这方面能力较欠缺的人,常会与低落的情绪交战不休;反之,善于调节情绪的人则能很快走出情绪的低谷,重新振奋。

（3）自我激励。无论是要集中注意力还是要发挥创造力,都需要将情绪专注于一定的目标,且保持高度的热忱,这是一切事情成功的驱动力。同时,任何事情要想取得成功,都要依靠情感的自制力来克制冲动和延迟满足。一般而言,具有自我激励能力的人,办事效率都较高。

（4）认知他人的情绪。建立在自我认知基础上的同理心,是人际交往中所必需的。具有同理心的人较能从细微的信息中觉察到他人的需求,特别适合于从事医护、教学、销售和管理等工作。

（5）人际关系的处理。人际关系能力是处理自己与他人关系的情绪与行为的一种能力。一个人的人缘、领导能力、人际和谐程度等都与这项能力有很大关系,这项能力较强的人,常常成为社会中的佼佼者。

认识自身的情绪、妥善管理自己的情绪是情感智商的首要基础,自我激励是情感智商的推动力,认知他人的情绪、人际关系的处理是情感智商的一个要素。情感智商是相对于智商而言的,它反映的是一个人把握和控制自己的情绪,对他人情绪的揣摩和驾御,以及承受外界压力,不断激励自己和把握自己心理平衡的能力。正像智商是用来反映一个人传统意义上的智力水平高低一样,情感智商是用来衡量一个人情感智力水平高低的尺度。

六、职场需要的心理素质

（一）自信心

你知道"疯狂英语"的创始人李阳吗？他帮助很多不够自信的人摆脱了"哑巴英语",但实际上,小时候的李阳,自己也是一个很不自信的人。

小的时候,李阳很内向,甚至有些自闭。一个人在家的时候,家里的电话响了,他都不敢去接;门铃响了,他吓得从窗户里钻出去,逃逸似的跑了;家里来客人了,他也不敢跟客人说话。

一次,妈妈让小李阳去买酱油,这对内向的李阳来说是个很大的挑战,他要站在那个小卖铺里,犹豫半天才能说出"阿姨,我要买一瓶酱油"这句话。他不但在生活中自闭,而且在学习上也是如此。父亲让他复述一遍课文,他就会吓得在那里发抖,很难张口说出。

一次,父亲的一个外国朋友来家里做客。客人来的时候,父亲想考考李阳英语学的怎样,就把他推到外国朋友的面前让他打招呼。没有想到,李阳吓得什么也不知道了,什么也不会说。正因为他对自己很不自信,所以上初中时,他的成绩很差。有一次,他突然发现大声地朗读课文时,记忆的效果要好一些。于是,他就试着一个人时大声地朗读课文。有一次,正当他大声地朗读英语时,一个同学走了过来,对他说:"你读的真好听。"这句话让李阳大受鼓舞,慢慢地他不再害怕在同学们面前朗读课文了。

他的英语成绩进步得很快,从此,他不仅在教室里大声地朗读英文,操场上、走廊上到处都可以看见他说英语的身影,同学们老远就可以听见他说英语的声音。他越来越自信了,甚至连早上锻炼时,嘴里都喊叫着英语,一点儿也不怕被别人笑话。后来,李阳的英语成绩进步得飞快。

长大后,李阳成了一个英语非常厉害的人,尤其是他的口语。这时,他看见有很多人,由于不够自信,虽然能看懂英语,却不敢开口说。他就决定把自己学英语的经验和大家分享。而他的经验,就是克服自己的自卑感,大声地把英语喊叫出来。这就是"疯狂英语"的由来。

李阳的成功源于他的"喊出来的自信",如今在国际赛场上不断创造佳绩的飞人"刘翔",自信乐观的个性在很大程度上也成全了他的今天。而在我们的生活中,不难看到这样的人:很想干一番事业,但却疑虑重重,在干事业之前,就开始担心事业的成败,即便自己在进行某项开拓的工作,也不能全力以赴地力争成功,而总要为自己设计一条退路,原因就在于信心不足。

自信是大学生成功不可缺少的根基,也是大学生重要的心理素质。对于任何人来说,只有相信自己能够干出一番事业,才会热情地、努力地投身到这个事业中去。

"自信人生二百年,会当击水三千里。"自信会给人带来洒脱和豪爽,带来难以估量的力量。

自信不是万能的,但是,信心是一种不惧怕困难,相信自己能够战胜困难的精神优势,会帮助人们藐视困难,努力去克服困难,而这正是成功的重要保证。

（二）意志力

意志力是人在意志过程中所表现出来的特征,意志品质主要表现在自觉性、果断性、坚持性、自制性四个方面。

1. 自觉性

自觉性是指一个人在行动中具有明确的目的,能自觉根据客观规律去行动,从而实现预期目的的品质。这种品质反映了一个人的正确观点和坚定信念,所以自觉的行动并不是偶然和冲动的行为,而是在明确目的指引下采取的行动。具有自觉性的人,在行动中一方面也不拒绝一切有益的意见。缺乏自觉性的人往往表现出独断性与受暗示性。

可以从以下几方面训练自觉性：确定目标；确定切实可行的目的；对可能出现的困难的预测及预先的心理准备。

2. 果断性

果断性是一种明辨是非，善于抓住时机，在错综复杂的情况下，迅速而合理地作出果敢的决断，并付诸实现的品质。

果断性必须以自觉性为基础，以正确的认识为前提，以大胆勇敢和深思熟虑为条件，也就是说有胆有识，方能果断。需要立即作出决定时，能当机立断，不徘徊踌躇；在情况有变或较复杂时，能立即停止执行或适时地改变已经作出的决定。可见，意志的果断性是意志行动的时机把握问题。

可以从以下几方面训练果断性：现状的分析能力；剖析真正的动机；克服恐惧；快速决断；勇于承担责任。而有些人在面临决策时，表现得优柔寡断，在应当当机立断的时刻顾虑重重，犹豫不决。

曾经有这样一个小伙子，到农场主家里向他那漂亮的女儿求婚。农场主仔细地打量他一下，说：我们到农场去。我会连续放出三头公牛，如果你能抓住任何一头公牛的尾巴，你就可以迎娶我的女儿了。于是他们来到农场，年轻人站在外面等农场主放牛。不一会儿，牛栏的门打开了，一头公牛朝年轻人猛冲过来，这是他所见过的最大最丑陋的公牛了。他想：下一头应该比这一头好点吧。于是放过了这头牛。牛栏的门再次打开，第二头公牛冲了出来。然而，这头公牛不但体形庞大而且异常凶猛。"哦，这真是太可怕了。无论下头公牛是什么样的，总会比这头要好点吧。"于是他连忙躲到栅栏的后面，让过了这头牛。牛栏的门第三次打开了，一头体形短小而且非常瘦弱的牛小跑着出来了。年轻人非常高兴，这正是他想要抓的！当牛向他跑来的时候他看准时机向牛后面猛地一跃，但是——这头牛竟然没有尾巴！

其实在我们每个人的生活中都拥有机会，但是机会稍纵即逝，如果不能果断地把握，那机会就会从你身边溜走，错失良机，有的甚至还会铸成终身后悔的大错。缺乏果断性的另一个极端是草率决定的人不经过深思熟虑就轻举妄动，同样会造成严重的后果。

3. 坚持性

坚持性是指顽强地克服行动中的困难，百折不挠地执行决定，坚持到底，勇往直前的品质。一方面它表现为顽强性，即坚决抵制与行动目的相反的各种主客观诱因的干扰；另一方面它表现为持续性，即善于长久地坚持已经开始的符合目的的行动，做到锲而不舍，有始有终。许多有成就的人强过他人之处，就是有坚忍不拔的毅力。

有些人做事不能坚持到底，见异思迁，虎头蛇尾，一遇到困难挫折就半途而废。这种人三分钟热度，在挫折面前胆怯退缩。还有的人顽固、执拗，明知错误还要固执己见，不能正确对待自己所处的情境，我行我素，同样是意志薄弱的表现。

可以从以下几方面训练坚持性：细化目标，每一步设计是自己只要稍做努力就可以达到的；自我暗示和鼓励。

【案例 3-2】

坚持的兔子

有这样一个寓言故事：一年冬天，猎人带着猎狗去打猎。猎人一枪击中了一只兔子的后腿，受伤的兔子拼命地逃生，猎狗在其后穷追不舍。可是追了一阵，兔子跑得越来越远。猎狗知道实在追不上了，只好悻悻地回到猎人身边。猎人气急败坏地说："你真没用，连一只受伤的兔子都追不到！"猎狗听了很不服气地辩解道："我已经尽力而为了呀！"兔子带着枪伤成功地逃生回家后，兄弟们都围过来惊讶地问它："那只猎狗很凶呀，你又带着伤，是怎么甩掉它的呢？"兔子说："它是尽力而为，我是竭尽全力呀！它没追上我，最多挨一顿骂，而我若不竭尽全力地跑，可就没命了！"

温馨提示：生活中有许多机会，许多困难，你是全力以赴还是尽力而为地争取和克服呢？也许在面对失败时，我们会说："我们已经尽力了。"但这只是一句好听的借口罢了。因为当你全力以赴时得到的可能就是另一个结果了。在今天竞争激烈的社会，尽力而为是远远不够的，我们做任何事情都需要全身心地投入，全力以赴地去做。在看完这个故事以后，你是否问问自己："我是尽力而为的猎狗还是全力以赴的兔子呢？"

4. 自制力

自制力是指能够自觉控制和协调自己的情绪，约束自己言行的品质。表现出应有的忍耐性，能牢牢把握自己，排除干扰，坚决执行决定。自制力反映着意志的抑制能力。有自制力的人，能够在胜利面前不骄傲，失败面前不气馁，纪律性特别强，情绪稳定，能够自己战胜消极情绪和冲动行动，冷静地处理问题。

与此相反的是冲动性。许多大学生说"管不住自己"，表现为不能控制自己的情感和行动，比如"网瘾"，这类人时常被别人左右，随意改变自己的决定，因而对自己行为的约束能力也较差。

可以从以下几方面训练自制力：识别自己的情绪；合理的分散注意力的方法，如体育锻炼；寻求社会监督；自我暗示和鼓励。

（三）自我觉察

自我觉察指的是个人对自己的心理、行为表现是否有正确的认识,从而更好地认识世界、适应社会和有效创造。自我觉察是人通往全面发展的第一步,是任何成长的基本要件。中国有句古话说"人贵有自知之明",认识自己很难,所以才可贵。自我觉察的品质不仅是客观的、诚实的,而且是没有偏见的。它不仅能使人觉察到"自我",也能充分觉察到"他人",它尊重每个人的个性,承认每个人都有不同的接受事物的能力。它能设身处地去理解他人,与他人体会到同一种感觉,用他人的方法去认真思考,并能接受别人的观点,作出正确的判断。对外界生活有极强的适应能力,对内心生活也有高度的自省能力。孔子云:"吾日三省吾身。"自省是为了了解自己是什么样的人,了解自己在现实生活中所扮演的角色,了解自己的潜在能力和将来要去承担的角色及要达到的目标,能明确地"自我定位"。

明确自己的合理"位置",是将自己才能最大化的前提。李白说"天生我才必有用",更多的是对现实的无奈,对自己怀才不遇的感慨。而如今社会给大学生提供了极为广阔的舞台,如何找到自己的位置成为问题的关键。马斯洛认为自我实现是人的最高层次的需要,自我觉察是为了发现自己的优点,肯定自己的能力,挖掘潜能,将自己的能力放大。

（四）自我领导

在一个良性成长的企业里,领导力是一个宽泛的概念,它不仅指要有一支一流的高素质的管理者队伍,更要求有一支具备领导力的员工队伍。因此,由下而上的开发领导能力是优秀企业保持竞争力的重要手段之一。在这样的企业里,培养各个层面所有员工的领导能力,被作为团队管理的一个基本要素。它要求团队成员通过日常的工作与生活经验来培养和积累领导能力,这种领导能力体现在每个人的工作细节中,每个人都是工作的主动参与者,是他自己的领导。

现代企业员工已经由传统的他人领导型转变为自我领导型,一个企业要想真正发挥员工的才能,调动员工的积极性,必须将员工的自我领导意识发挥出来。任何严密的控制,如果得不到员工的理解,或代替了员工的自我控制,可能会使员工屈从,但发挥不了员工的潜力和作用。所以,企业心理培训也重点涉及自我领导能力的培养。

自我领导能力的培养也是培养决策能力的过程,克服盲目从众心理是决策力的体现。有一个人为了教育自己的孩子,让他自己出去锻炼一下。这个孩子找到了一种很香的木头,拿到集市上卖,可是好几天了只有人问问价就走了,孩子很沮丧。他看到周围有些人卖木炭很好销,于是把自己找到的木头烧成炭出售换回来一点钱。这个父亲看着儿子挣到的钱却怎么也高兴不起来,因为孩子找到的是最珍贵的沉香木，随便掰下一块来就足以换回一整车的木炭。所以很多时候不可盲从，要相信自己，相信自己的价值。决策力强的人，能摆脱从众心理的束缚，做到解放思想，不拘常理，大胆探索和决策，因此他们常是独具慧眼，能发现一般人不能发现的问题，捕捉到更多的成才机遇。

（五）自我超越

每个时候有每个时候的特点，每个阶段有每个阶段的目标，要想获得持久的竞争力，就要"欲穷千里目，更上一层楼"，不断地进行自我超越。自我超越的修炼是指不断认清并加深个人的合理愿望，集中精力，培养耐心，并客观地观察事实。超越自我是对自身能力或素质的突破，这不仅仅是心理潜能的激发，更是人性的完善、境界的提高和智慧的凝结。人在改造自然、构筑社会的过程中，会逐渐形成一些规范、感觉和认识，这些经验和教训的结果是有利于个体适应环境并且与环境互动协调的。

但由于人的认识层次不够，信息不足，往往会有片面性，这是谁都不能避免的。片面带来的规范异化、认识异化或是本能误导对人适应环境是不利的，甚至成为人存在和发展的障碍。突破就是针对异化和误导而来。比如羞怯，这是人的自我收敛、自我保护意识的体现，是积极的，有利于维系人与人之间的关系。但是，过分羞怯或不分场合、不合时宜的羞怯却常常成为人们向前跨越或关系拓展的障碍。克服羞怯的口号因此而出。超越自我在相当多的时候便倾向于人格塑造。对于我们大多数人，智力和能力的差距并不大，知识和技巧也差不多，这时自我超越的重点，更应该倾向于坚持和积累。

七、大学生常见的心理问题与调整

（一）适应问题

适应障碍是因长期存在应激源或困难处境，加上病人的人格缺陷，产生烦恼、抑郁等情感障碍，以及不适应行为（如退缩、不注意卫生、生活无规律等）和生理功能（如睡眠不好、食欲不振等），并使社会功能受损的一种慢性心因性障碍，通常在应激性事件或生活发生改变后起病。

对于大学新生，大部分人都会面临这样的问题，学习和生活环境、方式的巨大变化，高中学习过程中的成就感的丧失，陌生的同学等等，这些应激源都会给刚刚跨入大学校门的大学新生带来种种不适，不适和陌生伴随着焦虑、不安、恐惧、烦躁甚至是失眠和生理上的不适等。如何消除适应不良的反应呢？首先，要积极寻求关于新环境和新学习的信息，消除陌生感，也可以减少因学习任务减少所带来的空虚感。其次，调整好心态，与同学多交流，一起来适应新的生活。

（二）人际交往问题

现代大学生的交际困难主要表现为不会独立生活，不知道如何与人沟通，不懂交往的技巧与原则。有的同学有自闭倾向，不愿与人交往；有的同学为交际而交际，不惜牺牲原则而随波逐流。

导致大学生交际困难有以下几个原因：目前大学生多为独生子女，家长教育不当造成了一些负面效果，如任性自私、为所欲为；由于从小缺乏集体环境而导致缺乏集体感与合作精神；家长的过分包办使独生子女上大学之后缺乏最起码的独立生活及为人处世的能力。由于交际困难，一方面导致大学生产生自闭偏执等心理问题，另一方面因无倾诉对象，有问题的学生更会加重心理压力，甚至导致心理疾病。调查中发现，目前交际困难已成为诱发大学生心理问题的首要因素。协调人际关系，要学会摆脱以自我为中心的出发点，学会站在对方的角度来考虑问题。

（三）恋爱问题

恋爱是男女双方为寻求合适的爱情而互相了解和选择的过程。在这个过程中，大学生可能都会面临这类问题。而大学生对情感方面的问题能否正确认识与处理，也直接影响到大学生的心理健康。一方面要合理分配恋爱和学习的时间，提倡在不影响学习的前提下的健康的恋爱方式；另一方面要正确处理失恋带来的情绪问题，尽快走出失恋阴影。在失恋之后，可以运用酸葡萄效应，尽量多想过去恋人的缺点，少想他们的优点。要常给自己积极的自我暗示，并设法转移自己的注意力，如找朋友谈心等。把失恋带来的挫折感、压抑感升华为奋斗的动力是十分有意义的。

第五节　人际交往能力的培养

一、人际交往能力的内涵

据报道，对近年高校毕业生供需状况进行了调查分析，结果表明：用人单位在招聘时最看重的是学生的综合素质，而大学生的能力则成为用人单位关注的重点，特别是人际交往能力。2004 年轰动全国的云南大学"2·23 凶杀案"，主犯马加爵，由于与同学产生了一些小矛盾而走上杀人的道路。这件事不得不引起我们的思考。为此，我们在生活、学习、工作中，要正视和解决不愿交往、不懂交往、不善交往的问题，塑造自身形象，以积极的态度和行为对待人际交往，建立和谐的人际关系。

人际交往也称社会交往，通常是指人与人之间通过一定的方式进行联系和接触，从而在心理上或行为上相互影响的过程。在人际交往中，交往的双方实现各种心理和行为的互动。人们在生活实践中,进行思想情感、经验技能、知识文化的交流以及相互了解的活动等,都属于这一范畴。人际交往能力主要包括:

(1) 表达理解能力。表达理解能力意味着一个人是否能够将自己内心的思想表现出来,还要让他人能够清楚地了解自己的想法,其次就是理解他人的表达。一个人的表达能力,也能直接地证明其社会适应的程度。

(2) 人际融合能力。表明了一个人是否能够体验到人的可信以及可爱,它和人的个性(如内外向等)有极大的关系,但又不完全由它决定,更多的是一种心理上的意味。

(3) 解决问题的能力。当前独生子女的一大弱点是依赖性强,独立解决问题的能力差,再加上应试教育的弊端,因而严重影响了学生的交往能力。

二、人际交往的重要性

人际交往能力就是在一个团体、群体内与他人和谐相处的能力。人是社会的人,很难想象,离开了社会,离开了与其他人的交往,一个人的生活将会怎样?有人存在,必须与人交往。现在的大学生人际交往的动机、形式和途径形形色色,良好和谐的人际关系对学生的成长有着巨大的影响力。

(一) 认识他人,以增加品评的客观性;了解自己,以增加自我感觉的准确性

大学阶段人际交往的开端是认识他人,在很大程度上取决于我们对人类本性认识的倾向性,以及短暂接触后对方给我们的第一印象。初次印象便是在心理定势引导下,对各种信息的主观加工,它不可避免地会发生偏差。这就是为什么生活中虽然有"一见如故"、"一见钟情"的说法,但人们更看重"日久见人心"、"患难见真情"。只有在增加接触、不断交往的过程中,才会对他人形成更加完整的印象,增加品评他人的客观性。此外,人际交往过程实际上也是寻找"镜子"——认识自我的过程。大学阶段是人心智成熟最快的阶段。在与他人相处的过程中,个体可能更清楚地认识到自己的客观形象,然后将外界的客观评价与个人的主观评价相对照,从而形成正确的自我评价。同时,在与人交往的过程中以及在与别人的相互作用中,可以将自己的思想、行为特征相对比,弄清楚自己与周围的关系和交往性质,就能准确地把握自己的位置,从而可以及时地调整自己。而且,人只有在与他人交往的过程中,才能不断认识自己、完善自己。

(二) 获取积极经验,减少消极教训,为未来的发展创造机会

常言道"前车之辙,后车之鉴","听君一席话,胜读十年书"。这说明在人们的社会实践中,如果注重人际交往,就能以较短的时间和较少的代价获得积极的经验,尽量减少失败的教训。因为人一生的时间、精力、认识范围有限,所有的聪明才

智不可能全靠自身的实践去一一积累。最聪明、最有效的办法就是从他人的发展中吸取有益的知识,总结自己在社会交往中的经验教训,博采众长,不断完善自己。一方面从别人的长处中吸取积极成功的经验;另一方面也可以从别人的不足中吸取教训,少走弯路。

（三）显示自我价值,以获得满足感和自信心

大学生情感丰富,在紧张的学习之余,需要进行彼此之间的情感交流,讨论理想、人生,诉说喜怒哀乐。人际交往正是实现这一愿望的最好方式。通过人际交往,可以满足大学生对友谊、归属、安全的需要,可以更深刻、更生动地体会到自己在集体中的价值,并产生对集体、对他人的亲密感和依恋之情,从而获得充实的、愉快的精神生活,促进身心健康。同时,人际交往也给了大学生表达自己的想法和价值观,甚至对某一问题深层次认识的平台,一方面可以加深别人对自己的认识,获得社会认同感,同时,自身的价值也得到了一定程度的体现,有利于自信心的获得。

（四）积极参与人际交往活动,以获得精神上的愉悦

处于青年发展期的大学生,正处在人生的黄金时代,在心理、生理和社会化方面逐步走向成熟。但在这个过程中,一旦遇到不良因素的影响,就容易导致焦虑、紧张、恐惧、愤怒等不良情绪,影响学习和生活。实践证明,友好、和谐、协调的人际交往,有利于大学生对不良情绪和情感的控制和发泄。在交往过程中,大学生平等相处,志趣相投,共同探求未知的领域,一起参加有益身心健康的活动,会感到心情舒畅,兴趣倍增。

（五）人际交往是大学生成长成才的重要保证

1. 人际交往是交流信息、获取知识的重要途径

现代社会是信息社会,信息量之大,信息价值之高,是前所未有的。人们对拥有各种信息和利用信息的要求,随着信息量的扩大也在不断地增长。通过人际交往,我们可以相互传递、交流信息和成果,丰富自己的经验,增长见识,开阔视野,活跃思维,启迪思想。

2. 人际交往是一个集体成长和社会发展的需要

人际交往是协调一个集体关系、形成集体合力的纽带。而一个良好的集体,能促进青年学生优良个性品质的形成。如正义感、同情心、乐观向上等都是在民主、和睦、友爱的人际关系中成长起来的。良好的人际关系还能够增进集体的凝聚力,成为集体中最重要的教育力量。人际交往是人与人之间的一种互动。良好的人际交往能力是积极向上的,反之则不利于个体的全面健康地发展。

三、大学生人际交往能力的现状

在近几年各高校举行的校园招聘会上，一些企业负责人表示，员工的交际与沟通能力越来越成为企业在市场竞争中获胜的主要动力，因而用人单位在招聘时更看重求职者的情商。面对用人单位开出的招聘条件，越来越多的大学生感受到了人际交往能力的重要性。

日前一项针对大学生职业适应能力的调查显示，有 41.98% 的学生认为人际交往能力的训练是"找工作时对自己特别有帮助的教育内容"，大大超过了专业能力训练(14.9%)、基础知识与技能的训练(17.5%)和心理素质教育(17.5%)等其他知识能力。而在回答"通过择业你感到自己特别欠缺的素质是什么"时，选择人际交往能力的比例最高达 34.8%，同样排在分析与解决问题的能力(28.8%)、操作技能(25.9%)、基础知识(4.6%)等之前，位列首位。

对自己负责的这个调查，天津师范大学教育科学院心理研究所主任贾晓波教授认为，调查结果表明，越来越多的大学生意识到，人际交往能力的欠缺已经成为求职路上的"拦路虎"。据贾教授介绍，良好的社交心理素质与人际交往技巧不是与生俱来的，只有在社会化过程中不断地接受系统训练才能习得。而目前，人际交往能力的培养恰恰是教育教学内容中的薄弱环节。

问卷调查结果显示：中国在校大学生的人际交往能力属于中等偏下水平，同时可以看出一般人在新环境中比较拘束，适应较慢。在异性和非同龄人面前会有所紧张，不够大胆，不主动交往，甚至有少数同学有自闭心理。人际交往能力和方法的欠缺是影响大学生人际交往的原因之一。不少大学生缺乏交往的经验，尤其是成功的经验。他们想关心人，但不知从何做起，想赞美人，可怎么也开不了口或词不达意，交友的愿望强烈，然而总感到没有机会。交往中想表现自己却不能如愿，内心想表示温柔，言语却是硬邦邦的，这些情况阻碍了他们和他人交往的顺利进行。但绝大多数人都知道社交能力的重要性，想有所提高。

大学生人际交往能力较差的现状是多方面原因导致的，中国传统文化的负面效应的影响是多年来根深蒂固的。中国是个重"人情"的国家，讲究男女授受不亲，万事和为贵，"好兄弟，讲义气"等，直接导致了大学生人际交往中出现了一些负面特点：为朋友两肋插刀，不惜放弃原则，凭感觉判断，缺乏理性思考；相反，有的同学却习惯于忍气吞声，受了委屈不会寻求合理的途径来保护自己，渐渐导致不愿与人交往的心理，特别是与异性，程度严重的发展为社交恐惧症。父母对孩子的过度保护、控制和干涉，也是导致我国大学生人际交往能力较差的原因之一。大学生在获得远离父母的第一次机会时，普遍表现出与父母关系的暂时性过分疏远(尤其是大一、大二)。由于大学生对人际交往缺乏客观的认识，对人际关系的追求往往带有较浓的理想化色彩和高期待值,一旦受挫便沉湎于对过去的回忆之中,表现出自我封闭的倾向。

四、影响大学生人际交往能力的不良心理

(一)自卑和羞怯心理

这是大学生交往中普遍存在的一种不良心理,尤其在新生刚入校或是考试后表现得较为突出。自卑是个体不客观地贬低自己的能力,自卑感易使人产生孤独、寂寞、自信心丧失,害怕见人或是与人交往时羞于启齿,产生不必要的过分的焦虑和担心,行动上表现得手足无措、畏首畏尾,影响与他人的正常交往。

(二)自私心理

这是一种以自我为中心的消极心理。现在的大学生中独生子女越来越多,从小生活在以自我为中心的家庭环境中,父母的过分保护与溺爱,让他们丧失了与别人分享、为他人考虑的基本能力,遇是总是把自己放在第一位。在人际交往中,为满足自私心理,甚至达到不择手段的地步。自私不仅损害了社会和他人的利益,而且最终也使得自私者本身遭受到应有的惩罚,会陷自己于孤立无援的境地。

(三)嫉妒心理

这是缺乏成就感的一种极端消极和狭隘的病态心理,这种心理在大学生的人际关系中也是较为普遍的一种。同时进入大学校门,当别人通过自身不懈努力成绩优异时,不试图寻找自身差距,反而处处盯着别人的缺点,期盼别人会遭受挫折,这种社会上称为"红眼病"的现象,大学生的队伍中也不乏其人。当别人面临灾难时,就隔岸观火、幸灾乐祸。当别人超越自己时,往往心理失衡,进而导致与人交往时出发点、着重点的扭曲,不能与别人正常地交往。这种人会逐渐失去交往伙伴,反而又以"孤芳自赏"自居。同时,与优秀的同学背道而驰。这样的同学只会被周围的人所排斥。

五、人际交往的原则

人际交往的核心部分,一是合作,二是沟通。培养交往能力首先要有积极的心态,理解他人,关心他人,日常交往活动中,要主动与他人交往,不要消极回避,要敢于接触,尤其是要敢于面对与自己不同的人,而且还要不怕出身、相貌、经历,不要因来自边远地区、相貌不好或者经历不如别人而封闭自己;其次要从小做起,注意社交礼仪;再次要善于去做,大胆走出校门,消除恐惧,加强交往方面的知识积累,在实际的交往过程中去体会,把握人际交往中的各种方法和技巧。另外,要认识到在与别人的交往中,打动人的是真诚,以诚交友,以诚办事,真诚才能换来与别人的

合作和沟通，真诚永远是人类最珍贵的感情之一。

（一）平等尊重的原则

平等就意味着相互尊重。寻求尊重是人们的一种需要，是人们进行交往的基本前提，也是大学生进行人际交往的重要原则。苏霍姆林斯曾经指出，不要去挫伤别人心中最敏感的东西——自尊心。社会主义社会的人际交往，首先要坚持平等的原则，无论是公务还是私交，都没有高低贵贱之分，要以朋友的身份进行交往，才能深交。切忌因工作时间短、经验不足、经济条件差而自卑，也不要因为自己是大学毕业生、年轻而趾高气扬。这些心态都影响人际关系的顺利发展。

（二）相容的原则

相容就是在处理人际关系时要有宽广的胸怀，对一些非原则性的问题、无关大局的小事不计较，严于律己，宽以待人，用辩证的观点看待人和事。

1. 适度原则

一是指在交往的质量和数量方面应掌握适度原则。虽然与自己相似的人比较容易成为朋友，但还是提倡在不违反原则的前提下，要交与自己身份、爱好等不同的朋友，求同存异，互学互补，有利于更好地完善自己。二是指因交往对象和交往场所的不同，要注意掌握适度原则。

2. 开放原则

一是指与人交往时要主动地暴露自己；二是指与他人交往时思想要解放，宽容大度。宽容表现在对交往对象的理解、关怀和喜爱上。人际交往中经常会发生矛盾，有的是因为认识水平不同，有的是因为性格脾气不同，也有的是因为习惯爱好不好等等，相互之间一定会有误会。对非原则性问题不斤斤计较，能够以德报怨，宽容大度，并勇于承担自己的行为责任，"做到宰相肚里能撑船"。宽容克制并不是软弱、怯懦的表现。相反，它是有肚量的表现，是建立良好人际关系的润滑剂，能"化干戈为玉帛"，赢得更多的朋友。

【案例 3-3】

宽　容

这是一个来自越战归来的士兵的故事。他从旧金山打电话给他的父母，告诉他们："爸妈，我回来了，可是我有个不情之请，我想带一个朋友同我一起回家。""当然好啊！"他们回答："我们会很高兴见到的。"

不过儿子又继续说下去："可是有件事我想先告诉你们，他在越战里受了重伤，少了一条胳臂和一只脚，他现在走投无路，我想请他回来和我们一起生活。"

"儿子，我很遗憾，不过或许我们可以帮他找个安身之处。"父亲又接着说："儿子,你不知道自己在说些什么。像他这样残障的人会对我们的生活造成很大的负担。我们还有自己的生活要过,不能就让他这样破坏了。我建议你先回家然后忘了他,他会找到自己的一片天空的。"

就在此时,他挂上了电话,他的父母再也没有他的消息了。

几天后,这对父母接到了来自旧金山警局的电话,告诉他们亲爱的儿子已经坠楼身亡了。警方相信这只是单纯的自杀案件。于是他们伤心欲绝地飞往旧金山,并在警方带领之下到停尸间去辨认儿子的遗体。

那的确是他们的儿子没错,但惊讶的是儿子居然只有一条胳臂和一条腿。

故事中的父母就和我们大多数人一样。要去喜爱面貌姣好或谈吐风趣的人很容易,但是要喜欢那些造成我们不便和不快的人却太难了。我们总是宁愿和那些不如我们健康、美丽或聪明的人保持距离。

然而感谢上帝,有些人却不会对我们如此残酷。他们会无怨无悔地爱我们,不论我们多么糟总是愿意接纳我们。今晚在你入睡之前,向上帝祷告请赐给你力量去接纳他人,不论他们是怎么样的人;请帮助我们了解那些不同于我们的人。

每个人的心里都藏着一种神奇的东西称为"友情",你不知道它究竟是如何发生、何时发生,但你却知道它总会带给我们特殊的礼物。

你也会了解友情是上帝给我们最珍贵的赠与!朋友就像是稀奇的宝物。他们带来欢笑,激励我们成功。他们倾听我们内心的话,与我们分享每一句赞美。他们的心房永远为我们而敞开。现在就告诉你的朋友你有多在乎他们。

试想:朋友,您一路看下来之后,一定有很深的感触吧。那么,在对别人有所决定与判断之前,首先,请想想这是否一个"误会",然后,请考虑你是否一定要钉下这个"钉子",如果可以的话,请"且慢下手"。

因为,当你对别人"宽大"之时,即是对你自己宽大。

（三）互惠互利的原则

指交往双方的互惠互利。人际交往是以某种需要为起点和归宿的,也是满足需要的途径。古人云:"投之以桃,报之以李。"互利原则要求我们在人际交往中,了解对方的价值观倾向,多关心、多帮助他人,并保持对方的得大于失,从而维持和发展与他人的良好关系。人际交往是一种双向行为,故有"来而不往非礼也"之说,只有单方获得好处的人际交往是不能长久的。所以要双方都受益,不仅是物质的,还有精神的,交往双方都要有所付出和奉献。

（四）诚信的原则

交往离不开诚信。诚信是做人之本,也是人际交往得以持续和深化的保证。诚,就是在人际交往中做到襟怀坦白,以诚相见,言行一致,表里如一。信,是诚的具体体现,就是要求信任朋友,讲究信用,言必信,行必果。在人际交往中,与守信用、诚信的人交往有一种安全感,与言而无信的人交往内心充满焦虑和怀疑。对每一个立志成才的大学生来说,诚信使你的形象更添光彩。古人有"一言既出,驷马难追"的格言。现在有以诚实为本的原则,不要轻易许诺,一旦许诺,要设法实现,以免失信于人。朋友之间,言必信,行必果,不卑不亢,端庄而不过于矜持,谦虚而不矫饰诈伪,不俯仰讨好位尊者,不藐视位卑者,显示自己的自信心,取得别人的信赖。

六、如何培养人际交往的能力

人际交往的能力欠缺是影响人际交往的原因之一。有的人在日常生活中已经体会到,往往想关心别人却不知从何做起;想赞美别人却不知从何开口;想协调人际关系却越协调越复杂;想与人为善却控制不住自己的冲动而语言生硬。人际交往能力是一个人的知识、人品、修养以及各种心理能力的综合,反映了一个人的综合素质,在培养和提高自己的人际交往能力的同时也要注意综合素质的培养和提高。

(一)人际交往的技巧

(1)记住别人的姓或名,主动与人打招呼,称呼要得当,让别人觉得礼貌相待、备受重视,给人以平易近人的印象。

(2)举止大方,坦然自若,使别人感到轻松、自在,激发交往动机。

(3)培养开朗、活泼的个性,让对方觉得和你在一起是愉快的。

(4)培养幽默风趣的言行,幽默而不失分寸,风趣而不显轻浮,给人以美的享受。与人交往要谦虚,待人要和气,尊重他人,否则事与愿违。

(5)做到心平气和、不乱发牢骚,这样不仅自己快乐、有涵养,别人也会心情愉悦。

(6)要注意语言的魅力,安慰受创伤的人,鼓励失败的人,恭维真正取得成就的人,帮助有困难的人。

(7)处事果断、富有主见、精神饱满、充满自信的人容易激发别人的交往动机,博得别人的信任,产生使人乐意交往的魅力。

(二)提高对环境的辨析能力

要有效地达到社交目标,便要因应情势而作出相应的行为。社交环境瞬息万变,交往的对象亦有不同的特质,要适应不同的社交环境和人物,就需要有精锐的观察和认知能力。对环境的辨析能力是社交能力的一个重要部分。一个人如果能够对情境间的细微不同之处加以区分,往往更能掌握社交环境的变化而作出合宜的行为,以适应不同性质、千变万化的环境。

在一项研究中,采用了一些虚构的处境,然后问受试者在这些处境中会有什么反应。其中两个处境:一是你很怕见牙医,但现在却要到牙医那里修补牙齿;二是你被一群持械的恐怖分子挟持在一所公共大楼内。接受测试的人当中,有些人较能辨析两种情境的不同,在见牙医的处境中选择分散注意力,在被挟持的处境中选择观察环境。有些人的辨析能力则明显较低,在不同的情境中也选择观察环境。

研究显示:辨析能力愈高的人,社交能力也愈高。他们在与父母、师长、朋友和不喜欢的人交往时,较能完成交往目标,并较能改进双方的交情。亦有证据显示,辨析能力高的人,会遇上较多愉快的交往经验,而他们也较少出现抑郁的情绪。需要强调的是,"因时制宜"并非指盲目跟随形势变化而改变自己的行为,亦不是指盲目顺应对方的旨意。

（三）对别人心理状态的洞察力

洞察别人的心理状态也是社交能力重要的一环。一些人看到别人的行为时,不尝试去了解对方做事时的处境和感受,便马上从别人的行为去判断对方是一个怎样的人。这种重判断而轻了解的取向,是社交能力发展的一大障碍。

一项研究曾向受试者描述一个人的行为,然后请他们将这个人的资料转述给另一位受试者听。在转述过程中,有些人自发地加入了一些对故事人物的性格和道德判断(例如"他是一个贱人"),而有些人则主动地对故事人的内心世界加入剖析(例如"因为他想取得律师资格,所以对有权势的人所做的坏事视若无睹")。

研究结果表明,越倾向性格道德判断的人,他们的社交能力便越差。反之,越倾向作内心剖析的人,他们的社交能力也就越高。

【案例 3-4】

理　解

杰克和约翰是多年的好朋友。一次他们一同去曼哈顿出差。早上,当他们在旅店点完饭菜之后,约翰说:"我出去买份报纸,一会儿就回来。"

过了 5 分钟,约翰空着手回来了,嘴里嘟嘟囔囔地发泄着怨气。"怎么啦?"杰克问。

约翰答道:"我到马路对面的那个报亭,拿了一份报纸,递给那个家伙一张 10 美元的票子,让他给我找钱。他不但不找钱,反而从我腋下抽走了报纸,还没好气地教训我,说他的生意正忙,绝不能在这个高峰时间给人换零钱。看来,他是把我当作借买报纸之机换零钱的人了。"

两个人一边吃饭,一边议论这一插曲。约翰认为,这里的小贩傲慢无理,不近人情,素质太差,很可能都是些"品质恶劣的家伙",并劝杰克少同他们打交道,但杰克却不同意约翰的看法。

杰克请约翰在旅店门口等一会儿,自己则向马路对面的那个报亭走去。

杰克面带微笑十分温和地对报亭主人说:"先生,对不起,您能不能帮个忙。我是外地人,很想买一份《纽约时报》看看,可是我手头没有零钱,只好用这张10美元的票子。在您正忙的时候,真是给您添麻烦了。"

卖报人一边忙着一边毫不犹豫地把一份报纸递给杰克,说:"嗨,拿去吧,方便的时候再给我零钱!"

当约翰看到杰克高兴地拿着"战利品"凯旋而归的时候,疑惑不解地问:"杰克,你说你也没有零钱,那个家伙怎么把报纸卖给你了?"

杰克真诚地说:"你我之间是无话不说的好朋友。我的体会是:如果先理解别人,那么自己就容易被别人理解。如果总想让别人先理解自己,那么自己就容易觉得别人不理解。如果用理解来表达需要,那么自己的需要就容易得到满足。"

(摘自《今晚报》)

(四)良好的表达能力的培养

社交中受人欢迎、具有魅力的人,一定是掌握社交口才技巧的人。社交口才的基本技巧表现在适时、适量、适度三个方面。

一要适时。说在该说时,止在该止处,这才叫适时。可有的人在社交场上该说时不说,他们见面时不及时问候,分手时不及时告别,失礼时不及时道歉,对请教不及时解答,对求助不及时答复……反之,有的人该止时不止。他们在热闹喜庆的气氛中唠唠叨叨诉说自己的不幸;在别人悲伤忧愁时嘻嘻哈哈开玩笑;在主人心绪不安时仍滔滔不绝地发表宏论;在长辈家里乐不可支地详谈"马路新闻"。

二要适量。适量的社交口才还包括声音大小适量。大庭广众之下说话音量宜大一点,私人拜访交谈音量宜适中;如果是密友、情人间交谈,小声则可以表现亲密无间、情意绵绵的特殊关系,给人一种亲切感。这些都是在社交场合与人交谈时应该掌握的技巧。

三要社交口才适度。主要是指根据不同对象把握言谈的深浅度,根据不同场合把握言谈的得体度,根据自己的身份把握言谈的分寸度。另外,体态语也要恰到好处。

口若悬河的本领从哪里来呢?是天生的吗?有的人从小就注意培养,所以表达能力会显得比别人强。但大多数人的口才,都是在成人后自觉地苦练得来的。

古希腊卓越的雄辩家德摩斯梯尼,年轻时有口吃的毛病。为了纠正口吃,清晰地发音,他把小石子含在嘴里朗诵,迎着大风讲话。他还经常朗诵诗歌、神话、悲喜剧,经过苦练,他终于成为一位闻名于世的雄辩家。

同学们可以通过积极参加演讲、对话和辩论活动来提高自己的表达能力,珍惜在大庭广众面前发表见解的锻炼机会,临场经验多了,口才也自然会好起来。另外,同学们在课堂讨论或分组讨论的活动中,应踊跃发言,不要放弃锻炼的机会,只要持之以恒,刻苦训练,你的口头表达能力一定会增强的。口头表达能力强,走上社会也是一种竞争力。

(五) 非语言信息的运用

在人际交往过程中,非语言信息的合理运用往往会使沟通的效果加倍。非语言信息是一系列的无意识的躯体动作,它可以促进沟通,也可以把沟通推向绝境。即使一动不动地坐着,你仍会在不知不觉中流露出自己的真实情感。非语言信息的运用有一些技巧:

(1) 在社会交往过程中,第一印象是至关重要的。任何首次会面的"前5秒钟"要比接下来的5分钟重要得多。因此,留心细节会使沟通效果大不相同。请注意衣着的整洁得体,即使所出席的场合并不要求正式的衣着,也要确保你的衣服和鞋子让人无可挑剔。

(2) 在进入会场前,对着镜子检查你的外表,以保证你的头发整齐。在交流过程中,与对方保持一定距离,为他人留出一定的空间,是非语言信息的一部分。这种空间的大小随环境的改变而有所不同。当与他人站在一起时,请留出大约1米的私人空间。

(3) 面向前方,采取大方的姿态,显示出十足的信心。

(4) 正面注视,面带微笑,表示出态度友好,注意力集中。

(5)双手叉腰,表明进行控制的决心和能力。

(6) 躲闪的目光意在回避。

(7) 拉耳朵的动作表明心存疑虑。

(8) 身体侧转意味着拒绝接受他人所说的话。

无论是在面对大众的讲台上,还是在面对面的会谈中,了解如何有效地运用手势都可以帮助你有效地传递信息。例如,约翰·肯尼迪习惯用砍东西的动作,希特勒喜欢挥拳头。

正确的手势可以在视觉效果上表达出你言辞中的意思,可以起到强调的作用,帮助你吸引别人的兴趣和注意力。

消极的手势会减损你要表达的意思。例如,用手指着对方的脸、带有攻击性的手势、心不在焉地玩弄手表等等。

简单的手势可以结合成复杂的手势。

面部表情是非语言沟通的手段，可以有效地了解、传递信息：

扬起眉毛——表明对所谈的事情感兴趣。

紧锁的眉头和紧闭的双眼——表示对此事心存疑虑。

斜睨的眼神——表明已经不耐烦，增强了不确定感。

微微侧着的头和友好的目光——表明在赞同地聆听。

目光保持接触，身体前倾——表明听者很专注。

紧闭的双眼和扶鼻的动作——表明听到对方的话时，内心充满了混乱和矛盾。

(六) 人际融合能力的培养

融合于社会，首先需要调整自己的观念，勇敢地面对世界、接纳世界。当然，接纳世界并不是要你消极等待和向困难屈服，更不是要你没有任何原则地去苟同消极落后的东西，甚至同流合污。而是要你用积极主动的态度去接纳现实，并有勇气和决心去消除生活中的消极现象。

人际融合能力并不只是简单的体现在能否接纳世界、认同世界方面，它还是一个人综合素质的反映。人际融合，是一种能力，一种智慧，一种艺术。美国俄亥俄州的 RMI 公司，一度生产滑坡，工作效率低，员工面临失业，情绪不稳。受总公司委派前来担任总经理的大吉姆·丹尼尔面临着与大家融合并带领大家改变面貌的严峻考验。他在公司中处处张贴这样的标语："如果你看到一个人没有笑容，请把你的笑容分些给他"，"任何事情只有做起来，兴致勃勃，才能取得成功"。大吉姆还把工厂的厂徽改成一张笑脸，贴在工厂的大门上、办公用品上、员工的安全帽上。亲切感产生信任感、归属感，在没有增加投资的情况下，公司生产效率提高了 80%。

由是观之，与人融合，并非深不可测。一句真诚的话语，一次放松的谈心，一个会意的笑容或眼神，都可以换来健康、乐观、平和的心境，营造出宽松和谐的人际空间，关键是你有没有不断学习、不断提高这方面能力的意识。

(七) 解决问题能力的培养

处理日常学习和生活中的各种问题，是我们最重要的责任。但是，当问题接踵而来，而且复杂度不断升高的同时，如何有系统地找出问题的成因，对症下药，以最有效率的方式解决问题，就是考验我们解决问题能力的时候了。

关于解决问题能力的培养，我们不妨借鉴一下 IBM 培养职工的方法。IBM 对此能力的培养有五大步骤：

一要定义并厘清问题。先收集资料并分析，确定问题确实存在之后，将问题写下来，让每个人都可以了解，将问题具体化，使相关人员明了。

二要分析问题。可以利用管理学的技巧辅助，如鱼骨图等。或是与部属举行讨论会议,将问题产生的原因分类,并且列出解决的优先顺序。

三要订出可能的解决方案。邀请同仁动脑,最重要的是把这些结果系统地整理出来,依照是否能真正解决问题、是否能获得管理阶层支持以及是否可付诸实施等原则排出顺序。

四要选出解决方案,定出行动计划。选择影响力最大、推动起来最容易的方案,立即拟定行动计划。

五要推动解决方案并追踪结果。进行之前先给予"成功"的定义,在这个过程中不断检视决策的推行情况,并树立各阶段里程碑,确保行动达成目标。

七、人际交往过程中的自我保护

虽然鼓励大学生多与人交往,多与不同层次的人交往,接触社会、了解社会。但由于现代社会诱惑增多,交往人群的来历也相对复杂,而大学生由于社会经验的缺乏,比较单纯,对别人的判断能力相对比较薄弱,这就需要大学生在与人交往过程中要保持适当的距离,学会自我保护。现今,每年在南京的每个大学城里被骗的学生的人数都在增加,行骗的形式也在日渐多变,这些事实时刻给我们敲响警钟——要我们时刻保持清醒的头脑和准确的判断力,不要让自己的善良与单纯蒙蔽了双眼,失去了理性的判断。

附件1 大学生自主学习观调查问卷

调查背景:参考资料

原始数据来源:http://www.sojump.com/report/74101.aspx

数据与分析:

1. 您的性别? [单选题]

A. 男 　　　　　　　　　　　　　　　B. 女

2. 您所在年级? [单选题]

A. 大一 　　　　B. 大二 　　　　C. 大三 　　　　D. 大四

3. 您在大学的学习目的是什么? [单选题]

A. 拿更多的证书,为以后找工作打基础

B. 为今后的深造做准备

C. 全面提高自身素质,为实现人生理想做准备

D. 没想过

4. 您现在每天用于学习的时间有多少? [单选题]

A. 小于1小时 　　B. 1~2小时 　　C. 2~3小时 　　D. 3小时以上

5. 您的课余时间主要用来做什么? [多选题]

A. 参加社团活动　　B. 休闲或是睡觉　　C. 学习　　　　　D. 体育锻炼

E. 其他

6. 您通常选择的自习地点是　[单选题]

A. 图书馆　　　　　　　　　　　　B. 自习教室

C. 宿舍　　　　　　　　　　　　　D. 花园、小广场或是草坪

7. 您对在宿舍自习有何看法？　[单选题]

A. 好，舒服，能利用网络迅速查找资料

B. 不好，干扰因素太多，容易分心，效率低下

C. 一般，看情况而定

8. 您在自主学习的时候遇到难题会如何解决？　[单选题]

A. 利用互联网上网查找　　　　　　B. 请教老师和同学

C. 利用图书馆查找资料　　　　　　D. 自己思考，想不出就算了

9. 您身边的舍友学习态度如何？　[单选题]

A. 都很勤奋，很用功读书

B. 一般，有的很用功，有的喜欢娱乐

C. 都以娱乐休闲为主

10. 您最感兴趣而且学得最好的科目是　[多选题]

A. 必修课类—基础课程类　　　　　B. 必修课类—专业课程类

C. 选修课类—基础课程类　　　　　D. 选修课类—专业课程类

11. 您最不感兴趣而且学得不好的科目是　[多选题]

A. 必修课类—基础课程类　　　　　B. 必修课类—专业课程类

C. 选修课类—基础课程类　　　　　D. 选修课类—专业课程类

12. 您认为影响自主学习的外部因素是什么？　[多选题]

A. 学校校风　　　　　　　　　　　B. 所设专业

C. 开设的课程及其授课方式　　　　D. 周围同学的学习态度

E. 任课教师　　　　　　　　　　　F. 学校的管理制度

13. 您认为影响您自主学习的内部因素是什么？　[多选题]

A. 学习态度　　　B. 学习基础　　　C. 学习目标　　　　D. 经济状况

E. 身体素质　　　F. 对自主学习的认识

14. 如果学校全面推行学生自主学习，您觉得这样对自己来说有何难度？（可多选）

A. 已经习惯了传统的教学方式，不习惯自主学习

B. 不会合理安排自主学习的内容与进度，学起来没有方向感

C. 自主学习缺少氛围，坚持不下去

D. 自主学习收获太少

15. 您是否喜欢老师全盘教授课程？　[单选题]

A. 是　　　　　　　B. 不是　　　　　　C. 随便

16. 在 15 题中,如果您选"不是",原因可能是　[多选题]

A. 满堂灌会阻碍个人思维的发挥

B. 全盘教授的课堂氛围太过沉闷

C. 喜欢在课堂上交流,全盘灌输会减少与老师交流的机会

D. 这是传统的教学方法,我们应该主张先进的教学方法

附件 2　国家奖学金

为激励普通本科高校、高等职业学校学生勤奋学习、努力进取,在德、智、体、美等方面得到全面发展,根据《国务院关于建立健全普通本科高校、高等职业学校和中等职业学校家庭经济困难学生资助政策体系的意见》(国发 200713 号)有关精神,财政部、教育部制定了《普通本科高校、高等职业学校国家奖学金管理暂行办法》。国家奖学金由中央政府出资设立,用于奖励高校全日制本专科(含高职、第二学士学位)学生(以下简称学生)中特别优秀的学生。

中央高校国家奖学金的名额由财政部会同有关部门确定。地方高校国家奖学金的名额由各省(自治区、直辖市)根据财政部、教育部确定的总人数,以及高校数量、类别、办学层次、办学质量、在校本专科生人数等因素确定。在分配国家奖学金名额时,对办学水平较高的高校、以农林水地矿油核等国家需要的特殊学科专业为主的高校予以适当倾斜。

奖励标准与基本条件:国家奖学金的奖励标准为每人每年 8 000 元。基本条件:

(1) 热爱社会主义祖国,拥护中国共产党的领导。

(2) 遵守宪法和法律,遵守学校规章制度。

(3) 诚实守信,道德品质优良。

(4) 在校期间学习成绩优异,社会实践、创新能力、综合素质等方面特别突出。

评审:国家奖学金每学年评审一次,实行等额评审,坚持公开、公平、公正、择优的原则。获得国家奖学金的学生为高校在校生中二年级以上(含二年级)的学生。同一学年内,获得国家奖学金的家庭经济困难学生可以同时申请并获得国家助学金,但不能同时获得国家励志奖学金。高校要根据本办法的规定,制定具体评审办法,并报主管部门备案。

高校学生资助管理机构具体负责组织评审工作,提出本校当年国家奖学金获奖学生建议名单,报学校领导集体研究审定后,在校内进行不少于 5 个工作日的公

示。公示无异议后,每年 10 月 31 日前,中央高校将评审结果报中央主管部门,地方高校将评审结果逐级报至省级教育部门。中央主管部门和省级教育部门审核、汇总后,统一报教育部审批。教育部于每年 11 月 15 日前批复并公告。

附件 3 国家励志奖学金

国家励志奖学金是为了激励普通本科高校、高等职业学校和高等专科学校的家庭经济困难学生勤奋学习、努力进取,在德、智、体、美等方面全面发展,由中央和地方政府共同出资设立的,奖励资助品学兼优的家庭经济困难学生的奖学金。

奖励标准与申请条件:

国家励志奖学金的奖励标准为每人每年 5 000 元。基本申请条件:

(1) 热爱社会主义祖国,拥护中国共产党的领导。

(2) 遵守宪法和法律,遵守学校规章制度。

(3) 诚实守信,道德品质优良。

(4) 在校期间学习成绩优秀。

(5) 家庭经济困难。

(6) 社会能力、工作能力较强,有一定的群众基础。

(7) 无其他不良嗜好和不适合该荣誉称号的表现。

国家励志奖学金的申请与评审:国家励志奖学金按学年申请和评审。申请国家励志奖学金的学生为高校在校生中二年级以上(含二年级)的学生。同一学年内,申请国家励志奖学金的学生可以同时申请并获得国家助学金,但不能同时获得国家奖学金。试行免费教育的教育部直属师范院校师范类专业学生不再同时获得国家励志奖学金。

每年 9 月 30 日前,学生根据本办法规定的国家励志奖学金的基本申请条件及其他有关规定,向学校提出申请,并递交《普通本科高校、高等职业学校国家励志奖学金申请表》。

高校学生资助管理机构负责组织评审,提出本校当年国家励志奖学金获奖学生建议名单,报学校领导集体研究通过后,在校内进行不少于 5 个工作日的公示。公示无异议后,每年 10 月 31 日前,中央高校将评审结果报中央主管部门,地方高校将评审结果逐级报至省级教育部门。中央主管部门和省级教育部门于 11 月 15 日前批复。

附件 4 关于大学生生活方式的问卷调查

上海财经大学团委调研部就大学生生活方式的一些相关问题做了一次调查,调查问卷如下:

1. 你对饮食最注重哪个方面？

A. 营养   B. 口味   C. 价格   D. 卫生

E. 无所谓

2. 你平均每天的睡眠时间为_____

A. 4～6 小时   B. 6～8 小时   C. 8～10 小时   D. 10 小时以上

3. 你是否有通宵熬夜的习惯？

A. 经常   B. 偶尔   C. 从不

4. 你有吸烟的习惯吗？

A. 已经成瘾   B. 偶尔   C. 从不

5. 你喜欢参加体育锻炼吗？

A. 非常喜欢   B. 较喜欢   C. 不太喜欢   D. 讨厌参加

6. 你参加了团学联等部门的学生工作吗？

A. 没有   B. 参加了一个部门

C. 两个   D. 三个   E. 三个以上

7. 你对学校组织的各类学术活动（如讲座）是否感兴趣？

A. 很感兴趣，经常参加   B. 较感兴趣，偶尔参加

C. 不感兴趣，从不参加

8. 你热心参与学校组织的各项文体活动吗？

A. 经常参加   B. 有选择的参加一些

C. 很少参加   D. 从不参加

9. 你是否从事兼职工作？

A. 从未   B. 1～4 小时/周

C. 4～8 小时/周   D. 8 小时以上

10. 你是否参加了校外的学习班充电？

A. 没有参加过   B. 参加了一个

C. 两个   D. 两个以上

11. 你是否参加了志愿者活动？

A. 是   B. 否

12. 你参加各种活动最主要的目的是什么？

A. 锻炼自己的能力   B. 学习一些有用的知识

C. 结交更多的朋友   D. 放松身心

E. 其他

13. 你在课余时间喜爱的休闲娱乐方式是什么？（少于三项）

A. 打牌   B. K 歌   C. 上网游戏   D. 上网聊天冲浪

E. 逛街购物　　　　F. 看电影　　　　G. 旅游　　　　H. 运动

I. 睡觉　　　　　　J. 看书　　　　　K. 其他

14. 你喜爱阅读哪些类型的报纸、杂志？（少于三项）

A. 时政　　　　　　B. 经济　　　　　C. 体育　　　　D. 娱乐

E. 时尚　　　　　　F. 文学　　　　　G. 学习　　　　H. 其他

15. 你喜欢使用哪种方式与亲友联系？

A. 打电话　　　　　B. 短信　　　　　C. 写信　　　　D. 发电子邮件

E. QQ、MSN 等

16. 你拥有以下哪些高档消费品？

A. 笔记本电脑　　　B. 台式电脑　　　C. 手机　　　　D. 随身听

E. CD　　　　　　　F. MP3　　　　　G. 数码照相机　　H. DV

I. MD　　　　　　　J. 其他

17. 你比较喜欢哪种形式的外在修饰？

A. 个性，新奇　　　B. 流行　　　　　C. 大众化　　　D. 简单随意

18. 在生活中你是否注重环保？

A. 已经融入到生活习惯中　　　　　　B. 比较注重，但偶尔会忽略细节

C. 不太注重环保　　　　　　　　　　D. 从未考虑过这个问题

19. 你认为促使大学生恋爱的因素是什么？

A. 遇到了合适的人　　　　　　　　　B. 学校氛围

C. 空虚无聊，寂寞难耐　　　　　　　D. 其他

20. 你认为选择恋爱对象最重要的标准是什么？

A. 外貌　　　　　　B. 人品和性格　　C. 家庭背景　　D. 兴趣爱好相同

E. 综合能力　　　　F. 经济状况　　　G. 感觉　　　　H. 其他

21. 你对婚前性行为的看法是什么？

A. 不能接受

B. 除非有稳定的恋爱关系并且谈及婚姻

C. 只要是真爱就可以接受

D. 只要双方愿意就可以了

22. 你认为恋爱影响学习吗？

A. 恋爱促进学习　　　　　　　　　　B. 恋爱会使双方学习上分心

C. 没有必然联系　　　　　　　　　　D. 因个人情况而定

23. 你觉得你现在的生活状况如何？

A. 生活充实，有意义　　　　　　　　B. 悠闲，快乐，没有太多想法

C. 生活茫然，没有目的　　　　　　　D. 生活颓废，心情郁闷

E. 其他

24. 你对未来有没有计划和预期？

A. 考研　　　　B. 出国深造　　　C. 找工作　　　D. 创业

E. 暂时没有计划　F. 其他

附件 5　大学生健康生活方式的心理诊断（北京师范大学心理咨询中心）

这是一份大学生健康生活方式的诊断量表，一共有 15 个问题，请你根据自己的实际情况逐一选择回答。为了保证测验的准确性，请你认真作答。

1. 如果需要早起床，你会

A. 上好闹钟　　　　　　B. 请别人叫　　　　　　C. 自己醒来

2. 早上睡醒以后，你会

A. 立即起床学习　　　　B. 不慌不忙，起床后做操锻炼，然后学习

C. 在被窝里能多躺一会儿是一会儿

3. 你的早餐通常是

A. 稀饭、馒头　　　　　B. 牛奶、面包　　　　　C. 不吃

4. 每天到教室上课，你总是

A. 准时到教室　　　　　B. 或早或晚，但都在 10 分钟之内

C. 非常灵活

5. 吃午饭时，你一般

A. 急匆匆的　　　　　　B. 慢吞吞的

C. 从容吃饭，饭后休息一会儿

6. 尽管学习很忙很累，也和同学有说有笑

A. 每天如此　　　　　　B. 有时如此　　　　　　C. 很少如此

7. 对校园生活中出现的矛盾，你会

A. 争论不休　　　　　　B. 反应冷漠　　　　　　C. 明确表态

8. 在课余时间内，你一般

A. 参加社交活动　　　　B. 参加体育活动或文娱活动

C. 参加家务劳动

9. 对待来客，你

A. 热情，认为有意义　　B. 认为浪费时间　　　　C. 非常讨厌

10. 晚上你对睡觉时间的安排是

A. 同一时间上床　　　　B. 往往凭一时高兴

C. 等所有的事情做完了以后才睡觉

11. 如果你自己能控制假期，你会

A. 集中一次过完　　　　B. 一半安排在夏季,一半安排在冬季

C. 留着,有事时用

12. 对于运动,你一般

A. 喜欢看别人运动　　　B. 做自己喜欢的运动　　　C. 不喜欢运动

13. 最近两周,你

A. 到外面玩过　　　　　B. 参加过体力劳动或体育运动

C. 散步400米以上

14. 你是怎样度过暑假的

A. 消极休息　　　　　　B. 做点体力劳动　　　　　　C. 参加体育活动

15. 你认为自尊心的表现方式是

A. 不惜代价要达到目的　　B. 深信经过努力会有结果

C. 要别人对你作出正确的评价

计分标准:请参照下列表格将各题的得分相加,计算出总分。

题号选项及其得分

题号	A	B	C
1	3	2	0
2	1	3	0
3	2	3	0
4	0	3	2
5	0	1	3
6	3	2	0
7	0	0	3
8	1	2	3
9	3	0	0
10	3	0	0
11	2	3	1
12	0	3	0
13	3	3	3
14	0	2	3
15	0	3	1

结果解释:

如果你的总分在 37～45 分之间,说明你的生活方式良好,你是一个善于学习、生活和工作的人,有较高的工作效率和学习效率。

如果你的总分在 25～36 分之间,说明你的生活方式比较好,能在繁忙的工作中掌握恢复活力的艺术,有提高效率的潜力。

如果你的总分在 13～24 分之间,那就表明你的生活方式健康的程度中等,你应该努力改善自己的生活方式。

如果你的总分在 12 分以下,说明你的生活状况不佳,应该下定决心彻底改变有害的生活习惯。

注:本测验的结果仅供参考。

附件6　调查显示,超过半数的大学生被访者自认亚健康

因为一门"体育与生活方式"的研讨课,上海交通大学的学子被触动了。身处"象牙塔",面临着诸如学业、就业的多重负担,大学生们是否关注自己的身心健康?日前,交大机械工程与动力学院机械类专业的学生,自发在上海几所高校进行了名为"携子之手,关注健康"的问卷调查。

一门课引出一次问卷调查

交通大学体育系教授赵文杰平时一直致力于全民健身推广工作,对于大学生日益下降的健康状况忧心忡忡。"体育与生活方式"是赵教授给大一新生开的研讨课,什么是亚健康、怎样提高睡眠质量、怎样合理安排锻炼时间、怎样给自己开运动处方等,围绕这些话题进行研讨,给了学生很大的启发。机械工程与动力学院机械类专业大一(3)班的班长杜家麟受到触动引发了一次健康问卷调查。

现今大学生的健康状况究竟怎样? 在赵教授的帮助下,杜家麟和同学开始了"携子之手,关注健康"的问卷调查活动。他们设计了一份问卷,问题涉及了大学生运动、睡眠、饮食、休闲活动等方面。除了在本校发放问卷,同学们还利用业余时间,实地走访复旦大学、同济大学、上海财经大学、上海外国语大学、东华大学、上海对外贸易学院、华东政法学院等高校,随机抽取 1 500 名大学生进行现场问卷调查,回收有效问卷 1 335 份。经过一个多月的努力,他们写出了一份关于大学生生活方式以及健康状况的调查报告。

亚健康在大学生中普遍存在

亚健康,这一在上班族中的普遍现象如今在高校也不鲜见。调查显示,在 1 335 名大学生中,超过半数的被访者认为自身处于亚健康状态,仅有 33.78% 的人认为自身处于健康状态。各年级对身体健康的自我评价也存在明显差异,年级越

高的大学生对于自身健康状况的评价越趋于不健康的状态。

除了学业压力,很多大学生把业余时间花在上网、电脑游戏、唱歌上。久而久之,睡眠质量越来越差。64.94％的被访者认为自己的睡眠质量居于一般及一般以下,更有八成的被访者需要一个小时甚至更多的时间入睡。

健康的金钥匙在自己手里

在与一些大学生的交流中记者发现,缺乏运动意识是大学生的通病。想运动的时候拼命运动,不运动的时候几个星期不运动。学校应该在保障运动时间和完善运动设施的基础上,加强对大学生健身意识的培养。

赵教授针对大学生开出了以下运动处方:

健康的金钥匙掌握在每个人自己的手里。体育运动是大学生生活方式的组成部分,也是实现健康的重要途径。

(1)确立健康投资意识。运动是要付出时间、精力和费用等代价的,但却是一本万利的投资行为。每天锻炼一小时,健康工作五十年,幸福生活一辈子,何乐而不为?

(2)养成科学运动习惯。其一,持之以恒,养成习惯。不要三天打鱼,两天晒网,更切忌无节制地"暴练"或无限期的"休眠"。做到每周运动三次以上,每次运动30～60分钟,保持中等运动强度。其二,掌握两项以上的运动技能。一项是自己可控制的个人项目,如跑步、拳操等;另一项是需要客观条件的团体项目,如各种球类活动。

(3)建立良好的生活方式。没有合理营养、充足睡眠和良好心态的支撑,运动反而有损健康。饮食要有规律,结构要合理,尤其要吃好早餐,节制夜宵;睡眠要充分,切忌熬夜,保证7～8小时睡眠时间;学会宣泄与排解不良情绪,通过运动、娱乐、倾诉等方式,保持良好的心理状态。

附件7 人际交往:讨人喜欢的 26 个小技巧

1. 长相不令人讨厌,如果长得不好,就让自己有才气;如果才气也没有,那就总是微笑。

2. 气质是关键。如果时尚学不好,宁愿淳朴。

3. 与人握手时,可多握一会儿。真诚是宝。

4. 不必什么都用"我"做主语。

5. 不要向朋友借钱。

6. 不要"逼"客人看你的家庭相册。

7. 与人打"的"时,请抢先坐在司机旁。

8. 坚持在背后说别人好话，别担心这好话传不到当事人耳朵里。

9. 有人在你面前说某人坏话时，你只微笑。

10. 自己开小车，不要特地停下来和一个骑自行车的同事打招呼，人家会以为你在炫耀。

11. 同事生病时，去探望他。很自然地坐在他的病床上，回家后再认真洗手。

12. 不要把过去的事全让人知道。

13. 尊敬不喜欢你的人。

14. 对事不对人；或对事无情，对人要有情；或做人第一，做事其次。

15. 自我批评总能让人相信，自我表扬则不然。

16. 没有什么东西比围观者们更能提高你的保龄球的成绩了。所以，平常不要吝惜你的喝彩声。

17. 不要把别人的好，视为理所当然。要知道感恩。

18. 榕树上的"八哥"在讲，只讲不听，结果乱成一团。学会聆听。

19. 尊重传达室里的师傅及搞卫生的阿姨。

20. 说话的时候记得常用"我们"开头。

21. 为每一位上台唱歌的人鼓掌。

22. 有时要明知故问：你的钻戒很贵吧！有时，即使想问也不能问，比如你多大了？

23. 话多必失，人多的场合少说话。

24. 把未出口的"不"改成："这需要时间"、"我尽力"、"我不确定"、"当我决定后，会给你打电话"……

25. 不要期望所有人都喜欢你，那是不可能的，让大多数人喜欢就是成功的表现。

26. 当然，自己要喜欢自己。

（摘自《人民网》）

第四章
学生组织与社会实践

大学的学习生活是人生难得的宝贵经历,如何做好大学四年规划,根据规划选择合理的学习和锻炼的方式方法、培养自身能力、提高自身素质尤为重要。当代在校大学生应当处理好学习专业知识与提高综合实践能力之间的平衡关系,把学习专业化、职业化的课程知识与课外的社会实践锻炼相结合,努力把自己培养成为具有一定实践操作技能,同时又具有深厚专业理论功底的优秀人才。

随着社会的发展和进步,大学生的社会实践越来越受到用人单位的重视,招聘单位往往把具有社会实践经历的大学生作为优先考虑的对象。因此,大学生在校期间应积极主动地参与学生会或社团组织,参与各种形式的校内外社会实践活动,锻炼和提高自己的实际工作技能,为增加就业机会、提高就业层次增加砝码。

大学生在校期间要有针对性地参加学生组织和社会实践。大学期间,学生社团组织众多,社会实践活动丰富多彩、形式各异,而大学生的时间和精力是有限的,如果不加选择地参加,势必会影响正常的学习和生活。因此,大学生参加学生组织和社会实践活动要注意做到以下两点:

1. 参加学生组织和社会实践要以个人职业生涯发展方向为核心

大学生应该在测试自己的能力倾向以及兴趣、爱好的基础上,确定自己的职业生涯规划。然后根据各种职业要求的能力素质,进行有针对性的准备。结合职业生涯发展方向确立参加学生组织的类型和社会实践活动的方向,合理安排自己的时间和精力。我们把几种不同的职业生涯发展方向归纳为"三色通道",具体如下:

(1)红色通道

如果确定今后的发展方向是考公务员,或者是从事行政管理工作,那么在校期间必须要做的:一是思想上积极要求进步,争取加入中国共产党。二是积极参加学生会、学生社团等组织,或者做辅导员助理等。认真工作,不放弃任何锻炼的机会,尽心体会,学会与人相处,学会面对和处理各方面的关系。三是广泛学习有关管理学、心理学、社会学等知识,了解国情、民情,了解国家的大政方针。

(2)蓝色通道

如果确定今后的发展方向是从事自然或人文科学研究或教学工作,那么在校期间必须要做的：一是认真学习专业课，每门专业课都要争取考高分，力争获取免试攻读研究生，最好读到博士；二是积极参与老师的科研课题，尽早介入科学研究，熟悉科学研究的方法和过程；三是积极撰写专业论文，积极参与"挑战杯"课外科技学术作品竞赛、数学建模大赛等，争取获奖。

（3）绿色通道

如果确定今后的发展方向是从事经济商业活动，那么在校期间必须要做的：一是积极参加社会实践活动，利用课余时间到企业做兼职，或者去打工，熟悉了解企业的日常运作和管理，增加感性认识；二是尝试创业实践，在校期间可以尝试摆地摊、推销产品，或者开一家小店，自己创业，及早摸索经营之道。

2. 科学地安排时间，协调好专业学习与学生组织、社会实践活动之间的关系

作为一名大学生，首先要以学习为主业，这样才是一名合格的大学生。如果在校期间只是集中精力、资源去从事相关的实践和锻炼而忽视了专业的学习，多门功课挂红灯，毕业时没有学位证，甚至都不能正常毕业的话显然不行。

第一节　学校社团活动

一、大学生社团活动的意义

大学阶段是人生的黄金时期，很多学生在入学的时候自身素质和能力差异不大，但几年以后，到毕业的时候，就可以看出不同个体之间存在着明显的差距。究其原因，这与大学期间是否注重自身综合素质的培养有着很大的关系。

大学生社团活动是校园文化的重要体现，也是第二课堂的主要载体，同时也是开展大学生思想政治工作的重要渠道。大学生社团活动具有锻炼学生、发展特长、全面成才、培养学生的团队精神和自我生存能力的功能。大学教育的目标之一是使青年更好、更快地完成社会化，参加学校的社团活动是大学生社会化的重要途径。大学生社团活动意义和作用如下：

（一）大学生社团活动具有培养学生发展特长、全面成才的功能

大学生社团组织是学生在保证完成学习任务的前提下，根据自己的兴趣爱好，利用课余时间自愿参加，陶冶思想情操，活跃学术氛围，开阔知识视野，优化知识结构，提高活动能力，直接服务于社会和进行自我教育的群众性组织。

社团活动从发展个性、激发热情、成长成才的需要出发，成为培养学生的主动性、创造性的良好途径。从人的智力发展上来看，每个人都具有不平衡性，表现在发展阶段的不平衡和获取知识的不平衡。而以专业特色组建社团、开展活动，不仅

符合学生兴趣的发展要求,有利于学生个性的发展,而且能使学生突破课堂的局限,将所学专业在实际中运用,对促进学生全面发展将起到积极的作用。

(二)大学生社团活动具有培养大学生的团队精神及自我生存能力的功能

社团活动不仅可以培养大学生的兴趣,发展专长及技能,而且还能帮助大学生扩大社交圈子,有效地培养大学生的团队精神及自我生存的能力,为他们的成长和发展提供多种可能性。

社团是大学生成长的第二集体,社团活动有其自身的规范性和特点。首先,社团活动是一种群体活动,社团活动的开展都是集体参与,而不是个人行为。其次,规范的社团都具有其组织构成,有章程,有机构设置,如组织部、外联部、策划部、宣传部等。如何协调各部门之间的关系?如何整合资源,壮大社团力量?如何出新招,办活动,吸引同学,吸收新会员?如何调整会员结构,扩大社团的影响力?如何依靠同学们自己的能力,寻求社会企业、公司的活动赞助经费等等。这些问题的解决都不可能直接在课堂上得到答案,只有在社团活动的实践中逐步锻炼,解决问题,形成技能。由此可见,参加社团活动不仅能锻炼表达能力、沟通能力、社交能力等,更重要的是能锻炼学生的组织能力、管理能力和解决实际问题的能力等。这些能力的形成将成为大学生进入社会,为新的工作团体发挥作用的重要能力基础。

【案例4-1】

学生社团"网"住七成学生心
——成为加强大学生思想政治工作的有效抓手

第一次到孤寡老人家里,在城市长大的杨李杰才知道"世界上还有这样的人"。他自告奋勇地替老人挑水,两桶水挑回来成了两个半桶,裤腿湿了一大截,他"几乎是用双手将水提回了老人的家"。一次次去老人家,杨李杰觉得"不管我们给老人带去了什么,重要的是老人净化了我们的心灵"。作为西北师范大学小草服务社现任社长,杨李杰和150名社员一直继续着他们的爱心行动。

和杨李杰不同,周永明来自江西农村,当看到电视上有关农民土地权益被侵害的报道时,他"还是被深深地震撼了"。作为主要倡议人,2003年10月,周永明发起成立了学校"三农"问题研究社,社员由当初的不足60人,发展到今天的130人。没有钱,没有权,周永明们依然热情高涨地在农民和社会之间搭建着沟通的桥梁,因为"农民发出自己声音的途径实在是太有限了",他们要用自己的热情唤起当代大学生对"三农"问题的普遍关注。周永明认为:"大学生应该有一点社会责任感。"在西北师大,像小草服务社、"三农"问题研究社一样活跃在校园的学生社团,还有

44 个。加上刚刚成立的 3 个,全校学生社团总数已达 49 个,在册人数超过一万人,占西北师大在校本科生的 70%。

据校团委书记梁兆光介绍,早在 1979 年,学校就诞生了第一个学生社团——文学联合会。从这个社团走出了一批至今活跃在甘肃省文坛的诗人、学者。此后,学校先后涌现出了大学生读书俱乐部、大学生艺术团、小草服务社、阳光服务社等一批在全国有影响的学生社团和史海荣等一批受到全国表彰的社团干部。从 2000 年 9 月至今,学校的各类学生社团开展活动近千项,其中大型活动 180 项,参加学生超过 8 万人次。"学生社团日益成为广大大学生自我塑造、自我教育、自我管理、自我服务的重要组织形式,成为校园文化中最活跃、最丰富、最亮丽的一道风景。"梁兆光说,作为团学工作的重要组成部分和校园文化建设的主力军,这股力量不可忽视。它正在对大学生思想道德水平的提升起着潜移默化的作用,对大学生素质的拓展提供了有效的途径和广阔的舞台。

自认为"打小就有奉献精神"的阳光服务社第七任社长马义哈说,自己到了西北师大后就被浓浓的社团氛围所包围,三年里从未间断过开展志愿行动。让他高兴的是,服务社的队伍越来越壮大,已经超过了 500 人。该服务社去年联合甘肃省 8 所高校发起的"甘肃大学生造血干细胞无偿捐献者资料库"系列活动,赢得大学生的广泛参与,1 352 名志愿者捐献造血干细胞采样,1 057 人无偿献血。

和许多大学一样,西北师大的学生社团也出现过单一娱乐化的倾向和"神龙见首不见尾"的"病症",不少社团昙花一现。为引导大学生社团更加健康、长久地发展,西北师大于 2004 年 11 月在甘肃高校中率先成立了学生社团联合会,创建学校团委、学生会、社团联合会"一体两翼"的校园文化建设新格局。

梁兆光说:"学生社团最大的特点之一是自发性,所以学校不宜采取行政干预,但可加以引导。我们从支持社团经费、提供活动场所、定级评优出发,引导学生社团突出学术科研性,加强志愿服务性,优化文体艺术性,鼓励兴趣爱好性。"据他介绍,每学期开学,每个社团都会给社团联合会上报本学期自己社团的活动方案,校团委出面指导将各社团活动整合,淘汰一些低档次的活动,调整活动时间,之后列出活动"菜单",向全校公布,让大学生自主选择参加。"我们不鼓励学生社团贪多贪大,而是引导他们将活动做足做精。只有这样,社团活动才有生命力。其实,全校 40 多个社团,每个社团搞两项活动就是近百项,一个学期里,几乎每天都有活动。"梁兆光说,校团委允许每年有学生社团被淘汰出局,"这样对学生也是一种教育。"

西北师大党委副书记张卫锴评价学生社团活动在大学校园文化建设中有不可替代的作用,是加强大学生思想政治工作的有效"抓手"。他说:"对大学而言,如果智育不到位,培养的可能是'次品';体育不到位,培养的可能是'废品';但德育不到位,培养的就有可能是'爆炸品'。引导学生社团健康发展,既可以丰富校园文化,又可以锻炼大学生。"

(摘自《中国青年报》)

二、学校社团组织的类型

学校社团组织是学校开展社团活动,实施社团活动管理的常设管理机构。社团组织一般以团委、学生会为管理单位。在社团数量较多、规模较大、参与学生较多时,为了方便统一管理,很多高校还成立了社团联合会,专门进行社团管理。

随着社会的发展和进步,学校社团组织的类型也在逐步发生变化,过去形式单一,内容主要以兴趣为主,发展为现在的学术理论、科技创新、志愿服务等多种类型。主要分类如下:

(1) 理论研究型社团。它是以成员共同的理想信念与志向为基础而建立的社团。这一类社团有邓小平理论研究学会、马克思主义研究会、毛泽东思想研究会等。此类社团由于理论性较强,一般数量少而精。

(2) 学术性社团。这种社团主要是由专业相同的学生共同组成,以学习和研究某方面知识为目的,专业实践性较强,可以与专业学习相结合。包括计算机协会、电子协会、法律协会、会计协会、审计学会等。

(3) 艺术体育类社团。这类社团是以成员共同的兴趣爱好为基础而建立的,以发展特长和休闲娱乐为主要目的。这类社团种类较多,如话剧协会、街舞协会、摄影协会、书法协会、健美操协会、足球协会、篮球协会、棋牌协会、武术协会等等。

(4) 服务型社团。它是以社会实践和社会服务活动为主要活动内容的社团。主要有青年志愿者协会、爱心基金会、创业先锋协会、职业规划协会等等。

三、如何参加学校的社团组织

社团组织有自身的鲜明特点,即活动的持续性和活动人员的相对流动性之间的矛盾。因为毕业、升学等原因,社团组织根据发展和开展活动的需要,进行招新来弥补新生力量。学校的社团招新一般会安排在每年的 9 月、10 月期间,也有根据社团发展情况单独招新的。

新入学的学生可以根据自己的兴趣或大学"四年规划"有目的地选择 1~2 个社团报名参加。学校社团将根据报名情况进行面试,选择主动性强、工作能力强、语言表达能力强的人员。在能力要求上,要求个人的能力和特长与社团性质对能力的要求相适应。

【案例 4-2】

缤纷社团　开心乐园
——记南京信息工程大学社团招新活动

2007 年 9 月 15 日,在我校中苑篮球场举办了一场大型的社团招新活动。全校 49 个社团汇聚一堂,向同学们展示了我校大学生社团的风采。各社团在安排好的场地上摆出宣传板、横幅、锦旗等介绍自己的社团情况,各社团成员还分批派发印有其社团简介的宣传单,并热情且耐心地向新生介绍自己的社团,让他们有更深入、更全面的了解。有些社团更是别出心裁,用表演的方式来更好地展示其社团的魅力。如在全国街舞大赛中荣获金奖的"TNT"社团成员在场地上大跳街舞,引来了大量的人气和不小的轰动;轮滑社团成员娴熟的表演、精湛的技艺也得到了不少的欢呼声;武术协会表演散打;音协成员轮番献歌;模特协会现场走秀……

同学们也是热情高涨,很早就把操场围了个水泄不通,其中以大一新生为主。他们初来学校,刚刚融入大学生活,对身边各个社团都充满了好奇与憧憬,同时他们根据自己的兴趣爱好加入中意的社团。截至下午招新会结束,各社团都招到了大量新成员,我校的社团参加人数不断地壮大。

（摘自 2007 年 9 月 19 日南京信息工程大学校园网）

第二节　大学阶段的有关竞赛活动

一、"挑战杯"全国大学生课外学术科技作品竞赛

"挑战杯"全国大学生课外学术科技作品竞赛是由共青团中央、中国科协、教育部、全国学联主办的大学生课外学术科技活动中一项具有导向性、示范性和群众性的竞赛活动,每两年举办一届。"挑战杯"被誉为当代大学生科技创新的"奥林匹克"盛会,至今已经成功举办了 11 届。第 12 届"挑战杯"竞赛将于 2011 年 10 月在大连理工大学举行。党和国家领导人对"挑战杯"竞赛给予了亲切的关怀,江泽民同志亲笔题写杯名,李鹏、李岚清、吴邦国等同志为竞赛题词,苏步青、钱三强、朱光亚、周光召等著名科学家也纷纷寄语竞赛。

竞赛的宗旨:崇尚科学、追求真知、勤奋学习、锐意创新、迎接挑战。

竞赛的目的:引导和激励高校学生实事求是、刻苦钻研、勇于创新、多出成果、提高素质,并在此基础上促进高校学生课外学术科技活动的蓬勃开展,发现和培养一批在学术科技上有作为、有潜力的优秀人才。

竞赛的方式:高等学校在校学生申报自然科学类学术论文、哲学社会科学类社会调查报告和学术论文、科技发明制作三类作品参赛;聘请专家评定出具有较高学术理论水平、实际应用价值和创新意义的优秀作品,给予奖励;组织学术交流和科技成果的展览、转让活动。

参赛资格与作品申报:凡在举办竞赛终审决赛的当年7月1日以前正式注册的全日制非成人教育的各类高等院校的在校中国籍专科生、本科生、硕士研究生和博士研究生(均不含在职研究生)都可申报作品参赛。申报参赛的作品必须是距竞赛终审决赛当年7月1日前两年内完成的学生课外学术科技或社会实践活动成果,可分为个人作品和集体作品。

"挑战杯"全国大学生课外学术科技作品竞赛,目前已形成校级、省级、全国的三级模式。参赛同学首先参加校内及省内的作品选拔赛,优秀作品报送全国组委会。每个学校选送参加竞赛的作品总数不得超过6件(每人只限报1件作品),作品中研究生的作品不得超过3件,其中博士研究生作品不得超过1件。全国评审委员会对参赛作品进行预审,并最终评选出80%左右的参赛作品进入终审。终审的结果是,参赛的三类作品各有特等奖、一等奖、二等奖、三等奖且分别约占该类作品总数的3%、8%、24%和65%。

【案例4-3】

儿时立志航空报国,"挑战杯"赛大显身手

胡铃心,男,汉族,1982年12月生,中共党员,博士在读,现为南京航空航天大学飞行器设计专业学生。胡铃心品学兼优,勇于探索,善于创新。在导师的指导下,他研制出的作品先后六次荣获"挑战杯"全国大学生课外学术科技作品竞赛、国际太空探索创新竞赛等国家(国际)级竞赛最高奖;他组建的创业团队与美国财富联合投资集团签订了投资意向书;他是江苏省第十一次党代会唯一的学生代表;他是目前中国唯一同时获得"中国大学生十大年度人物"和"中国教育年度新闻人物"的大学生。

胡铃心从小就对航空航天表现出了浓厚的兴趣。在老师和家人的培养下,胡铃心的创新能力得到了锻炼,中学阶段就有十多项发明作品在各级科技创新竞赛中获奖,其中有三项发明获得了国家实用新型专利,被评为首届福建省小科学家、福建省三好学生。胡铃心利用课外时间阅读了大量的航空航天类书籍,高二时独立完成了一万多字的创新设计方案《21世纪空天飞机展望》,荣获首届福建省创新设计大赛一等奖第一名。

《21世纪空天飞机展望》这篇设计方案打动了南京航空航天大学的老师,一年后,胡铃心被南航破格录取。为此,《光明日报》曾在报纸显要位置连续刊登9篇系

列报道《从"胡铃心现象"看自主招生改革》。

2002 年，在昂海松教授的指导下，胡铃心和合作伙伴开始将研究目光大胆地投向了"微小型可控扑翼飞行器"。"微小型可控扑翼飞行器"是将当今航空领域研究的热点"微型飞行器"和难点"扑翼飞行器"相结合的产物，具有很好的机动性。这项研究在国外当时尚处于探索阶段。由于它涉及非定常涡动力学和 MEMS 技术等前沿领域，因此对本科生而言是一个巨大的挑战。胡铃心他们几乎将所有的课余时间都投入到科研中，充分发挥创新思维，经历数百次试验，通过一年半的努力，终于让我国自己的第一架"微小型可控扑翼飞行器"飞上蓝天。2003 年 3 月，胡铃心他们带着这件作品参加了被誉为"中国大学生学术科技奥林匹克"的第八届"挑战杯"全国大学生课外学术科技作品竞赛，获得大赛的最高奖——特等奖。我国著名航空专家屠基达院士也对"微小型可控扑翼飞行器"给予了高度评价："微小型可控扑翼飞行器是对航空学飞行新原理和新概念的探索，有着重要的科学技术价值。我感到胡铃心同学将会成长为一名航空技术的创造者"。

2005 年，胡铃心和合作伙伴带着另一项发明——"奇奇"新概念无人直升机重返"挑战杯"赛场。这是一种具有创新布局的直升机，具有很好的悬停性能。在研制过程中，胡铃心他们克服重重困难，经过上百次的试飞，解决了大量的技术难题，终于研制成功，并在第九届"挑战杯"全国大学生课外学术科技作品竞赛中荣获一等奖。

在学习和课外科技活动之余，胡铃心也时常思考着一些问题，比如说如何将高校校园里的科技成果转化为生产力。2004 年 3 月，胡铃心组建了南航"迅杰创业团队"并担任团队队长，将南航的"微波快速修复技术"科技成果推向市场。经过严谨的项目可行性分析、广泛的市场调研、科学的战略决策、睿智的营销策划、合理的财务预测，形成了充满创意、详实可行的商业计划书。

2004 年 11 月，在厦门大学经过激烈的决赛答辩，胡铃心他们从中国 276 所高校 603 支创业团队中脱颖而出，荣获第四届"挑战杯"全国大学生创业计划竞赛金奖。世界著名投资财团——美国财富联合投资集团还与他们签订了投资意向书。

2004 年 11 月 12 日，《中国青年报》对胡铃心的事迹发表评论："胡铃心同学双双获得挑战杯科技竞赛和创业大赛的最高奖，这在大学生中还比较少见。"

获奖情况：

第八届"挑战杯"全国大学生课外学术科技作品竞赛特等奖

第九届"挑战杯"全国大学生课外学术科技作品竞赛一等奖

首届中国青少年科技创新奖

第四届"挑战杯"全国大学生创业计划竞赛金奖

第二届全国未来飞行器设计大赛第一名

美国海茵菜茵基金会"飞向未来——国际太空探索创新竞赛"第一名

江苏省十佳青年学生

全国"三好学生"标兵

中国大学生十大年度人物

中国教育年度新闻人物

（摘自 2007 年 5 月 3 日中青网）

二、"挑战杯"全国大学生创业计划大赛

"挑战杯"全国大学生创业计划竞赛是由团中央、中国科协、教育部、全国学联组织开展的大学生科技创新系列竞赛活动的重要组成部分。旨在通过竞赛，努力培养大学生的创新、创业意识，造就一代适应未来挑战的高素质人才。创业计划竞赛已经成功举办了七届，今年将举办第八届。

"挑战杯"全国大学生创业计划竞赛又称商业计划竞赛，是近几年风靡高校的重要赛事。竞赛借用风险投资的运作模式，要求参赛者组成优势互补的竞赛小组，提出一项具有市场前景的技术产品或者服务，并围绕这一产品或者服务，以获得风险投资为目的，完成一份包括企业概述、业务与业务展望、风险因素、投资回报、组织管理、财务预测等方面内容的完整、具体和深入的创业计划。

参赛作品要求：作品类型一般分为两类，一类是创业创意，要求提出一个具有开发前景的项目设计方案；另一类是创业计划，要求提交一份完整的具有可实施性的商业计划书。大赛通知附有创业计划书创作指南，可供活动参考。

三、全国大学生机械创新设计大赛

全国大学生机械创新设计大赛是经教育部高等教育司批准，由教育部高等学校机械学科教学指导委员会主办，机械基础课程教学指导委员会、全国机械原理教学研究会、全国机械设计教学研究会承办，定位于面向大学生的群众性科技活动。目的在于引导高等学校在教学中注重培养大学生的创新设计能力、综合设计能力和协作精神；加强学生动手能力的培养和工程实践的训练；吸引、鼓励广大学生踊跃参加课外科技活动，为优秀人才脱颖而出创造条件。全国大学生机械创新设计大赛目前已举办了四届，2012 年将举办第五届。

参赛条件：全国在校本、专科大学生（2008 年暑期毕业的学生可参赛）均可以个人或小组的方式，通过学校推荐报名参加，每个参赛队学生人数不得多于 5 人，指导教师不得多于 2 人。参赛队由所在学校统一向赛区组委会报名。

参赛方式：参赛队学生自接到大赛通知后，即可按大赛主题和内容的要求进行

准备,最终完成作品的设计与工艺制作,并向各赛区组委会提交。

评奖方法:

(1) 各赛区组委会负责本赛区的评奖工作。赛区奖的评奖等级及各奖项获奖比例由各赛区自行确定。为鼓励学生广泛参与这一活动,建议各赛区设置"优秀奖"或类似意义的奖项。

(2) 赛区评审结束后,各赛区组委会向全国组委会推荐参加全国奖评选的参赛队名单及有关资料,全国组委会根据各赛区参赛队数确定各赛区参加全国决赛的名额。

(3) 全国决赛设立一、二等奖,并设立"优秀组织奖",对预赛组织中表现出色的赛区给予表彰奖励。

四、全国大学生数学建模竞赛

(一) 数学建模竞赛的起源与历史

数学建模竞赛是由美国工业与应用数学学会在 1985 年发起的一项大学生竞赛活动,目的在于激励学生学习数学的积极性,提高学生建立数学模型和运用计算机技术解决实际问题的综合能力,鼓励广大学生踊跃参加课外科技活动,拓宽知识面,培养创新精神及合作意识,推动大学数学教学体系、教学内容和方法的改革。1989 年在几位教师的组织和推动下,我国几所大学的学生开始参加美国的数学建模竞赛。经过两三年的参与,师生们都认为这项竞赛有利于学生的全面发展,也是推动数学建模教学在高校迅速发展的好形式。1992 年由中国工业与应用数学学会组织了我国 10 个城市的大学生数学模型联赛。从 1994 年起由教育部高教司和中国工业与数学学会主办,面向全国高等院校,每年举行一届。

(二) 竞赛的宗旨

创新意识,团队精神,重在参与,公平竞争。自从 1992 年在中国创办以来,大学生数学建模竞赛迅速发展。目前,大学生数学建模竞赛已经成为全国高校规模最大的课外科技活动。全国大学生数学建模竞赛网址为:http://www. mcm. edu. cn。

(三) 竞赛的内容

竞赛题目一般来源于工程技术和管理科学等方面经过适当简化加工的实际问题,不要求参赛者预先掌握深入的专门知识,只需要学过普通高校的数学课程。题目有较大的灵活性供参赛者发挥其创造能力。参赛者应根据题目要求,完成一篇包括模型假设、建立和求解、计算方法的设计和结果分析、检验、模型的改进等方面的论文(即答卷)。竞赛评奖以假设的合理性、建模的创造性、结果的正确性和文字表述的清晰程度为主要标准。

（四）全国大学生数学建模竞赛参赛须知

竞赛时间：每年9月的第三个星期五上午8时至下一个星期一上午8时。

参赛者组队：3名大学生组成一队，通过学校教务部门向所在赛区组委会报名，再由赛区组委会向全国组委会报名。若所在地区尚未成立赛区，由学校直接向全国组委会报名。向全国组委会报名的截止日期为9月15日。

竞赛分组：竞赛分为甲组和乙组进行。从2007年开始，本科学生参加甲组竞赛，专科（高职高专）学生参加乙组竞赛。

为了不断提升学生素质，南京信息工程大学滨江学院的领导和老师们越来越重视各种学科竞赛，他们发现学科竞赛对学生的知识积累和能力提升有着较大的促进作用，因而鼓励学生积极参与各种竞赛。近年来，随着组织工作的不断完善、培训力度的不断加强，学院在"全国大学生数学建模竞赛"中获得了全国二等奖，省一、二、三等奖的良好成绩，学生学科竞赛成绩又登上了新台阶。

五、全国大学生电子设计竞赛及电子设计嵌入式专题竞赛

全国大学生电子设计竞赛是教育部倡导的大学生学科竞赛之一，开始时间为1994年，是面向大学生的群众性科技活动，目的在于推动高等学校促进信息与电子类学科课程体系和课程内容的改革，有助于高等学校实施素质教育，培养大学生的实践创新意识与基本能力、团队协作的人文精神和理论联系实际的学风；有助于学生工程实践素质的培养，提高学生针对实际问题进行电子设计制作的能力；有助于吸引、鼓励广大青年学生踊跃参加课外科技活动，为优秀人才的脱颖而出创造条件。

全国大学生电子设计竞赛的特点是与高等学校相关专业的课程体系和课程内容改革密切结合，以推动其课程教学、教学改革和实验室建设工作。竞赛的特色是与理论联系实际的学风建设紧密结合，竞赛内容既有理论设计，又有实际制作，以全面检验和加强参赛学生的理论基础和实践创新能力。全国大学生电子设计竞赛的组织运行模式为："政府主办，专家主导，学生主体，社会参与"十六字方针，以充分调动各方面的参与积极性。全国大学生电子设计竞赛由教育部高等教育司和信息产业部人事司共同主办，负责领导全国范围内的竞赛工作。各地竞赛事宜由地方教委（厅、局）统一领导。为保证竞赛顺利开展，组建了全国及各赛区竞赛组织委员会和专家组。

（一）竞赛时间和竞赛周期

全国大学生电子设计竞赛每逢单数年的9月份举办，赛期四天（具体日期届时

通知）。在双数的非竞赛年份,根据实际需要由全国竞赛组委会和有关赛区组织开展全国的专题性竞赛,同时积极鼓励各赛区和学校根据自身条件适时组织开展赛区和学校一级的大学生电子设计竞赛。

（二）竞赛方式

竞赛采用全国统一命题、分赛区组织的方式,竞赛采用"半封闭、相对集中"的组织方式进行。竞赛期间学生可以查阅有关纸质资料或网络技术资料,队内学生可以集体商讨设计思想,确定设计方案,分工负责,团结协作,以队为基本单位独立完成竞赛任务;竞赛期间不允许任何教师或其他人员进行任何形式的指导或引导;竞赛期间参赛队员不得与队外任何人员讨论商量。参赛学校应将参赛学生相对集中在实验室内进行竞赛,便于组织人员巡查。为保证竞赛工作,竞赛所需设备、元器件等均由各参赛学校负责提供。

（三）竞赛报名

每支参赛队由三名学生组成,具有正式学籍的全日制在校本、专科生均有资格报名参赛。参赛学校应在广泛开展校内培训与竞赛的基础上选拔出适当数量的优秀代表队报名参赛。每个报名的参赛队必须在报名时按照规则确定本队参赛选题的组别（本科生组或高职高专学生组）,开始竞赛时不得更改。各赛区负责本赛区的报名工作,填写全国统一格式的赛区报名汇总表,并在规定的截止时间内上报全国竞赛组委会秘书处备案。

六、全国大学生英语竞赛

全国大学生英语竞赛（National English Contest for College Students,NECCS）是经教育部批准举办的全国唯一的大学英语综合能力竞赛活动。全国大学生英语竞赛每年举办一次,旨在贯彻落实教育部关于大学英语教学改革精神,促进大学生英语水平的全面提高,推动全国大学英语教学上一个新台阶。

为了激发广大学生学习英语的兴趣,鼓励英语学习成绩优秀的学生,提高英语综合运用能力,南京信息工程大学滨江学院的师生积极宣传,认真组织报名,踊跃参加全国大学生英语竞赛,滨江学院多人获得了"全国大学生英语竞赛"一、二、三等奖。

（一）参赛对象、办法

目前竞赛分 A、B、C、D 四个类别,全国各高校的研究生及本、专科所有年级学生均可自愿报名参赛。A 类考试适用于研究生参加,B 类考试适用于英语专业本、专科的学生参加,C 类考试适用于非英语专业的本科生参加,D 类考试适用于体育类和艺术类的本科生和高职高专类的学生参加。

（二）命题范围和竞赛题型

命题范围：初赛和决赛赛题的命题依据《大学英语课程要求（试行）》，既要贴近大学生的学习和生活，有利于检测出参赛大学生的实际英语水平，又要有利于推进大学英语教学和测试的改革，内容上体现真实性、实用性、交流性和时代性。

竞赛题型：初赛和决赛笔试满分均为 150 分（主观题占 90 分，客观题占 60 分），其中听力均为 30 分。决赛口试满分为 50 分。为使广大师生熟悉竞赛的题型和内容，全国大学生英语竞赛组织委员会办公室将于赛前公布全国大学生英语竞赛样题。样题中的命题范围、题型、题量、分值安排、难易度及水平度与正式竞赛赛题基本一致，供广大参赛师生参考。

（三）奖励办法

竞赛设四个奖励等级：特等奖、一等奖、二等奖和三等奖。二等奖和三等奖通过初赛产生。特等奖和一等奖通过决赛产生，由省（自治区、直辖市）竞赛组织机构根据决赛成绩确定。

七、全国大学生广告艺术设计大赛

全国大学生广告艺术设计大赛是教育部高教司组织的文科类大赛，由教育部高等教育司、教育部高等学校新闻学科教学指导委员会主办，是面向全国在校大学生的一项群众性的广告策划创意实践活动，目的在于活跃大学生的课外文化生活，激发大学生的创意灵感，提高大学生的实际动手能力、策划能力、协调组织能力，促进大学新闻传播教育的人才培养模式、课程设置、教学内容和方法的改革，提高大学生的创新精神和实践能力。是在校大学生广泛参与的开放式的比赛，每两年举办一次。比赛信息发布网站：www. Sun-ada. net。

（一）参赛规定

参赛作品必须统一按照大赛组委会指定的命题和按广告主提供的背景资料（详见大赛官方网站和参赛手册）进行创作。

（二）参赛作品类别

（1）平面广告作品（包括报纸、杂志、招贴广告作品）。

（2）影视广告作品。

（3）广播广告作品。

（4）网络广告作品（包括 Flash 动画广告、网页形象页面）。

（5）广告策划案作品。

（6）公益广告作品。

（三）参赛作品标准

各类参赛作品均以原创性为主要标准,遵守《广告法》和国家有关法律、行政法规的规定,符合民族文化传统、公共道德价值、行业规范等要求。

（四）参赛要求

（1）大赛在全国各地设立分赛区,采取一次参赛、两次评奖的方式进行。既以院校为单位首先将参加作品报分赛区评审,在分赛区被评上入围奖以上作品,再由分赛区统一报送参加全国总赛区的评奖。全国总赛区不受理个人报送的作品。

（2）每件参赛作品均需存入光盘并随作品一并报送(光盘上必须标明作者学院院系、作品名称、作者姓名等资料)。同类别的不同作品,可存储在同一张光盘中。存储格式为 X. tif。

（3）集体创作的作品作者最多不得超过三人(广告策划案、影视广告不得超过五人),并在报名表创意小组名单和报名签字一栏中按第一、二、三、四、五作者的顺序填写。每件作品的指导教师只限一人。

（五）奖项设置

全国大赛总赛区奖项设特别奖,一、二、三等奖,优秀奖,指导教师奖,最佳组织奖,统一由国家教育部高等教育司和全国大学生广告艺术大赛组委会颁奖。分赛区奖项设一、二、三等奖及入围奖,由分赛区颁奖。

八、全国周培源大学生力学竞赛

第一届全国周培源大学生力学竞赛由《力学与实践》编委会(竞赛组织委员会)筹办。组委会设立两个命题小组,选编了 28 道初赛题,在《力学与实践》1988 年第1 期刊出,要求参赛者在约一个半月的时间内寄回答案。组委会从 62 份答案中评选了 31 人进京复赛(一人因故缺席)。通过严格的笔试和口试,评选出了一、二、三等奖共 17 名。第一届全国周培源大学生力学竞赛颁奖会由武际可教授主持,著名力学家张涵信、张维、庄逢甘、郑哲敏、王仁、黄克智等院士及高教社易钟煜副主编颁奖。

从 1992 年到 2004 年期间,举办了第二届至第五届竞赛。为了鼓励青年学生学习老一辈科学家为科学献身的精神,从 1996 年第三届起改名为"全国周培源大学生力学竞赛"。根据竞赛的反馈意见,竞赛内容逐步精简为只含理论力学和材料力学两门工科学生普遍学习的课程并采用了闭卷方式,保证了平等竞争,竞赛规模逐年扩大。

跨入 21 世纪,党中央提出了建设创新型国家的号召,给教育注入了强大的推动力。"全国周培源大学生力学竞赛"进入教育部高教司主办的大学生科技竞赛项

目,标志着这项竞赛活动发展到了新阶段。现阶段竞赛的主要特点是:

(1)将实验创新能力的培养提高到与理论创新能力同样的高度,将在第六届竞赛决赛中进行基础力学(含理论力学和材料力学)的团体实验竞赛,以促进实验动手创新能力和团队合作创新精神的培养。

(2)将赛制改为两年一次,使所有本科生都有机会参赛。同时,将竞赛安排在全国力学大会上颁奖,以促进学生从本科阶段就开始了解和接触高水平的力学前沿研究。

(3)申请并已被批准进入教育部高教司主办的大学生科技竞赛,以更好地配合我国的本科教学。

九、全国大学生电子商务竞赛

全国大学生电子商务竞赛是由中国电子商务协会主办、由教育部就业指导中心等政府部门支持的以全国大学生参与为主体的大型电子商务赛事。竞赛覆盖全国1 700多所院校,从2004年起举办。全国大学生电子商务竞赛注重发挥大学生的创意和人才优势,吸引企业参与竞赛,利用大学生的电子商务及营销能力、创意与激情为企业增添更多的产品、渠道和市场份额,同时为大学生创造实践与就业的机会。竞赛题目分类为网站策划、网络营销、网站界面设计、广告创意、视频创意、商业计划书等等。

参赛办法:凡教育部批准的普通高等院校或职业院校,年满18周岁的学生,不限专业、系别,均可报名参赛。选手也可以自主寻找企业或案例,提出解决方案或创意作品。决赛优胜的方案不仅要有良好的创意,还要有可操作性。

大赛共分四种比赛类型:创业竞赛、企业实践竞赛、网络营销竞赛、创意比拼。选手可以选择个人或团队来参加比赛,每种类型比赛全国产生一、二、三等奖各一名,共计12名。

十、全国大学生社会科学论文大赛

全国大学生社会科学论文大赛是由《中国青年研究》杂志举办,目的是希望广大在校大学生以自己独特的视角和方法,对目前中国的教育、环保、就业、犯罪等诸多社会问题以及大学生自身存在的问题提出自己的观点、建议,进行有益的探讨,并对如何解决这些问题提出相应的对策。2001年3月举办了首届比赛。大赛时间为每年3月,每次大赛有不同的主题,参赛文体为学术论文、调查报告、访谈报告等。

十一、全国大学生开源软件技能竞赛

全国大学生开源软件技能竞赛于 2007 年首次举办。由教育部教育管理信息中心主办，北京中科红旗软件技术有限公司承办。竞赛内容包括计算机软硬件知识、Linux 基础知识、系统管理、网络管理、安全维护、排错调优、企业级应用技术等方面知识。

竞赛分为初赛、复赛和决赛三个阶段，其中初赛采用网上答题的方式，取前 50 名进入复赛，复赛采用现场操作的形式，完成系统配置与排错，取前 10 名进入决赛。

参加办法：参赛对象为在校学生，可由各高校组织学生参加竞赛，竞赛以组队方式进行，每个小组三名选手，各高校派出的小组代表不超过三组。

评审办法：竞赛组委会将邀请七位行业专家组成评审专家团，按照公平、公正、公开原则，根据完成时间、完成质量、演示和答辩等指标评分，选出决赛入围者及得奖者。

奖励办法：大赛设特等奖和一、二、三等奖，获奖学生可获得由教育部教育管理信息中心颁发的证书和奖品。本次大赛特设组织奖和伯乐奖，奖励积极组织和取得优异成绩的学校。由竞赛组委会颁发相应证书、奖品。

十二、中国大学生体育协会举办的各类体育竞赛

中国大学生体育协会（FUSC）成立于 1975 年，总部设于北京市。中国大学生体育协会是中华全国体育总会下辖的运动协会之一，是中国大学生运动的唯一全国性群众组织。

中国大学生体育协会的宗旨是：在全国高等院校学生中，宣传、贯彻国家的教育方针和体育工作方针、政策；动员社会各界力量，大力支持和关心高等学校体育工作；审核、批准各单项协会的成立及有关事宜，审定各单项协会的活动计划，定期检查其工作情况；协助国家教委及各单项协会举办各类全国性大学生体育比赛和其他体育活动；促进与世界各国学校体育组织的交流；参加国际大学生的各种体育比赛和体育交流活动。

中国大学生体育协会下设 24 个分会：田径分会、篮球分会、排球分会、足球分会、乒乓球分会、健艺体分会、武术分会、棋类分会、网球分会、橄榄球分会、击剑分会、国防体育分会、游泳分会、羽毛球分会、手球分会、冰雪体育分会、定向分会、射击分会、攀岩分会、桥牌分会、自行车分会、棒垒球分会、舞龙舞狮分会、赛艇龙舟分会。每个分会都定期、不定期地举办各种竞赛活动。

在校大学生开展各项学科竞赛的根本目标是提高学生的综合素质和能力，提

高学生和学校的社会竞争力。归纳起来,学生竞赛有利于学生以下各项能力和素质的提高:

(1) 培养了学生综合运用理论知识和计算机技术解决实际问题的各种能力。例如以参加数学建模竞赛为例,学生将实际问题转化为数学模型和将数学模型的结果解释为实际现象的能力、利用计算机求解数学模型的能力、利用各类应用软件的能力、设计调试实用电子电路的能力等等。更为可喜的是,学生在具备这些能力后,思想和行动上能积极地参与学院的科研活动,以求掌握更多的知识,提高自身素质。

(2) 培养了学生创新意识和创新思维。没有创新点,没有"亮点",是不可能在激烈的竞争中脱颖而出的,而创新又必须以扎实的理论知识为基础。通过赛前集训的熏陶和参赛实践的磨炼,学生普遍认识到创新的根本作用,并且认识到具有创新意识以及学好基础知识是他们将来做好工作的关键。

(3) 培养了学生的团队协作精神和攻关能力。参赛使原本相互陌生的学生相互学习,共同努力,培养了学生团结合作的集体主义精神和协调组织能力,以及积极参与竞争的意识和不怕困难、努力攻关的顽强意志,这对于他们将来走出校门、服务社会是一笔巨大的精神财富。同时,投身于激烈的竞争之中,参赛学生才真正受到锻炼,增长才干。

(4) 培养了学生查阅、处理资料以及表达观点的能力。通过参加竞赛活动,学生独立工作的能力增强了。当他们再次面对复杂问题时,不会再感到茫然无绪,不知从何下手,而是会思路清晰地通过各种手段收集信息,利用各种工具分析问题,从而较好地解决问题。

【案例 4-4】

"挑战杯"全国大学生创业计划竞赛参赛心得
曹倩倩

"挑战杯"竞赛已经结束了,从去年开始准备到前两天的答辩,一路走来收获颇多。学到了很多东西,认识了几个好朋友,也更深的体会到团队合作的意义和价值。现就在济南的几天谈谈我的心得体会。

乘火车到济南时已经是 15 号凌晨,大家都很疲惫,但到达一个新的环境,兴奋之情溢于言表。经过几个小时的休息后,便是第五届飞利浦"挑战杯"中国大学生创业竞赛开幕式,很多专家和领导都莅临现场。开幕式在充满青春活力的歌舞中进行,跳动的音符、优美的舞姿展现出当代大学生活泼、积极向上的精神面貌。这场开幕式最新颖的地方是几十名山东大学的学生穿着旱冰鞋挥舞各个参赛学校的校旗绕场奔跑,和着轻松欢快的音乐,把整个开幕式推向高潮。

开幕式后大家便进入紧张的备战状态,调试电脑,熟练文稿,进行答辩各个环节的衔接练习,考虑评委可能提到的问题并且一起讨论争取找出最让人满意的答案。辛苦了一年多,最后的赌注都押在半个小时的答辩上,我们参加答辩的四个人心里还是很紧张的,不过好在大家互相鼓励安慰,团队的力量可以战胜个人的不安。

我们抽签的答辩时间是 16 日下午最后一场,因此 16 日上午便去了设在科技会堂的参赛作品展示会场。各个学校都做了充分的准备,做了展板、宣传册等等。我们在自己的展台向大家介绍我们的产品、分发名片,心中有一股很强的自豪感和使命感,那时仿佛我们真的组建了一个公司,作为公司的一名成员向大家推销凝聚了我们很多心血的产品,这可能也正体现了此次创业竞赛的乐趣。

最关键的答辩时刻到来了,看得出来大家都很紧张,担心答辩时忘词,担心答辩老师的问题不好回答。终于轮到我们了,进入答辩教室后看到只有三个老师,紧张的心情稍微缓和了一下。大家按照排练好的程序依次陈述自己部分的内容。在我讲解企业财务分析时,开始几句话有些紧张,后来便完全放开了。到评委提问阶段便不紧张了。老师们提问的语气像是聊天,我们回答问题也没有拘谨,把自己的想法直白地告诉他们。半个小时的答辩时间很快就过去了,大家都舒了一口气,而且我们四个人都感觉比平时练习表现得还要好,问题回答得自己也比较满意。

组委会安排的最后一项活动是颁奖晚会。因为是第一次走进电视台的演播厅,所以我比较兴奋。几位领导先后公布了获奖名单,这中间还插入了歌舞表演。看到那些获得金奖的团队听到自己团队名字时的欢呼雀跃,看到荣获金奖团队的领队昂首阔步地踏上主席台领奖,本来比较平静的心情变得很低落,虽然比赛前告诉自己重在参与,重在过程不在结果,但此时此刻心情还是很沉重的,不能融入周围的欢乐气氛中。这时知道和别人相比,自己还有很大的差距。

第五届"挑战杯"创业竞赛已经结束了,返程时大家都没有了来时的激动,也许是因为疲惫,也许是因为失落。此时只能用重在参与来安慰自己,尽管我们没有成为强者中的强者、精英中的精英,但至少我们已经向前跨出了一步,离成功近了一步。另外,团队的合作、生病时老师和队员们的关心照顾是我此次济南之行收获的宝贵财富,它将伴我继续远行。

今天挑战梦想,明天创造辉煌!

(作者为第五届"挑战杯"中国大学生创业计划竞赛重庆医科大学代表队队员,该团队作品荣获全国银奖)

第三节 社会实践活动

一、社会实践活动的意义

(一) 社会实践活动有助于大学生了解真实的社会

社会实践活动是引导大学生接触社会、了解社会、认识社会的重要途径,能够增强大学生运用知识解决实际问题的能力。实际社会中,存在着复杂的社会关系和社会矛盾,社会百态远远超过了我们从电视、网络、书本以及个人狭窄的生活空间中所了解到的。当我们一踏入社会,社会好的一面、坏的一面都会实实在在地展现在我们的面前。社会实践活动是体验社会最有效的途径。我们在实际工作中会遇到各种各样的人和事,这些人和事都是社会生活的真实写照,它为我们了解社会提供了真实素材。

(二) 社会实践活动有助于大学生适应社会的能力

社会实践活动使大学生广泛地接触社会,在实践中不断动手、动脑、动嘴,直接和社会各阶层、各部门的人员打交道,培养和锻炼了实际工作能力,并且在工作中发现不足,及时改进和提高,不断适应社会的需要。而在独立处理这些人和事的过程中我们的心智也得到了锻炼。

(三) 社会实践活动有利于大学生正确认识自己

通过社会实践,学生能够看到自己和市场需求的差距,看到自身知识和能力上的不足,比较客观地去重新认识、评价自我,给自己正确地定位。在社会实践过程中,大学生才能真正发现自己在素质上、能力上存在的不足,更加清楚地认识自己、管理自己,达到自我教育的目的。

(四) 社会实践活动有利于大学生培养个性品质

社会实践活动有利于培养大学生的组织协调能力和自立创新意识。社会实践活动没有课堂教学太多的束缚和校园生活的限制,大学生的积极性被充分调动起来,思维也空前地活跃起来,往往会产生一些创造性火花。

社会实践活动有利于提高大学生的个人素养,完善个性品质。面对工作实践过程中碰到的问题和困难,大学生需要具有一定的牺牲精神和坚强的品质。这种实践活动多了,大学生在积极参与的过程中,就会逐渐养成坚忍、顽强的优良品性。

二、社会实践的内容和形式

大学生社会实践的内容和形式主要有:

（一）开展社会调查和考察

即大学生围绕社会发展的重要问题，开展调查研究，提出解决问题的意见和建议，形成调研成果。通过社会调查，大学生加深了对社会的了解，增强了社会责任感。

（二）科技文化创新活动

即大学生参加数学建模竞赛、电子设计大赛等科技竞赛活动，在实践中把理论研究和技术革新结合起来，提高大学生的科学素养，培养他们崇尚科学、求真务实、开拓创新的科学品质和团结协作的团队精神，提高他们的创新、创业能力。

（三）志愿服务和公益活动

如志愿服务西部计划、青年志愿者活动等。即大学生在自觉自愿的基础上，自主选择志愿者组织，积极参加志愿者组织开展的各项活动。青年志愿者活动能够培养大学生的公共责任感和公德意识，具有课堂教学无法比拟的教育效果，对大学生公民意识培养具有十分重要的作用。

（四）假期社会实践活动

即大学生利用寒暑假进行的时间相对集中、大规模、大面积的社会实践活动。包括社会调查（去革命老区、大中企业、乡镇企业、边远山区）、社会服务（面对社会各界的科技、教育、医疗、文化等服务）、专业调研（承担某项科研课题，围绕课题需要进行的调查研究）、科技扶贫和支教等。近年来，科技、文化、卫生"三下乡"活动在大学生社会实践中提到的比较多，如医科大学组织学生深入农村，为农民送医送药，免费为乡亲们检查身体，宣传医学保健知识。理工科院校学生到革命老区，普及计算机科学知识，对当地教师进行培训。艺术类学生发挥自己的特长，到农村为群众义务演出等。

（五）以专业实习为主要内容的实践活动

一般分为校内和校外两种类型。以理工科院校为例，学生在校办工厂或校外企业进行与本专业知识相关的实际操作，能够提高实际动手能力，增强实战经验。

（六）勤工助学活动

即大学生利用课余时间参加体力或智力活动，获得一定的劳动报酬，以资助学习的实践活动。这类实践活动有助于培养学生自强自立的精神，锻炼工作能力，也有利于家庭困难的学生顺利完成学业。

三、暑期社会实践工作流程

（1）敲定实践地点。

（2）组建团队。可跨专业、跨年级、跨院系选择，也可以是几位志趣相投的好友结成队。

（3）作出实践计划选定活动内容，确定实践课题和活动计划。结合专业特点，充分利用学科优势。

（4）申报实践方案，等候批复。

（5）开展实践。各团队根据活动计划自行奔赴实践地开展实践活动。

（6）总结工作。实践结束，各团队上交实践总结报告和实践课题成果。

（7）报账清算。清算所有花费，整理发表，申请报销。

四、如何参加社会实践

（一）主动寻找机会，拓展实践能力

对在校大学生而言，社会实践必须要有明确的目的性，那就是如何通过社会实践来锻炼自己的能力，做到学以致用。有的学生利用业余时间做家教，看起来个人经济收入并不少，但是细算起来个人的收获并不大。有的学生所找的实习岗位虽然报酬不高，但是由于专业对口，个人得到的锻炼很大，能力也有不小的提升。一位市场营销专业的女生，放弃了待遇不菲的家教机会，到一家超市做牛奶推销员，尽管工作比较累，但一个假期下来，她认为自己收获很大，学到了许多书本上学不到的知识。其实，社会上提供的兼职岗位非常多，大学生既要把握这种锻炼的大好机会，又要注意兼职岗位的选择性，注意选择那些与自己所学专业对口，有利于今后求职的工作。对于那些贫困生而言，既要注意通过社会兼职来获得经济收入，又要有超前的眼光，注意社会兼职岗位的工作性质，为今后的就业奠定良好的基础。

（二）做好社会调查，了解行业动态

不少大学生对所学专业的就业去向很是迷茫，其实，利用假期去做一些有针对性的社会调查，是走出迷茫的重要途径。不久前，中国石油大学（华东）几个石油工程专业的大三学生，自行组织到某油田进行调查研究，走访了许多采油厂和石油钻井队，与现场的干部、技术员和工人座谈讨论，和他们同吃、同住、同劳动，不仅了解了大量的第一手资料，知道了自己毕业后工作的性质，而且也开阔了眼界，加深了对石油行业的了解。结束调查返校后，他们根据所见所闻，写了一份社会实践报告，受到师生们的好评。其实，这几个大学生的高明之处，就在于他们的社会调查是有的放矢的，而不是随意和盲目的。他们到油田进行调查的目的很明确，就是为了更好地了解油田、熟悉油田，为今后进入石油企业工作做好铺垫。

（三）加强自我防范，谨防招聘陷阱

许多大学生思想单纯，由于接受的正面教育多，对社会黑暗面和复杂性了解不够,面对社会上的诱惑难以辨别,这样就有可能陷入那些别有用心的不法之徒设下的陷阱。在校大学生被传销分子所控制、被假招聘所诈骗、做家教被不法分子所侮辱乃至杀害的情况时有发生,应该引起广大学生的充分注意。在社会实践中,加强自我防范意识非常重要,千万不可麻痹大意。要通过正常渠道、合法途径寻求实习机会,不要轻易相信小报刊登的用工信息,也不要轻信贴在街道两旁的马路广告,更要识破那些打着招聘幌子用高报酬等优厚条件骗人的假招聘。同时,外出实习、兼职要携带手机等通讯工具,以便遇到麻烦时可以报警或者与家人、同学和老师取得联系,得到外界的帮助。外出时,要把自己的去向和联系方法告诉同宿舍的同学或者亲友,以确保他们随时都可以与自己联系上,防止意外的发生。

五、社会实践报告的写法

(一) 社会实践报告的定义

社会实践报告的主要功能是收集材料,通过对调查所得情况的深入研究,提出一定的见解。因此调查报告是根据某一特定目的,对某一问题进行调查研究和综合分析后,将这些调查和分析的结果系统地整理成书面文字的一种文体。如考察报告、调研报告及××调查等都是常见的调查报告体裁。

(二) 社会实践报告的特点

(1) 真实性。真实性是调查报告最主要的特点。真实性,就是尊重客观事实,靠事实说话。这一特点要求调研人员必须树立严谨的科学态度和认真求实的精神,不仅报喜,还要报忧,不仅要充分肯定工作成绩,还要准确反映工作中存在的问题。只有严谨的科学态度,才能写出真实可靠,对工作具有指导意义的调查报告。

(2) 针对性。这是调查报告所具有的第二个显著特点。一般来说,一项调查研究工作,特别是大型调查研究,要花费较多的时间、人力和物力,不是随意组织进行的,而是针对一些较为迫切的实际情况,解决某些实际问题而进行的。在调查报告的写作上,必须中心突出,明确提出所针对的问题,明确交待这一问题所获得的事实材料,分析出问题的症结所在,提出具体可行的建议和对策。

(3) 典型性。典型性是指在调查报告的写作过程中所采用的事实材料要具有代表性,所揭示的问题要带有普遍性。

(4) 系统性。调查报告的系统性是指调查材料所得出的结论必须具有说服力,不能只摆出结论,而疏漏交待事实过程和必需的环节。

(三) 社会实践调查报告的类型

从内容性质分,调查报告有以下六种:

(1) 专题型调查报告。专题型调查报告,就是侧重某个问题进行较深入的调查后形成的报告,这类报告一般常常在标题上反映出来。它能及时揭露现实生活中亟须解决的具体的实际问题,并根据调查的结果提出处理意见,或者对策,或是建议。

(2)理论研究型调查报告。这是以学术研究为目的而撰写的报告,它以收集、分类、整理资料并提出问题,报告结论大多发表在学术刊物上,或载于学术著作中。

(3)历史情况型调查报告。这是根据需要以历史情况为对象进行调查而形成的调查报告。它可以供人们了解某一事物或问题的历史资料和历史真相。

(4)现实情况型调查报告。它是以正在发生、发展的一些现实生活为对象进行调查后所形成的调查报告。人们可以通过它了解和认识某些事物和问题的客观现实情况。

另外,有些调查报告可以是以上几种类型的结合形式。

(四)社会实践调查报告写作的五个程序

(1)确定主题。主题是调查报告的灵魂,对调查报告写作的成败具有决定性的意义。因此,确定主题要注意:报告的主题应与调查主题一致;要根据调查和分析的结果,重新确定主题;主题宜小,且宜集中;与标题协调一致,避免文题不符。

(2)取舍材料。对调查资料在组织调查报告时需精心选择,不可能也不必都写上报告,要注意取舍。

① 选取与主题有关的材料。无关的、关系不大的材料要舍弃。

② 点与面的结合。材料不仅要支持报告中某个观点,而且要相互支持。

(3)布局和拟定提纲。这是调查报告构思中的一个关键环节。布局就是指调查报告的表现形式,反映在提纲上就是文章的"骨架"。拟定提纲的过程实际上就是把调查材料进一步分类、构架的过程。

(4)起草社会实践报告。根据已经确定的主题、选好的材料和写作提纲,有条不紊地行文。写作过程中,要从实际需要出发选用语言,灵活地划分段落。

(五)社会实践调查报告的写法

不同类型的调查报告,具体内容有所不同,但基本写法是相通的。调查报告的内容大体有标题、导语、概况介绍、资料统计、理性分析、总结和结论或对策、建议,以及所附的材料等。由此形成的调查报告结构,就包括标题、导语、正文、结尾和落款。

(1)标题。调查报告的标题有单标题和双标题两类。所谓单标题,就是一个标题。其中又有公文式标题和文章式标题两种。公文式标题一为事由文种构成,如《江苏省中学语文教学情况的调查报告》。文章式标题,如《××市治理污染的有效方法》;文章式标题二是标明作者通过调查所得到的观点的标题,如《调整教育政策,增加教育投入》。所谓双标题,就是两个标题,即一个正题,一个副题。如《崛起于沙漠的卫星城——西昌考察》。

（2）导语。导语又称引言。它是调查报告的前言,简洁明了地介绍有关调查的情况,或提出全文的引子,为正文写作做好铺垫。常见的导语有:

① 简介式导语。对调查的课题、对象、时间、地点、方式、经过等做简明的介绍。

② 概括式导语。对调查报告的内容(包括课题、对象、调查内容、调查结果和分析的结论等)做概括性说明。

③ 交代式导语。即对课题产生的由来做简明的介绍和说明。

（3）正文。正文是调查报告的主体。它对调查得来的事实和有关材料进行叙述,对所作出的分析、综合进行议论,对调查研究的结果和结论进行说明。正文的结构有不同的框架。按照内容表达的层次组成的框架有:"情况—成果—问题—建议"式结构,多用于反映基本情况的调查报告;"成果—具体做法—经验"式结构,多用于介绍经验的调查报告;"问题—原因—意见或建议"式结构,多用于揭露问题的调查报告;"事件过程—事件性质结论—处理意见"式结构,多用于揭示案件是非的调查报告。

（4）结尾。结尾的内容大多是调查者对问题的看法和建议,这是分析问题和解决问题的必然结果。

（5）落款。调查报告的落款要写明调查者单位名称和个人姓名,以及完稿时间。如果标题下面已注明调查者,则落款时可省略。

【案例4-5】

知在课堂　行在路上——高校大学生讲述自己参加社会实践的故事

那份对西部深沉的爱

2010年7月19日,我们14名同学从北京出发,乘坐近30个小时的火车和近一天的汽车,于22日抵达支教目的地贵州省安顺市西秀区蔡官镇沙锅寨"对长沙小学"。沙锅寨位于两县交界处,群山环绕,地理位置偏僻。聚居着汉族、苗族、布依族等,民风淳朴。"对长沙小学"校名取自"对沙地"、"长冲"、"沙锅寨"三个寨子名称的第一个字,担负着三个寨子近300名学生的九年义务教育任务。学校不大,教室内的设施简陋,一部分课桌书箱没了底,学生两两坐在一个条木凳上。教室里没有电灯,全部依靠自然采光,赶上阴天,室内便昏暗无光。幼儿班的教室只有一个1米多宽的小窗户,每遇晴天,老师就会把课桌搬出来,让小朋友们在户外操场上上课。学校教师中绝大部分是代课老师,因为学校地处大山深处,没有供教师休息的宿舍,外面的教师来上课需要当天往返,山路弯弯,加之待遇低,很难聘到寨子外面的正式老师,来的老师也干不长,走马灯似的换。

我们走访了当地村民,询问生产生活状况,了解他们在发展中遇到的困难。在与村干部的座谈中,我们强烈感受到,发展生产、改善生活需要寻找好的收益模式,当地村干部一直因没有找到好方法而焦虑。

支教回来,我一直思考,怎样才能更有效地帮助贫困大山里的人。搞社会调研不能把报告往学校一交,评个优秀项目就完事大吉,为当地老百姓办点实事更有意义。经过审慎思考,我将调研材料按照"基础教育、农业生产、计划生育、留守儿童状况、屯堡文化以及家电下乡和山区道路"等几个分项加以整理,寄给贵州省委书记栗战书。

不久之后,我得知,贵州省副省长刘晓凯亲自带队到沙锅寨,看望了学校的孩子和老师,去村民家中详细了解生产生活情况。刘副省长现场作出指示,由省里拨给"对长沙小学"10万元,安顺市、西秀区两级政府为学校追加筹款8万元,用于改善教学条件。省委副书记、省长赵克志也到安顺市调研,敦促那里发展经济,增加社会就业,改善人民生活,从根本上解决贫困山区的经济发展问题。这一切在当地引起了震动。

这几天,经常有人问我:为什么会主动给省委书记写信?简单地说,其实就是一个动因和一分坚信:动因来自作为一名大学生,对西部山区人民的爱,来自改变西部相对落后面貌的强烈社会责任感;坚信就是坚信我们的党,服务人民,谋求福祉!

(对外经济贸易大学外语学院2009级学生杨雪)

怀有一颗奉献的心

"老师,您下次还来吗?"望着孩子们纯真而渴望的眼神,一种强烈的不舍从心底涌出。我摸着孩子们的头说:"你们要好好做作业,明天我们还来。"40℃的高温,孩子们满脸的汗水,木桌上光阴留下的痕迹,一切的一切,让习惯了空调冷气、明亮教室、朗朗读书声的我震撼并感动,那一天,我告诉自己:"坚持下去,做一名合格的人民教师!"

2010年暑假,我参加了学校组织的暑期社会实践活动,赴北京市大兴区小红门乡的打工子弟小学担任小教员。一个月中,每天早晨6点从学校出发,晚上8点赶回宿舍,虽疲惫,心里却温暖十足。我们参与到学校的教学、管理等各方面日常工作中,行政、宣传、团建……当课堂闷热,学生学习兴趣下降时,我们共同探讨新的授课兴趣点。赶上特别的日子,我们还组织联欢会,鼓励孩子们上台表演,增强自信心。

通过与老师、家长和孩子们的相处，我们开阔了眼界，丰富了阅历。"纸上得来终觉浅，绝知此事要躬行。"在一项项工作当中，我也深深地感受到了校园与社会、学习与工作的巨大不同，更逐渐地认识到自己身上的不足与问题，认识到知识的缺憾与局限。

社会实践中，除了服务当地的打工子弟学校，我们还为当地的老人带去了两场关于常见疾病的预防知识讲座。结合自己的专业特长，我们不但为老人普及常见病的预防知识，还教他们学会使用血压计等家庭常用医疗仪器。一次讲座之后，一位老奶奶握住我的手说："要是当初早学会怎么用血压计，我老伴也不会耽误了，遗憾啊。"看着她满含泪水的双眼，我的心在痛，同时，对于知识的尊重，对于增长自身才干的迫切感也油然而生。

短短的社会实践，让我深刻地感受到，四年的象牙塔生活，我们汲取知识，追逐梦想。但是，作为当代青年，我们还应该具备报效祖国的使命感以及服务社会的责任感。应该怀有一颗感恩的心、一颗奉献的心，去服务更多的人，通过服务他人促进自身的发展，在服务他人的过程中，促进社会和国家的发展。课堂给予我们理论的知识，社会赋予我们实践的经验。在追逐梦想的旅途上，在课堂知识与实践的双重提升中，我们将羽翼渐丰、展翅翱翔！

（北京工业大学生命学院 2009 级学生李秋池）

第五章

职业资格证书与职业生涯规划

近年来,大学生就业问题已成为全社会普遍关注的热点问题。尤其是2009年爆发的金融危机,严峻的就业形势让不少大学生充满了危机意识。改变就业观念,提前做好职业生涯规划,尤其是提前获取职业资格证书成为在校大学生的必修课。

在校大学生由于缺少社会经验,缺乏对行业、职位信息的详细了解,体验不到真实的职业环境,加上有的人"当局者迷",难以很好地了解自身。所以,相当一部分在校大学生对如何在自己所学专业知识、个人能力和未来职业生涯之间搭建桥梁不知所措。对职业资格证书考试制度等方面进行较为深入的了解,无疑对大学生职业生涯的选择与准备起到举足轻重的作用。拥有职业资格证书,就可能在求职路上先行一步,就可能获得一份好的工作,就可能比别人有更多的发展机会。

第一节 职业资格证书对职业生涯发展的作用

一、考取职业资格证书是大学生就业的"入场券"

国家职业资格证书是大学生就业的"入场券"和"通行证"。职业资格认证是劳动者从事相应职业的资格凭证,代表劳动者具有从事本职业的理论与实际操作水平,是劳动者就业上岗和单位录用人员的主要依据,在全国范围内通用。推行职业资格证书制度,是落实党中央、国务院提出的"科教兴国"战略方针的重要举措,也是我国人力资源开发的一项战略措施。这对于提高劳动者素质,促进劳动力市场的建设,以及促进社会经济发展都具有重要意义。

获取职业资格证书,是鼓励大学生主动适应社会发展的需要,主动适应劳动就业的需要。《劳动法》第八章第六十九条规定:"国家确定职业分类,对规定的职业制定职业技能标准,实行职业资格证书制度,由经过政府批准的考核鉴定机构负责对劳动者实施职业技能考核鉴定。"《职业教育法》第一章第八条明确指出:"实施职业教育应当根据实际需要,同国家制定的职业分类和职业等级标准相适应,实行学历文凭、培训证书和职业资格证书制度。"这些法律条款确定了国家推行职业资格证书制度和开展职业技能鉴定的法律依据。

此外,开展职业技能鉴定,国务院在《关于大力推进职业教育改革与发展的决定》中明确提出,要"严格实施就业准入制度,完善学历证书、培训证书和职业资格证书制度"。现在,职业资格证书在我国人才就业市场中已开始发挥"就业通行证"的作用,成为完善市场机制的重要手段。

二、职业资格证书是具有实力,能胜任岗位的标志

职业资格证书是从事某一职业所必备的学识、技术和能力的基本要求,它直接反映了劳动者为适应职业劳动需要而运用特定的知识、技术和技能的能力。它与学历文凭不一样,文凭是一个人接受教育的年限、具有某种文化程度和学业程度的证明。可见,对于就业而言,职业资格证书更具有直接作用。

随着社会主义市场经济的发展,社会分工越来越细,行业层次分划也越来越精细。同时,由于技术进步与新旧产业的交替,要求专业人员必须掌握新技术、新工艺和新设备的使用,这对大学生的知识能力结构都提出了职业能力方面的新要求。高校对大学生的培养更偏重理论,并且缺少对专业技术实践操作方面的培养。而实践教学是高等教育不可缺少的重要环节,也是应用型专门人才培养的重要途径,是实用型人才的知识、技能和素质的体现和证明。通过报考职业资格证书能够弥补高等教育的这项空白,在报考职业资格证书的过程中,能够尽早地对行业有深入的了解,是大学生能力和实力的证明。

三、职业资格证书是增强就业竞争力的手段

随着社会主义市场经济的发展,劳动力市场对从业者的综合素质要求越来越高,大学生不仅要有高等学历证书,还必须获得资格证书方可就业。在职业市场及工作岗位,资格证书的作用甚至超过了学历证书,这同时也说明一个事实,就是经验往往比学历更重要。一名只有中专学历的商校毕业生与一名某著名高校文秘专业的本科生一同到某颇负盛名的私营企业应聘行政秘书,结果本科生败在了中专生手下。心有不甘的本科生向该企业老总询问自己落选的原因,该企业老总直言相告:"没有秘书资格证书,缺少企业急需的全面综合能力。"本科生不禁大叹,学历证书竟然比不过一本职业资格证书!以往,因招聘单位要求过高学历而被挡在门外的人,如今却能凭职业资格证书轻松地敲开一些门槛颇高的单位大门,可见,考取职业资格证书是抓住就业机会和寻求一个理想工作的必备条件,是高校毕业生能够直接从事某种职业岗位的直接凭证,也是毕业生职业能力的证明。在同等条件下,用人单位会优先选用实践能力较强的学生,而职业资格证书能在一定程度上反映学生的实践能力。因此,获取职业资格证书就成为毕业生增加自身竞争力的

筹码。从某种意义上讲,谁持有职业资格证书,谁的从业选择性就大,就业机会就多。

四、获取职业资格证书为职业生涯规划确立了方向

获取职业资格证书可以尽早地确定今后职业发展的方向,大学生不能等到工作后或毕业时才开始考虑获取职业资格证书,而应该从进入大学开始就要树立考职业资格证书的意识,关注与所学专业相对应的职业所要求的职业资格,在之后的专业学习过程中将获取职业资格证书列入自己的学习计划之中,以此作为自己职业生涯规划的导向标,不断激励自己开拓职业新天地。

在走上工作岗位后,也要把获取更高一级的职业资格证书作为努力的目标,这样的职业生涯才是完整的。如果说大学生获取职业资格证书是为了能解决就业问题或提高就业竞争力的话,那么,获取中、高级的职业资格证书就是保证事业发展或职业生涯发展连续性的必要手段。可以说,职业资格的获取和职业生涯的发展是密不可分的,努力获取职业资格证书为职业生涯发展提供了重要保障。

第二节 职业资格与职业准入

职业资格是对从事某一职业并适应职业岗位需要而运用特定知识和技能的能力要求。与学历文凭不同,职业资格和职业岗位的具体要求关系密切,能直接反映从业者对岗位的适应性。

职业资格包括从业资格和执业资格。从业资格是指从事某一专业(职业)学识、技术和能力的起点标准。执业资格是指政府对某些责任较大、社会通用性强、关系公共利益的专业(职业)实行准入控制,是依法独立开业或从事某一特定专业(职业)学识、技术和能力的必备标准。

职业资格证书是国家证书制度的一个组成部分,它通过国家法律、法令和行政条规的形式,以政府的力量来推行,由政府认定和授权机构来实施,在全国范围内通用,对劳动者的从业资格进行认定的国家证书。

从世界各国的情况看,绝大多数国家都有自己的职业资格证书制度。职业资格证书是国际上唯一通用的从业资格证明。

一、职业资格证书制度

(一)制度介绍

职业资格证书制度是劳动就业制度的一项重要内容,是指按照国家制定的职

业技术标准或任职资格条件,通过政府认定的考核鉴定机构,对劳动者的技能水平或职业资格进行客观公正、科学规范的评价和鉴定,对合格者授予相应的国家职业资格证书。《劳动法》第六十九条规定:"国家确定职业分类,对规定的职业制定职业技能标准,实行职业资格证书制度,由经过政府批准的考核鉴定机构负责对劳动者实施职业技能考核鉴定。"

我国的职业技能鉴定体系是从 20 世纪 50 年代开始形成的传统的八级技术等级制度基础上,经过多年的演变发展,在中华人民共和国工种分类目录和技术等级标准的基础上确立的。从 1994 年起,我国就开始试行新的职业技能鉴定制度,并通过立法在《劳动法》(1995 年)、《职业教育法》、《职业资格证书规定》、《职业技能鉴定规定》等法律法规上确定了职业技能鉴定的基本法律地位和政策保障。现行国家职业资格证书是根据劳动和社会保障部令第 6 号《招用技术工种从业人员规定》,从 2000 年 7 月 1 日起开始实行的,由原技术等级证书和技师合格证书合并构成。

(二)国家职业资格等级的划分及技能要求

职业资格证书是国家证书制度的一个组成部分,它通过国家法律、法令和行政条规的形式,以政府的力量来推行,由政府认定和授权机构来实施,在全国范围内通用的,对劳动者的从业资格进行认定的国家证书。

现行国家职业资格证书整个证书体系分为:初级(国家职业资格五级);中级(国家职业资格四级);高级(国家职业资格三级);技师(国家职业资格二级);高级技师(国家职业资格一级)五个层次。

(1)国家职业资格五级(初级):能够运用基本技能独立完成本职业的常规工作。

(2)国家职业资格四级(中级):能够熟练运用基本技能独立完成本职业的常规工作;在特定情况下,能运用专门技能完成技术较为复杂的工作;能够与他人合作。

(3)国家职业资格三级(高级):能够熟练运用基本技能和专门技能完成较为复杂的工作,包括完成部分非常规性的工作;能够独立处理工作中出现的问题;能指导和培训初、中级人员。

(4)国家职业资格二级(技师):能够熟练运用专门技能和特殊技能完成复杂的、非常规性的工作;掌握本职业的关键技术技能,能够独立处理和解决技术或工艺难题;在技术技能方面有创新;能指导和培训初、中、高级人员;具有一定的技术管理能力。

(5)国家职业资格一级(高级技师):能够熟练运用专门技能和特殊技能在本

职业的各个领域完成复杂的、非常规性的工作;熟练掌握本职业的关键技术技能,能够独立处理和解决高难度的技术问题或工艺难题;在技术攻关和工艺革新方面的创新;能组织开展技术改造、技术革新活动;能组织开展系统的专业技术培训;具有技术管理能力。

各职业按照本职业从业人员的职业活动范围、工作责任、工作难度、技术含量来确定本职业的等级数量,并不是所有职业等级都是从五级到一级。有的职业等级设置起点高,如广告设计师为三级到一级;有的职业等级最高等级设置低,如客房服务员为五级到三级。

(三)国家职业资格的申报条件

从事或准备从事职业的人员可申报该行业的职业资格认证。申报人应符合该行业资格证的申报条件。申报条件是指申请参加本职业各等级水平鉴定的人员必须具备的学历、培训经历、工作经历、证书等有关条件。各职业应根据具体情况确定年限,一般不低于以下要求(国家有特殊规定的执行国家规定):

1. 国家职业资格五级/初级(具备以下条件之一者)

(1)经本职业初级正规培训达规定标准学时数,并取得毕(结)业证书。

(2)在本职业连续见习工作2年以上。

2. 国家职业资格四级/中级(具备以下条件之一者)

(1)取得本职业初级职业资格证书后,经本职业中级正规培训达规定标准学时数,并取得毕(结)业证书。

(2)取得本职业初级职业资格证书后,连续从事本职业工作3年以上。

(3)连续从事本职业工作5年以上。

(4)取得经劳动保障行政部门审核认定的,以中级技能为培养目标的中等以上职业学校(含民办)本职业(专业)毕(结)业证书。

3. 国家职业资格三级/高级(具备以下条件之一者)

(1)取得本职业中级职业资格证书后,经本职业高级正规培训达规定标准学时数,并取得毕(结)业证书。

(2)取得本职业中级职业资格证书后,连续从事本职业工作5年以上。

(3)取得高级技工学校或经劳动保障行政部门审核认定的、以高级技能为培养目标的高等职业学校本职业(专业)毕业证书。

(4)取得本职业中级职业资格证书的大专以上本专业或相关专业毕业生,连续从事本职业工作2年以上。

4. 国家职业资格二级/技师(具备以下条件之一者)

(1)取得本职业高级职业资格证书后,连续从事本职业工作2年以上,经本职业技师正规培训达规定标准学时数,并取得毕(结)业证书。

(2).取得本职业高级职业资格证书的高级技工学校本职业(专业)毕业生,连续从事本职业工作满2年。

(3)取得技师学院或经劳动保障行政部门审核认定的、以技师技能为培养目标的高等职业学校本职业(专业)毕业证书。

5.国家职业资格一级/高级技师(具备以下条件之一者)

(1)取得本职业技师职业资格证书后,连续从事本职业工作3年以上,经本职业高级技师正规培训达规定标准学时数,并取得毕(结)业证书。

(2)取得本职业技师职业资格证书后,连续从事本职业工作5年以上。

(四)取得职业资格证书途径

《劳动法》第六十九条规定:"国家确定职业分类,对规定的职业制定职业技能标准,实行职业资格证书制度,由经过政府批准的考核鉴定机构负责对劳动者实施职业技能考核鉴定。"技能考核合格的即可获得职业资格证书。职业技能鉴定是一项基于职业技能的考核活动,属于标准参照考试,由考试考核机构对劳动者从事某种职业所应掌握的技术理论知识和实际操作能力作出客观的测量和评价,全国统一鉴定采取笔试方式进行。职业技能鉴定是国家职业资格证书制度的重要组成部分。

《职业教育法》第八条明确指出:"实施职业教育应当根据实际需要,同国家制定的职业分类和职业等级标准相适应,实行学历文凭、培训证书和职业资格证书制度。"也就是说,要从事某一职业必须要有该行业的职业资格证书,要取得职业资格证书就必须参加相应的国家职业资格考试。

二、就业准入制度

(一)就业准入制度

所谓就业准入是指根据《劳动法》和《职业教育法》的有关规定,对从事技术复杂,通用性广,涉及国家财产、人民生命安全和消费者利益的职业(工种)的劳动者,必须经过职业技术培训和技能鉴定,并取得职业资格证书后,方可就业上岗。实行就业准入的职业范围由劳动和社会保障部及省人民政府确定并向社会发布。

国家对实行就业准入制度做了相关的具体规定:职业介绍机构要在显著位置公告实行就业准入的职业范围;各地印制的求职登记表中要有登记职业资格证书的栏目,用人单位招聘广告栏中也应有相应职业资格要求;职业介绍机构对介绍国家规定实行就业准入的职业,应要求求职者出示职业资格证书并进行查验,凭证推荐就业;用人单位要凭证招聘用工。从事就业准入职业的新生劳动力,就业前必须经过 1～3 年的职业培训,并取得职业资格证书;对招收未取得相应职业资格证书人员的用人单位,劳动监察机构将依法查处,并责令改正;对从事个体工商经商的人员,要取得职业资格证书后工商部门才给予办理开业手续。

(二)职业资格证书制度与就业准入控制的关系

职业资格包括从业资格和执业资格。从业资格是政府规定专业技术人员从事某种专业技术性工作的学识、技术和能力的起点标准,通过学历认定或考试取得,供用人单位参考;执业资格是政府对某些责任较大、社会通用性强、关系公共利益的专业技术工作实行的准入控制,是专业技术人员依法独立开业或从事某种专业技术工作学识、技术和能力的必备标准,必须通过考试方法取得,考试由国家定期举行。绝大部分的职业资格证书证明的是从业资格,并不作为准入控制;在特定的领域,在一定范围内实行强制性就业准入控制的,是执业资格。国家劳动和社会保障部规定,生产、运输设备操作人员,商业及服务业人员,办事人员等从事技术复杂以及涉及国家财产、人民生命安全和消费者利益的 9 个工种(职业),率先实行就业准入制度,这些人员必须取得就业资格证书后才能就业。

职业技能鉴定(指导)中心的主要职责是职业技能鉴定工作的组织、协调和指导机构。其主要职能是按照国家制定的职业技能鉴定规划、政策、标准和有关规定,在同级劳动行政部门的指导下,实施、指导、协调职业技能鉴定工作,推行国家职业资格证书制度。具体负责组建职业技能鉴定专家队伍,组织、指导、鉴定考评人员培训与考核;建立职业技能鉴定的计算机工作网络、情报信息网络和技能人才资料库;参与制定职业技能鉴定的相关技术性文件和规定,编制鉴定试题;具体组织实施职业技能鉴定工作,指导职业技能鉴定所(站)的工作;开展职业技能鉴定有关问题的研究和咨询服务;推动本市职业技能竞赛活动。

(三)职业技能鉴定的申报

1. 基本要求

申报职业技能鉴定,首先要根据所申报职业的资格条件,确定自己申报鉴定的等级。如果需要培训,要到经政府有关部门批准的培训机构参加培训。申报职业资格鉴定时要准备好照片、身份证以及证明自己资历的材料。参加正规培训的须有培训机构证明,工作年限须有本人所在单位证明,经鉴定机构审查符合要求的,颁发准考证。参加考试时必须携带准考证,否则不能参加考试。

2. 报名

申报鉴定的单位须提前 15 个工作日向相应的职业技能鉴定机构集体报名,提交《职业技能鉴定申请表》和《申报职业技能鉴定人员花名册》。申报鉴定的个人按照公布的鉴定内容、报名时间、地点,向职业技能鉴定指导中心及指定的鉴定机构或单位报名,填写《职业技能鉴定考生登记表》,由鉴定机构按职业(工种)、等级分别汇总填写《申报职业技能鉴定人员花名册》和《职业技能鉴定申请表》,由职业技能鉴定指导中心备案。

3. 技能鉴定申报人员资格审查

主要依据《国家职业标准》(如无正式印发的职业标准,则按照原《职业技能鉴定规范》相关规定)各职业(工种)中相对应之申报条件和江苏省职业技能鉴定中心《职业技能鉴定工作手册》相关规定进行。

首先查看申报人的相关资质证明,如院校毕业证书、培训毕(结)业证书、国家职业资格证书或技术等级证书、单位出具的有关证明等。

重点对原未取得相应资格(技术等级)证书,但按照规定具有满足连续从事本职业工作最低年限条件的申报者进行审查:一是查看其身份证原件反映的实际年龄,以国家规定的最小工作年龄判断其实际工作年限;二是查看其工作单位出具的相关证明。在二者相符的条件下,准予申报。

以上方法主要针对民办职业培训机构、企事业单位、院校往届毕业生、社会零散人员等申报时的审查。对各正规院校应届毕业生申报,不受此审查条件限制。

4. 职业技能鉴定考试内容

主要内容有职业知识、操作技能和职业道德三个方面。这些内容是依据国家职业技能标准、职业技能鉴定规范(即考试大纲)和相应教材来确定的,并通过编制试卷(题)和评分标准来进行鉴定考核。

职业技能鉴定的具体方式为:知识要求考试和操作技能考核两部分。知识要求考试一般采用笔试,技能要求考核一般采用现场操作加工典型工件、生产作业项目、模拟操作等方式进行。计分一般采用百分制,两部分成绩都在 60 分以上为合格。

第三节　主要职业资格证书考试介绍

中国入世不仅意味着资本与要素的全球市场化,更意味着人力资源要素的全球化。传统的学历教育已不能满足社会对人力要素的更高要求,学历教育与职业教育并举将成为一种趋势。2002 年,是我国推行就业准入制度工作力度最大的一年,国家劳动和社会保障部推出心理咨询师、电子商务师等 7 项全新的职业资格证书,使我国实行职业准入制的职业已达百余个。如果再加上各类"洋证书",目前市场上的职业资格证书项目已达 300 种以上,并且以每年新增 50 种的速度递增。在这种情况下,职业资格证书越来越成为求职的"敲门砖"。为此,我们在这一章节中罗列出近年来就业市场上较为热门的几类职业资格证书,对此做一番较为详尽的介绍。

一、全国计算机等级考试

全国计算机等级考试（National Computer Rank Examination，简称 NCRE），是经原国家教育委员会（现教育部）批准，由教育部考试中心主办，面向社会，用于考查应试人员计算机应用知识与技能的全国性计算机水平考试体系。NCRE 采用全国统一命题、统一考试的形式。一级各科全部采用上机考试；二级、三级各科均采用笔试和上机操作考试相结合的形式；四级目前采用笔试考试，上机考试暂未开考（上机考核要求在笔试中体现）；计算机职业英语采用笔试形式（含听力）。NCRE 考试报考条件较为宽松，考生不受年龄、职业、学历等背景的限制，任何人均可根据自己学习和使用计算机的实际情况选考不同等级的考试。上次考试的笔试和上机考试仅其中一项成绩合格的，下次考试报名时应出具上次考试成绩单，成绩合格项可以免考，只参加未通过项的考试。NCRE 考试每年开考两次，分别在 3 月及 9 月举行。计算机等级考试具有较高的权威性，往往作为一些 IT 单位聘用人员的硬性条件之一。

二、软件工程师

软件工程师是掌握数据库的应用技术，具备计算机软件编程、测试、系统支持等方面技能的高级技术应用型专门人才。该职业资格共分助理软件工程师、软件工程师、高级软件工程师三级。报考软件工程师系列，最对口的专业是软件技术。其核心课程包括汇编语言、软件工程与项目管理、计算机网络与应用、数据库原理与应用等。软件工程师资格证书系列考试每年统考四次，考试时间为每年的 4 月、6 月、10 月和 12 月。对于本科学的是计算机类专业并致力于软件开发等工作的同学，软件工程师绝对是上上之选，只要时间充裕，在本科阶段就可以复习并可以在政策宽松的地区报考。

助理软件工程师的报考条件（具备下列条件之一者，可报名参加考试）：①本科以上或同等学力学生；②大专以上或同等学力应届毕业生并有相关实践经验者。

软件工程师的报考条件（具备下列条件之一者，可报名参加考试）：①已通过助理软件工程师资格认证者；②研究生以上或同等学力应届毕业生。

三、网络工程师

目前，移动通信和互联网领域呈现出巨大的发展潜力，尤其 3G 时代的到来，为移动通信技术开辟了新的道路，因此网络工程领域的人才需求巨大。网络工程师职业资格认证体系的建立，无疑会给大学生们带来福音。网络工程师应是掌握计算机网络基本理论和基本技能，具有计算机网络硬件组网与调试、网络系统安装与维护以及网络编程能力的高级技术应用型专门人才。该职业资格共分助理计算机网络工程师、计算机网络工程师、高级计算机网络工程师三级。报考计算机网络工程师系列,最对口的专业是计算机网络技术。其核心课程包括:组网技术与网络管理、网络操作系统、网络数据库、网页制作等。考试科目为计算机与网络知识、网络系统设计与管理。报考网络工程师不设学历与资历条件,也不论年龄和专业,考生可根据自己的技术水平选择合适的级别、合适的资格,但一次考试只能报考一种资格。考试时间为每年统考两次,具体考试日期、地点、方式,由考生所在地的考试机构或培训机构另行通知。

四、注册会计师

注册会计师是指取得注册会计师证书并在会计师事务所执业的人员(全称Certified Public Accountant,简称CPA)和从事社会审计、中介审计、独立审计的专业人士。注册会计师全国统一考试分为专业阶段和综合阶段。其中,专业阶段考试科目为会计、审计、财务成本管理、公司战略与风险管理、经济法、税法。专业阶段考试的单科考试合格成绩5年内有效。对在连续5个年度考试中取得专业阶段考试全部科目考试成绩合格的考生,财政部考委会颁发注册会计师全国统一考试专业阶段考试合格证书。综合阶段考试科目应在取得注册会计师全国统一考试专业阶段考试合格证书后5个年度考试中完成。对取得综合阶段考试科目考试成绩合格的考生,财政部考委会颁发注册会计师全国统一考试全科考试合格证书。注册会计师的报考条件应是具备下列条件之一的中国公民:①高等专科以上学校毕业的学历;②具有会计或者相关专业(相关专业是指审计、统计、经济)中级以上专业技术职称。考生专业阶段考试报名时间一般为3月、4月,综合阶段考试报名时间一般为4月。考试时间一般为9月。

注册会计师是通向高薪职位的通行证。大部分通过注册会计师考试的会计人员,都在中国境内的国际会计公司以及国内大中型会计师事务所、国内各大中型企业、金融机构、保险、证券以及政府部门等从事相关工作,就业率远远超过社会平均就业率。

五、统计师

按照《关于印发〈统计专业技术资格考试暂行规定〉及其实施办法的通知》文件有关规定,从1995年起统计专业技术资格实行全国统一考试制度。国家统计局与人力资源和社会保障部成立全国统计专业技术资格考试办公室,负责统计资格考试的组织实施和考务工作,考试办公室设在国家统计局人事部。统计专业资格证书是统计从业人员充实自己、提高工作能力的有效凭证。

统计师考试每年举行一次,考试日期一般设在每年 10 月的第三个星期日。考试科目主要有统计学、统计基础理论、统计专业知识和统计工作务实等。

六、会计从业资格

会计从业资格证书是具有一定会计专业知识和技能的人员从事会计工作的资格证书,是进入会计岗位的"准入证"。会计从业资格考试科目为财经法规与职业道德、会计基础、初级会计电算化。凡符合《会计法》、《会计从业资格管理办法》等有关法律、法规规定,申请取得会计从业资格的人员,均可报名考试。会计从业资格考试一般由省级财政部门组织,考试及报考时间全国各省有差异。会计从业资格是会计行业的准入资格,拥有它就可以从事会计职业,致力于会计工作的同学在本科阶段就可以报考,会计及相关专业的同学只需考财经法规与职业道德一门。

七、银行从业资格

中国银行业从业人员资格认证(Certification of China Banking Professional,简称 CCBP),是由中国银行业从业人员资格认证办公室负责组织和实施银行业从业人员资格考试。银行从业资格考试科目为公共基础、个人理财、风险管理、个人贷款和公司信贷,其中,公共基础为基础科目,其余为专业科目。考生可自行选择任意科目报考。年满 18 周岁且具有高中以上文化程度即可报考,基本上无任何特殊条件限制。银行从业资格考试每年有两次,时间分别为 5 月和 11 月。银行从业资格是银行业的准入资格,从事银行工作必须有银行从业资格证,有志于进入银行工作的同学可以报考。

八、BEC(Business English Certificate)

BEC(全称剑桥商务英语证书)考试由英国剑桥大学与国家教育部考试中心合作举办。BEC 考试特别注重考生运用英语在商务环境中进行交际的能力,对考生在一般工作环境下和商务活动中使用英语的能力从听、说、读、写四个方面进行全面考查,对合格者提供由英国剑桥大学考试委员会颁发的标准统一的成绩证书。剑桥商务英语是现在最流行的英语考试之一,它能反映一个人的应用英语能力,是一些大型企业招聘员工着重考虑的,因此它是在校同学不错的选择。

考试共分 BEC Preliminary(BEC 初级)、BEC Vantage(BEC 中级)、BEC Higher(BEC 高级)三个等级。考试分笔试、口试两个阶段,由听力、阅读、写作和口语四个部分组成。新版 BEC 考试将口语成绩与其他三项成绩一样记入总分,各占 25%。报名不受年龄、性别、职业、地区、学历等限制,任何人(包括学生、待业人员等)均可持本人身份证到当地考点报名。

考试时间为每年 5 月的第三个周六(BEC3)、第四个周六(BEC1),6 月的第一个周六(BEC2),11 月的第四个周六(BEC3),12 月的第一个周六(BEC1)、第二个周六(BEC2)。

九、TOEIC 考试

TOEIC(Test of English for International Communication,国际交流英语测评)是针对在国际工作环境中使用英语交流的人们的英语能力的测评。每年 90 多个国家有近 500 多万人次参加 TOEIC 考试,9 000 多家国际化的公司或机构承认并使用 TOEIC 考试成绩。因为 TOEIC 考试能对人们使用英语进行交流的能力作出公正客观的测量,所以成为当今世界顶级的职业英语能力测评。

TOEIC 考试从听力、阅读、口语、写作四个方面,考查应试者的英语交流技能。其中,听力与阅读考试的内容取材于日常现实商务场景,直接体现应试者的听力与阅读理解能力。考试采用纸笔考试的形式。口语与写作考试直接衡量应试者的英语口语及写作能力,考试中出现的内容均为日常工作、生活场景中常用的表达方式与常见词汇,采用计算机考试的形式。TOEIC 考试与 BEC 相似,主要考核应试者在不同场合应用英语的能力,对于想进入大型国企和外企工作的同学,有较高的含金量。

考试形式为:听力部分客观题 100 道,45 分钟,纸笔考试;阅读部分客观题 100 道,75 分钟,纸笔考试。TOEIC 考试报名不受年龄、性别、职业、地区、学历等限制,任何具备一定英语水平的人(包括学生、待业人员等)均可报名。各地区考试的时间不一样,要及时关注 TOEIC 官方网站,查询每年的考试时间安排。

十、日语等级考试

日语等级考试由日本国际交流基金及其财团法人日本国际教育交流协会举办,自 1984 年开始实施,是专为母语为非日语的学习者举办的一种日语能力的等级考试。

2010 年开始日语能力考试试题变革,从 4 个等级变为 5 个等级。其中,N1 级、N2 级考试分语言知识(文字、词汇、语法)、阅读和听力 2 个科目;N3 级、N4 级、N5 级考试分语言知识(文字、词汇)、语言知识(语法)、阅读和听力 3 个科目。应试者可根据自己的能力或实际情况,直接报考相应的等级。

考试时间:从 2009 年起日本语能力测试每年举办两次,分别于 7 月和 12 月的第一个星期日实施。7 月开考级别为 N1 级、N2 级、N3 级,12 月开考级别为 N1 级、N2 级、N3 级、N4 级、N5 级。

日语是第二外语中的不错选择,入门相对容易。目前大多数日本大学招收外国留学生时,均要求留学生提交该考试的 N1 级证书,作为录取人员的语言水平依据。国内有些日资企业也要求求职者提交相应的等级证书。

十一、教师资格证

教师资格是国家对专门从事教育教学工作人员的基本要求,是公民获得教师职位、从事教师工作的前提条件。教师资格制度是国家实行的教师职业许可制度。

我国师范类大学毕业生须在学期期末考试中通过学校开设的教育学和教育心理学课程考试,并在全省统一组织的普通话考试中达到二级乙等(中文专业为二级甲等)成绩以上,方可在毕业时领取教师资格证。非师范类和其他社会人员需要在社会上参加认证考试等一系列测试后,才能申请教师资格证。

申请教师资格种类与学历条件:

申请教师资格种类应当具备的学历条件:

幼儿园教师:幼儿师范学校毕业及其以上学历。小学教师:中等师范学校毕业及其以上学历。初中教师:高等师范专科学校或其他大学专科毕业及其以上学历。高中、中等职业学校教师:高等师范本科学校或其他大学本科毕业及其以上学历。中等职业学校教师、实习指导教师:中等职业学校毕业及其以上学历,并具有相当助理工程师以上专业技术职务或者中级以上工人技术等级。高等学校教师:研究生或者大学本科毕业学历。成人教育教师:高等、中等学校毕业及其以上学历。

注:在校生凭学生证或相关证明均可报名参加考试。各地政策不同,以每年各地发布的通知为准。

教师资格证是教师行业的准入资格证,想要从事教师工作的人员都必须获得专业资格证书。随着国家科教兴国战略的进一步实施,从事教师行业有着越来越广阔的前景。

十二、国家司法考试

国家司法考试是国家统一组织的从事特定法律职业的资格考试。初任法官、检察官和取得律师资格必须通过国家司法考试。国家司法考试每年举行一次,其前身为律师资格考试,自 2002 年改为司法考试。

考试内容:国家司法考试主要测试应试人员所应具备的法律专业知识和从事法律职业的能力,内容包括理论法学、应用法学、现行法律规定、法律实务和法律职业道德。试卷的具体科目为:试卷一,综合知识;试卷二,刑事与行政法律制度;试卷三,民商事法律制度;试卷四,实例(案例)分析、司法文书、论述。前述试卷一、试卷二、试卷三为机读式选择题,试卷四为笔答式实例(案例)分析题(含法律文书写作)。

具有高等院校法律专业本科以上学历或高等院校其他专业本科以上学历,具有法律专业知识的人员可报名。2008年首次允许在校大三年级的学生可参加司法考试,报名时需出具学校盖章的有效在校生证明。

考试时间:国家司法考试每年举行一次,一般在9月进行。

国家司法考试是从事法律工作的入门考试,有意从事法律工作的大学生应考虑尽早报考。国家司法考试因其难度较大、内容繁杂、权威性高,因此具有相当的含金量。

十三、导游资格证

导游资格是导游依照导游人员管理条例的规定,取得导游证,接受旅行社委派,为旅游者提供向导、讲解及相关旅游服务。导游资格考试科目分为导游综合知识和导游服务能力两部分。其中,导游综合知识为笔试,主要内容为旅游方针政策与法规及每年的时事政治、导游业务(含旅游案例分析)、全国导游基础知识和地方导游基础、汉语言文学基础、导游外语(外语类考生须考,国语类考生不用考)。导游服务能力为现场考试即口试,主要内容为导游讲解能力、导游规范服务能力、导游特殊问题处理及应变能力。外语类考生须用所报考语种的语言进行导游服务能力一科考试,并加试口译(中译外和外译中)。

报考条件:具有高级中学、中等专业学校或以上学历,身体健康,具有适应导游需要的知识和语言表达能力的中国公民。

笔试的考试时间一般在每年的9月到12月底;口试的考试时间一般比笔试的考试时间延后一段时间,在每年的10月到12月举行。

根据国家规定,导游人员必须持证上岗。因此,如想从事导游工作,先得通过考试关。

十四、人力资源管理师

人力资源管理人员是指从事人力资源规划、员工招聘选拔、绩效考核、薪酬福利管理、培训与开发、劳动关系协调等工作的专业管理人员。人力资源管理师资格考试内容包括人力资源规划、职业生涯设计、岗位描述、人员招聘、员工培训、员工激励、绩效考核、薪酬福利设计与管理、劳动关系管理等。

人力资源职业资格证收得到企业界的广泛认可,已经取得了良好的社会效益和经济效益。所以近年来,参加人力资源职业资格认证的人数逐年攀升,而取得《人力资源职业资格证书》的人员,表明其已具备人力资源管理工作中实际解决问题的能力、应变能力和沟通能力,因此受到企业的青睐。

获取人力资源职业资格证书的条件:

（一）人力资源管理员（具备以下条件之一者）

（1）具有大专学历（含同等学力），连续从事本职业工作1年以上，经本职业人力资源管理员正规培训达到规定标准学时数，并取得毕(结)业证书。

（2）具有大专学历（含同等学力），连续从事本职业工作4年以上。

（二）助理人力资源管理师（具备以下条件之一者）

（1）取得本职业人力资源管理员职业资格证书后，连续从事本职业工作2年以上，经本职业助理人力资源管理师正规培训达到规定标准学时数，并取得毕(结)业证书。

（2）具有大学本科学历（含同等学力），连续从事本职业工作1年以上，经本职业助理人力资源管理师正规培训达到规定标准学时数，并取得毕(结)业证书。

（3）取得本专业或相关专业硕士学位，经本职业助理人力资源管理师正规培训达到规定标准学时数，并取得毕(结)业证书。

（4）具备本专业或相关专业大学专科学位，连续从事本职业工作3年以上。

（三）人力资源管理师（具备以下条件之一者）

（1）取得本职业助理人力资源管理师职业资格证书后，连续从事本职业工作3年以上，经本职业人力资源管理师正规培训达到规定标准学时数，并取得毕(结)业证书。

（2）取得本专业或相关专业博士学位，经本职业人力资源管理师正规培训达到规定标准学时数，并取得毕(结)业证书者。

（3）具有本专业或相关专业硕士学位，连续从事本职业3年以上。

（4）具有本专业或相关专业学士学位，连续从事本职业工作6年以上。

（四）高级人力资源管理师（具备以下条件之一者）

（1）取得本职业人力资源管理师职业资格证书后，连续从事本职业工作3年以上，经本职业高级人力资源管理师正规培训达到规定标准学时数，并取得毕(结)业证书者。

（2）具有本专业或相关专业博士学位，连续从事本职业工作2年以上。

十五、报关员

报关员是指通过全国报关员资格考试，依法取得报关从业资格并在海关注册登记，代表所属企业（单位）向海关办理进出口货物报关业务的人员。我国《海关法》第十一条规定："未依法取得报关从业资格的人员，不得从事报关业务。"这以法律的形式明确了从事报关员工作的资格制度。国此，《报关员职业资格证书》是报关行业的入门证。

报关员资格考试全部采用客观性试题,有单项选择题、多项选择题、判断题、商品归类题、综合实务题、报关单填制题、报关单改错题。包括报关专业知识、报关专业技能、报关相关知识三大部分内容。普通高等学校应届毕业生可以报名参加报关员考试。

拥有报关员职业资格证书的人可以去海关部门应聘,应聘成功后,享受国家公务员待遇。此外,海关报关员是外贸企业对外办理业务时最重要的职位,在整个外贸行业,必须取得相关资格才可以从事此项工作。企业在进行货物进出口贸易活动中,均需通过具体办理人员即报关员向海关办理货物的海关申报、纳税、查验、放行等相关业务手续。

报关员资格全国统一考试,每年举行一次。特殊情况下,经海关总署决定,可以进行调整。

十六、物流师

物流师是专门从事物流行业的工作,包括供应、采购、运输、仓储、产成品加工、包装、配送、回收的安排和物流活动相关信息的处理等工作。国家人力资源和社会保障部决定在 2006 年面向全国开展物流师职业资格统一鉴定工作。从业者必须经过相应培训及全国统一考试,取得劳动部颁发的职业资格证书后方可就业上岗。

考试内容:物流师资格考试内容分理论知识和技脑操作两部分。考试时间为每拟 5 月和 11 月。

报考条件:本科及以上学历物流相关专业(相关专业指经济管理、企业管理、工程管理、物资管理、仓储管理、交通运输、信息管理)应届毕业生可报考助理物流师,但不能报考物流师和高级物流师。

物流业是目前的需才大户,随着物流业在世界范围的兴起,物流专业人才已被列入我国 12 类紧缺人才之一,对希望从事物流工作的大学生来说,考取物流师证书就等于获得了"专业身份证"。国家人力资源和社会保障部颁发的物流师国家职业资格证书是该行业唯一的国家级证书,全国统一编号,全国范围通用,具有法律效力,与我国有双边、多边关系的国家互认。

十七、医师资格考试

医师资格考试是国家统一组织的从事医师工作的资格考试。考试分为两级四类,即执业医师和执业助理医师两级,每级分为临床、中医、口腔、公共卫生四类。中医类包括中医、民族医和中西医结合,其中,民族医又含蒙医、藏医、维医、傣医、朝医、壮医。

医师资格考试分实践技能考试和医学综合笔试。实践技能考试采用多站测试的方式，成绩当年有效，实践技能考试合格者方能参加医学综合笔试。医学综合笔试采取标准化考试方式，执业医师考试时间为 2 天，分 4 个单元。执业助理医师考试时间为 1 天，分 2 个单元，每单元均为 2.5 小时。临床执业（含助理）医师资格考试分为基础科目、专业科目和公共科目三部分。中医、中西医结合执业（含助理）医师资格考试分为中医基础科目、中医临床医学科目、西医及综合科目三部分。

报考条件（具备下列条件之一者，可报名参加考试）：

具有高等学校医学专业本科以上学历，在执业医师指导下，在医疗、预防、保健机构中试用期满 1 年的。

取得执业助理医师执业证书后，具有高等学校医学专科学历，在医疗、预防、保健机构中工作满 2 年，具有中等专业学校医学专业学历，在医疗、预防、保健机构中工作满 5 年的。

具有高等学校医学专科学历或中等专业学校医学专业学历，在执业医师指导下，在医疗、预防、保健机构中试用期满 1 年的，可以参加执业助理医师资格考试。

医师资格考试每年举行一次，实践技能考试时间一般在 7 月上旬，医学综合笔试时间一般在 9 月中旬。

医师资格考试是医师行业的准入资格考试，要想从事医师工作的大学生都必须获得专业资格证书。随着国家医药卫生体制改革的不断深化，为实现党的十七大提出的人人享有基本医疗卫生服务的目标，需要更多的专业卫生人才投身到救死扶伤、治病救人的队伍中来，从事医师行业有着越来越广阔的发展前景。

十八、中华人民共和国翻译专业资格（水平）证书

获得中华人民共和国翻译（水平）证书需要参加全国翻译资格考试，该考试英文名称为：China Aptitude Test for Translators and Interpreters（英文缩写为 CATTI）。该考试是为适应社会主义市场经济和我国加入世界贸易组织的需要，加强我国外语翻译专业人才队伍建设，科学、客观、公正地评价翻译专业人才水平和能力，更好地为我国对外开放和国际交流与合作服务，根据建立国家职业资格证书制度的精神，在全国实行统一的、面向社会的、国内最具权威的翻译专业资格（水平）认证，是对参试人员口译或笔译方面的双语互译能力和水平的认定。

全国翻译专业资格（水平）考试，分为四个等级：资深翻译；一级口译、笔译翻译；二级口译、笔译翻译；三级口译、笔译翻译。各级别翻译专业资格（水平）考试均设英、日、俄、德、法、西、阿等语种。各语种、各级别均设口译和笔译考试。各级别口译考试均设口译综合能力和口译实务 2 个科目，其中二级口译考试口译实务科目分设交替传译和同声传译 2 个专业类别。报名参加二级口译考试的人员，可根

据本人情况,选择口译实务科目相应类别的考试。各级别笔译考试均设笔译综合能力和笔译实务 2 个科目。

报名条件:凡遵守中华人民共和国宪法和法律,恪守职业道德,具有一定外语水平的人员,不分年龄、学历、资历,均可报名参加相应语种、级别的考试。经国家有关部门同意,获准在中华人民共和国境内就业的外籍人员及港、澳、台地区的专业人员,符合《翻译专业资格(水平)考试暂行规定》要求的,也可报名参加翻译专业资格(水平)考试并申请登记。

十九、证券从业资格证

证券从业资格证考试是由中国证券监督管理委员会组织全国统考的一项重要考试。证券从业资格证书是从事证券行业工作必须持有的资格证书,是进入银行或非银行金融机构、上市公司、投资公司、大型企业集团、财经媒体、政府经济部门的重要参考,在全国范围内有效。因此,参加证券从业人员资格考试是从事证券职业的第一道关口,证券从业资格证同时也被称为证券行业的准入证。

证券从业无论在国内还是在国外都是"金领"的职业追求。证券从业资格证书作为证券行业唯一的资格证书,已成为从事证券行业工作的主要依据。取得证券从业资格证书的人可从业于证券公司各部门、银行投资部、银行基金部、上市公司证券部、金融资产管理公司、中外合作基金公司、投资公司、投资顾问公司、会计事务所以及国内大中型企事业单位。

证券从业资格证考试每年 4 次,时间一般在每年的 3 月、5 月、9 月、11 月。考试采取全国统考、计算机考试方式进行。考试科目分为基础科目和专业科目。基础科目为证券基础知识;专业科目包括证券交易、证券发行与承销、证券投资分析、证券投资基金。基础科目为必考科目,专业科目可以自选。

不同等级证券从业资格证书要求通过的专业课科目数不同:

通过基础科目及任意一门专业科目考试的,即取得证券从业资格,并可根据《证券业从业人员资格管理办法》、《证券业从业人员资格管理实施细则(试行)》的规定,向中国证券业协会申请执业资格。

通过基础科目及两门以上(含两门)专业科目考试的或已经持有两种(含两种)以上资格证书的,可获得一级专业水平级别认证证书。

通过基础科目及四门以上(含四门)专业科目考试的或已经持有四种资格证书的,可获得二级专业水平级别认证证书。

二十、市场营销资格证

为逐步将营销人才的培训和使用纳入职业化、规范化、国际化管理的轨道,促进企业营销队伍专业化和职业化进程,提高企业的营销水平和市场竞争能力,以应对我国社会主义市场经济对营销管理人才的需求,根据中共中央、国务院《关于进一步加强人才工作的决定》和中组部《关于加强和改进企业经营管理人员教育培训工作的意见》精神,教育部考试中心与中国市场学会决定,在全国联合开展中国市场营销总监、市场营销经理、市场营销助理资格证书考试工作。该资格证书考试既是对应试人员市场营销知识与营销管理能力的考核,又是以考促学、对营销管理人员基本素质的提升。

中国市场营销资格证书是对营销管理人员知识、能力、经验、业绩的认可,是执业者的就业通行证,也可成为企业对营销人员薪酬考核的依据,全国范围内有效。在人才全球化的趋势下,持证人可据此参与国际人才交流,可为其提供更多的求职就业渠道。持证人可获得中国市场营销管理人才库的备案服务,该证书不仅为考生提供了自身营销管理水平的权威认证,更提高了证书持有者求职就业的竞争力,可供各相关机构录用或作为考核工作人员的依据。

市场营销资格证书考试原则上每年举办 2 次,时间为 5 月和 11 月。考试分为综合能力考试和实践能力考核。综合能力考试采用全国统一笔试的方式,实践能力考核采取撰写案例研究报告的形式。对市场营销总监和市场营销经理证书的考核,应试人员必须同时通过综合能力考试与实践能力考核后,才能确定为考试合格。案例研究报告由报名单位收取,统一汇总到中国市场学会,由中国市场学会组织专家进行案例研究报告评审。

该项资格证书考试无年龄、职业或受教育程度等方面的限制,凡在市场管理、营销策划、市场调研、产品销售、企业管理、运营决策等领域从事相关工作、学习或对此感兴趣的人员,均可自愿选择不同证书的考试。

二十一、心理咨询师

按照国家职业资格心理咨询师培训鉴定工作的统一要求,已经或准备从事心理咨询师职业的人员,都应该经过专门的职业培训,获得全国统一颁发的心理咨询师中华人民共和国职业资格证书后方可从事相应心理咨询活动。

根据《中华人民共和国劳动法》的有关规定,为了进一步完善国家职业标准体系,为职业教育、职业培训和职业技能鉴定提供科学、规范的依据,劳动和社会保障部委托中国心理卫生协会组织有关专家,制定了《心理咨询师国家职业标准》(2005年版)。

从 2006 年开始,将采用国家劳动和社会保障部颁发的心理咨询师国家职业新标准进行资格考试。

新标准规定心理咨询师职业分三个等级,分别为心理咨询师三级、心理咨询师二级、心理咨询师一级。取消原来的心理咨询员（国家职业资格三级）和高级心理咨询师（国家职业资格一级）的称呼。

二十二、审计师

审计师考试全称为全国审计专业技术资格考试。考试时间一般安排在每年10月中旬举行，报名时间约为4月上旬。审计专业技术资格考试由审计署和人事部共同负责。审计署负责拟定考试科目，编写考试大纲，组织考试命题，实施考试工作，统一规划并组织或授权组织培训等工作。人事部负责审定考试科目、考试大纲和试题，会同审计署对考试工作进行检查、监督，并确定考试合格标准。各地的考试工作由当地审计部门和人事部门共同负责，具体职责分工由各地协商确定。

对于审计专业技术初级资格和中级（审计师）资格实行全国统一考试制度。考试制度实行后，不再进行相应职务任职资格的评审工作。按规定通过全国统一考试获得资格的人员，表明其已具备担任相应审计专业技术职务的水平和能力，用人单位可根据工作需要，按照德才兼备的原则择优聘任。

二十三、网络编辑员

网络编辑员是利用相关专业知识及计算机和网络等现代信息技术，从事互联网内容建设的人员。按照网站数量估算，目前，我国拥有网络编辑从业人员多达300万人，在未来的10年内，网络编辑职位需求将呈上升趋势，总增长量将超过26％，比其他各类职位的平均增长量还要高。网络编辑职业的发展，已引起业界和相关领域的密切关注。网络编辑从业人员素质的高低，直接影响网络媒体队伍的整体水平及网站内容是否取得成功。

网络编辑职业是个新兴的职业，目前的从业人员主要是由传统媒体（如报纸、杂志、电视台、电台）编辑、记者、网站管理员、图文设计等职业中分流出来的，缺乏统一的职业标准与规范，给企业的培训、考核及人员使用带来很多技术困难。因此，通过网络编辑国家职业培训，把网络编辑人员素质的管理纳入标准化、制度化、规范化的轨道，对网络编辑人员专业队伍的建设，从业人员素质的提高，职业持续、稳定、健康地发展，有非常重要的现实意义。

网络编辑员申报条件：

（一）网络编辑员（具备以下条件之一者）

（1）经本职业网络编辑员正规培训达规定标准学时数，并取得结业证书。

（2）在本职业连续见习工作1年以上。

（3）取得经劳动保障行政部门审核认定的、以中级技能为培养目标的中等以上职业学校本专业或相关专业毕业证书。

（二）助理网络编辑师（具备以下条件之一者）

（1）连续从事本职业工作 2 年以上，经本职业助理网络编辑师正规培训达规定标准学时数，并取得结业证书。

（2）取得本职业网络编辑员职业资格证书后，连续从事本职业工作 2 年以上。

（3）连续从事本职业工作 3 年以上。

（4）取得高级技工学校或经劳动保障行政部门审核认定的、以高级技能为培养目标的高等以上职业学校本专业或相关专业毕业证书。

（5）取得本专业或相关专业大专以上（含大专）毕业证书，经本职业助理网络编辑师正规培训达规定标准学时数，并取得结业证书。

（三）网络编辑师（具备以下条件之一者）

（1）取得本职业助理网络编辑师职业资格证书后，连续从事本职业工作 1 年以上，经本职业网络编辑师正规培训达规定标准学时数，并取得结业证书。

（2）取得本职业助理网络编辑师职业资格证书后，连续从事本职业工作 2 年以上。

（3）取得本专业或相关专业本科以上（含本科）毕业证书，连续从事本职业工作 2 年以上，经本职业网络编辑师正规培训达规定标准学时数，并取得结业证书。

（4）取得本专业或相关专业本科以上（含本科）毕业证书，连续从事本职业工作 4 年以上。

（四）高级网络编辑师（具备以下条件之一者）

（1）取得本职业网络编辑师职业资格证书后，连续从事本职业工作 1 年以上，经本职业高级网络编辑师正规培训达到规定标准学时数，并取得结业证书。

（2）取得本职业网络编辑师职业资格证书后，连续从事本职业工作 3 年以上。

二十四、广告设计师

适合从事图书出版行业、彩印制版中心、平面广告公司等相关领域的工作，能独立进行广告创意设计、婚纱摄影设计、国际标准 CI 设计、印刷设计、方案创作等广告常见业务。随着商品经济的发展，社会商品的日益丰富使得商品之间的竞争越来越激烈。而在信息化不断发展的今天，广告设计在商品的流通过程中往往起着决定性作用。美国历史学家大卫·波特曾指出："现在广告的社会影响力可以与具有悠久传统的教学及学校相匹敌。广告主宰着宣传工具，它在公众标准形成中起着巨大作用。"越来越多的企业认识到，有了好的商品远远不够，还需要优秀的广告才能更好地产生效益,广告设计员这一职业的前景将更加辉煌。

广告设计师申报条件:

(一) 三级广告设计师(具备以下条件之一者)

(1) 经本职业三级广告设计师正规培训达规定标准学时数,并取得结业证书。

(2) 取得相关专业大专及以上毕业证书,连续从事本职业工作 2 年以上。

(二) 二级广告设计师(具备以下条件之一者)

(1) 取得本职业三级广告设计师职业资格证书后,连续从事本职业工作 3 年以上,经本职业二级广告设计师正规培训达规定标准学时数,并取得结业证书。

(2) 取得本职业三级广告设计师职业资格证书后,连续从事本职业工作 5 年以上。

(3) 连续从事本职业工作 8 年以上,经本职业二级广告设计师正规培训达规定标准学时数,并取得结业证书。

(4) 取得相关专业的本科毕业证书,连续从事本职业工作 3 年以上,经本职业二级广告设计师正规培训达规定标准学时数,并取得结业证书。

(三) 一级广告设计师(具备以下条件之一者)

(1) 取得本职业二级广告设计师职业资格证书后,连续从事本职业工作 6 年以上,经本职业一级广告设计师正规培训达规定标准学时数,并取得结业证书。

(2) 取得本职业二级广告设计师职业资格证书后,连续从事本职业工作 8 年以上。

二十五、项目管理师

项目管理师是指掌握项目管理的原理、技术、方法和工具,参与或领导项目的启动、计划、组织、执行、控制和收尾过程的活动,确保项目能在规定的范围、时间、质量与成本等约束条件下完成既定目标的人员。

随着我国社会经济制度改革的深入,企业决策者开始认识到运用项目管理知识、工具和技术可以为他们大大减少项目的盲目性,减少项目中种种失误带来的巨大损失。而那些拥有良好的项目管理教育和实践经验的人员早已成为实力公司追逐的对象。项目管理的重要性被越来越多的中国企业及组织所认可,而目前项目管理专业人才却很少,尤其是拥有国际专业认证证书者为数极少。有些公司想到国外投标项目,得持有项目管理师证书者才具备资质,在许多情况下,往往失去了与国外机构公平竞争的机会。

我国经济的持续快速发展,每年都有大量的项目活动,仅国家在各种项目上的投资已达数万亿元,基本上涵盖了经济、文化、科教、国防等所有重要领域,中国正在变成一个最大的项目工地。项目的数量、规模、投资额度、资金来源、资金渠道的多元化及管理的复杂性,决定着迫切需要大量与国际接轨的项目管理人才。

国家发改委的一些统计资料表明,国内在 2006 年大约需要经过项目管理培训的专业人员 60 万人,需要获得项目管理证书的人员 10 万人。政府经济部门、金融机构、投资公司以及企业对 PMP 的需求正在与日俱增。项目管理师已成为企事业单位争夺人才资源的热点,项目经理成为职场上的新贵,成为超越 MBA 的黄金职业,在时髦职业排行榜上的排名不断靠前。

项目管理师申报条件:

(一) 项目管理师(具备以下条件之一者)

(1) 取得本职业项目管理员职业资格证书后,连续从事本职业工作 2 年以上,经助理项目管理师正规培训达规定标准学时数,并取得毕(结)业证书。

(2) 具有大专以上学历,连续从事本职业工作 5 年以上,经助理项目管理师正规培训达规定标准学时数,并取得毕(结)业证书。

(3) 具有大学本科学历,连续从事本职业工作 3 年以上,经助理项目管理师正规培训达规定标准学时数,并取得毕(结)业证书。

(4) 取得硕士学位,连续从事本职业工作 1 年以上。

(二) 项目管理师(具备以下条件之一者)

(1) 取得本职业助理项目管理师职业资格证书后,连续从事本职业工作 3 年以上,经项目管理师正规培训达规定标准学时数,并取得毕(结)业证书。

(2) 具有大学本科以上学历(或同等学力),申报前从事本职业工作 5 年以上,担任项目管理领导 2 年以上,经项目管理师正规培训达规定标准学时数,并取得毕(结)业证书。

(3) 具有研究生学历,申报前从事本职业工作 3 年以上,担任项目管理领导 1 年以上,能够管理一般复杂项目,经项目管理师正规培训达规定标准学时数,并取得毕(结)业证书。

(三) 高级项目管理师(具备以下条件之一者)

(1) 取得本职业项目管理师职业资格证书后,连续从事本职业工作 3 年以上,经高级项目管理师正规培训达到规定标准学时数,并取得毕(结)业证书。

(2) 取得博士学位,连续从事本职业工作 3 年以上,并担任项目管理领导工作 1 年以上,负责过 2~4 项以上复杂项目管理工作,取得一定的工作成果(含研究成果、奖励成果、论文著作),经高级项目管理师正规培训达规定标准学时数,并取得毕(结)业证书。

(3) 具有大学本科以上学历,连续从事本职业工作 8 年以上,并担任项目管理领导工作 3 年以上,负责过 3~5 项大型复杂项目管理工作,并取得一定的工作成果(含研究成果、奖励成果、论文著作),经高级项目管理师正规培训达规定标准学时数,并取得毕(结)业证书。

二十六、房地产经纪人

房地产经纪人执业资格考试由建设部负责编制房地产经纪人执业资格考试大纲,编写考试教材和组织命题工作,统一规划、组织或授权组织房地产经纪人执业资格的考前培训等有关工作。考前培训工作按照培训与考试分开,自愿参加的原则进行。人事部负责审定房地产经纪人执业资格考试科目、考试大纲和考试试题,组织实施考务工作。会同建设部对房地产经纪人执业资格考试进行检查、监督、指导和确定合格标准。房地产经纪人从业资格考试实行全国统一大纲,各省、自治区、直辖市命题并组织考试的制度。

凡中华人民共和国公民,遵守国家法律、法规,并具备下列条件之一者,可以申请参加房地产经纪人执业资格考试:①取得大专学历,工作 6 年,其中从事房地产经纪业务工作 3 年;②取得大学本科学历,工作满 4 年,其中从事房地产经纪业务工作满 2 年;③取得双学士学位或研究生班毕业,工作满 3 年,其中从事房地产经纪业务工作满 1 年;④取得硕士学位,工作满 2 年,从事房地产经纪业务工作满 1 年;⑤取得博士学位,从事房地产经纪业务工作满 1 年。

二十七、新闻采编从业资格证

新闻采编从业资格证全称是中华人民共和国新闻采编从业资格培训合格证,该证是在我国从事新闻采编的从业必备证件,目前,全国已有 16 万从业人员考取了该证,但相对我国近 90 万记者大军来说,仍然非常少。该证是合法取得记者证的前提,没有该证的从业人员不得申领记者证。该证自 2003 年 8 月开始,由国家新闻出版总署委托各地新闻出版管理局,对所辖各新闻单位的新闻采编人员进行专业技能培训,通过考试者发给培训合格证书。然后,新闻单位凭此证为记者申领记者证。

新闻采编工作人员从业资格认证可分为新闻采编人员从业资格认证和新闻记者证资格认证。

(一)新闻采编人员从业资格证

2002 年底,中宣部、新闻出版总署和国家广电总局联合发出《关于开展新闻采编人员资格培训工作的通知》,规定对编入"国内统一刊号"的报社、新闻性期刊社及经国家有关部门批准设立的通讯社、广播电台、电视台、新闻电影制片厂及相关单位具有中级及以下新闻专业技术职称的新闻采编人员进行资格培训。培训考核合格后,获得新闻出版总署统一印制的新闻采编人员资格培训合格证书,具有新闻采编工作人员从业资格。

2004 年 6 月,国家广电总局通过了《广播电视编辑记者、播音员主持人资格管理暂行规定》,规定国家广播电影电视总局和省级广播电视行政部门分别负责所管辖范围内广播电视编辑记者资格认定的管理和监督。同时,提高了资格认证的条件,不仅需要资格考试合格,还需要满足工作年限、身体状况、无违法违规行为等四项条件。符合条件的广电采编人员通过所在媒体向省级广播电视行政部门递交申请材料,审查合格后,由这些行政部门办理注册手续并向审查合格的新闻采编申请人员发放中华人民共和国广播电视编辑记者证。

(二)新闻记者证资格认证

2005 年 3 月,国家新闻出版总署开始实行《新闻记者证管理办法》。申请人员需符合职业道德、学历、采编从业资格、工作年限等条件才能申请,这意味着获取新闻采编人员从业资格是获取新闻记者证的必要条件。

二十八、理财规划师

理财规划师(Financial Planner)是为客户提供全面理财规划的专业人士。按照中华人民共和国人力资源和社会保障部(原劳动和社会保障部)制定的《理财规划师国家职业标准》,理财规划师是指运用理财规划的原理、技术和方法,针对个人、家庭以及中小企业、机构的理财目标,提供综合性理财咨询服务的人员。理财规划要求提供全方位的服务,因此要求理财规划师要全面掌握各种金融工具及相关法律法规,为客户提供量身订制的、切实可行的理财方案,同时在对方案的不断修正中,满足客户长期的、不断变化的财务需求。

随着过去近三十年中国经济的快速发展,中产阶级和富豪阶层正在迅速形成,并有相当一部分人从激进投资和财富快速积累阶段逐步向稳健保守投资、财务安全和综合理财方向发展,因而对能够提供客观、全面理财服务的理财师的要求迅猛增长。麦肯锡的一项调查资料表明,2006 年中国的个人理财市场将增长到 570 亿美元,专业理财将成为我国最具发展潜力的金融业务之一。与理财服务需求不断看涨形成反差,我国理财规划师数量明显不足。我国国内理财市场规模远远超过 1 000亿元人民币,一个成熟的理财市场,至少要达到每三个家庭中就拥有一个专业的理财师,按这样计算,中国理财规划师职业有 20 万人的缺口,仅北京市就有 3 万人以上的缺口。在中国,只有不到 10% 的消费者的财富得到了专业管理,而在美国这一比例为 58% 。理财规划师既可以服务于金融机构,如商业银行、保险公司等,也可以独立执业,以第三方的身份为客户提供理财服务。1997年,美国理财师平均年薪为11万美元,相当于大公司的中层经理。不同的是,他们中的很多人每年仅工作600小时。2001年,美国在包括总统等职位在内的"工作职位评鉴"排名中,理财师位列第一。

理财规划师国家职业资格认证分为三个等级,即助理理财规划师(国家职业资格三级)、理财规划师(国家职业资格二级)、高级理财规划师(国家职业资格一级)。目前国家人力资源和社会保障部已开展助理理财规划师(国家职业资格三级)和理财规划师(国家职业资格二级)全国统一认证工作,高级理财规划师(国家职业资格一级)试点认证工作。理财规划师国家职业资格认证证书必须经考试取得,认证考试为全国统一考试,每年考试两次,分别为5月中旬和11月中旬,考试地点由各地区劳动和社会保障部门指定。2011年下半年理财规划师考试时间为11月20日。

助理理财规划师全国统考科目为理论知识、实操知识两门。理财规划师全国统考科目为理论知识、实操知识、综合评审三门。

二十九、秘书职业资格证书

最新调查显示,我国"入世"后,随着越来越多的外资企业进入我国,商务交往也将日益频繁,市场对秘书人才的需求将不断提高。秘书职业的前景良好,但由于我国对秘书实行职业准入制度,因此要进入该行业必须先拥有职业资格证书。据了解,目前市场上的秘书职业证书,除我国劳动和社会保障部的秘书职业资格统一鉴定考试外,还有英国伦敦工商会考试局(LCCIEB)、英国剑桥大学考试委员会(Bsc)和国际行政管理者协会(CPS)开设的秘书证书考试。

(一)秘书职业资格统一鉴定考试

主办机构:中国劳动和社会保障部。

考试内容:文书写作、公关礼仪、档案管理、办公室自动化、办公室工作、法律与经济管理概论、外语(英、日、俄等)。

考试等级:初、中、高三级,分普通秘书和涉外秘书两个类别。

考试方式:采用理论知识考试和技能操作考核相结合的方式,涉外秘书加试外语。

证书价值:是我国劳动和社会保障部规定的在国内从事秘书职业的资格准入证明。

报考条件:

(1)初级:从事秘书职业1年以上;职业学校秘书专业毕业;经过本职业初级正规培训。

（2）中级：取得初级秘书资格职业证书，从事秘书工作 2 年以上并经本职业中级秘书资格正规培训；取得初级秘书资格职业证书并从事秘书工作 3 年以上；从事秘书工作 4 年以上并经本职业中级秘书资格正规培训；秘书专业大学专科毕业。

（3）高级：取得中级秘书资格职业证书，从事秘书工作 2 年以上并经本职业高级秘书资格正规培训；取得中级秘书资格职业证书并从事秘书工作 3 年以上；从事秘书工作 10 年以上并经本职业正规培训；大学专科秘书专业毕业后从事秘书工作 3 年以上；大学本科秘书专业毕业后从事秘书工作 2 年以上。

（二）剑桥（BSC）秘书证书

主办机构：英国剑桥大学考试委员会和中国教育部考试中心。

考试内容：按照国际标准设计，重视实际工作能力的培养，具体包括核心课程、文字处理、商务沟通和任务管理、办公室管理、速记、客户服务、组织会议和活动、商务技巧、信息与沟通技术等。

考试方式：采用作业设计和实践考核等方法，重在考察考生对工作技能的掌握程度。

考试等级：分初、中、高级三个等级。

证书价值：该考试证书由英国剑桥大学考试委员会和我国教育部考试中心联合签发，国际通用，可作为考生就业或继续深造的凭证。

报考条件：该考试对考生报考没有限制。

（三）LCCIEB 秘书证书

考试机构：英国伦敦工商会考试局（LCCIEB）。

考试内容：考试内容贴近实践，包括办公程序和速记等。

考试等级：分为Ⅰ、Ⅱ、Ⅲ三级。

证书价值：LCCIEB 秘书证书由英国伦敦工商会考试局与我国劳动和社会保障部职业技能鉴定中心（OSTA）联合签发，是国际认可的职业资格证书。LCCIEB 作为国际最大的考试机构之一，其颁发的证书和文凭享有"国际就业绿卡"之誉。此外，世界上许多大学都把 LCCIEB 证书作为入学条件之一。

（四）CPS 秘书证书

考试机构：国际行政管理者协会（CPS）。

考试内容：包括企业法、企业行为科学、企业管理、人际学、秘书会计学、秘书技能、办公室秘书工作程序等。

报考条件：高中毕业者要有 6 年秘书从业经验，持有学士学位者需有 1 年秘书从业经验。

证书价值：CPS 秘书证书是一种"特许职业资格证书"，国际通用，特别是在北美地区,是从事秘书职业的准入证。

三十、代理人职业资格证书

代理人是近年来崛起的热门职业。商标代理人、货运代理人、专利代理人……凡是与代理沾边的职业,都有不错的薪酬待遇和发展前景。但代理人不是一份轻松的职业,对从业人员的专业素质要求较高,不少特殊行业的代理工作还对从业人员设置了严格的职业资格考试。下面列出三种代理人职业资格考试项目,给有志于此的人士提供参考。

（一）全国商标代理人资格证书

我国于 2001 年开始实行商标代理人资格考试制度。据了解,国家工商行政管理局商标局负责对商标代理人资格申请人的考核审查和资格授予工作。商标代理人资格考试科目为商标法律知识、相关法律知识和外语(英语、法语、日语任选一门),其中商标法律知识 150 分,相关法律知识 100 分,外语 50 分,总计 300 分。报名条件为年满 18 周岁,具有完全民事行为能力,具有高等院校法学专科以上,其他专业本科以上学历或者同等学力的人员。商标代理人资格考试由商标局统一评卷,统一录取。考生参加商标代理人资格考试成绩合格的,由本人持身份证、学历或学位证书原件在规定时间内到商标局或其所在地省级工商行政管理局领取商标代理人资格证书。具有商标代理人资格并在商标代理机构实习满一年者可以申请领取商标代理人执业证书。

首次全国商标代理人资格考试已于 2002 年 9 月举行,此次考试在北京、杭州、广州、西安、沈阳和成都设立了六个考区。考生可自由选择考区参加考试。

（二）全国企业登记代理资格证书

全国企业登记代理资格考试一般安排在每年的 11 月下旬举行,报名时间约为每年的 10 月上旬。该考试内容为企业登记与监督管理法律、行政法规,企业登记与监督管理基本知识,企业登记代理实务。报名条件:①具有中国国籍;②具有完全民事行为能力;③具有大专以上学历或者五年以上工商行政管理工作经历。该考试的报名地点为当地工商行政管理局,考生报名时需提交本人身份证及其复印件、近期一寸免冠照片、大专以上学历证明复印件或在工商行政管理机关工作五年以上的证明。考试合格者将获得由国家工商局统一颁发的企业登记代理资格证书。

（三）全国专利代理人资格证书

全国专利代理人资格考试是全国范围内的资质考试,每两年举行一次,时间安排在 10 月下旬,报名时间约为 5 月上旬。经考试合格,即可获得专利代理人资格,从事专利代理工作。按照国家规定,报考专利代理人需具备以下条件:①18周岁以上,具有完全的民事行为能力;②高等院校理工科专业毕业(或具有同等学力),并掌握一门外语;③熟悉专利法和有关的法律知识;④从事过两年以上的科学技术工作或者法律工作。全国专利代理人资格考试由专利代理人考核委员会统一命题,采取闭卷方式。考试分四个科目,分别为:与专利有关的法律基础知识;专利申请文件撰写;专利申请手续、审批程序及文献检索的基础知识;三种专利的审批要求及复审。该考试在全国共设六个考点:北京、长春、济南、广州、成都、西安。

第六章

大学生创新创业教育

　　我们正在建设创新型国家,创新型国家的概念是由美国著名学者迈克尔·波特(Michael Portor)提出的,是关于国家竞争发展的理论。我们一般把创新投入高、科技进步贡献率高、自主创新能力强和创新产出高的国家定义为创新型国家。自主创新能力是建设创新型国家的核心要求,大学生作为最具自主创新创业能力的社会群体,是创新型国家建设过程中最为积极活跃的因素,培养大学生的创业能力,对于缓解就业压力、构建和谐社会、建设创新型国家有着积极而重要的作用。我们必须加大对大学生创新创业教育的研究力度,借鉴欧美诸国开展大学生创新创业教育的先进经验,开创具有中国特色的大学生创新创业教育之路。

第一节　大学生创新创业教育内涵

　　20 世纪 80 年代末,联合国教科文组织在面向 21 世纪国际教育趋势研讨会上,提出了"创业教育"(Enterprise Education)这一新的教育概念。教科文组织指出:从广义上说,创业教育是为了培养具有开拓性、创造性思维的个体。创业教育对于培养个人的创新和开拓进取精神、创业和独立工作的能力和组织管理的能力非常重要。联合国教科文组织 1989 年 11 月在北京召开的"面向 21 世纪教育国际研讨会"提出,创新创业教育又称"第三本教育护照",把创新创业教育提高到与学术性和职业性教育同等重要的地位。1991 年,东京创业创新教育国际会议从广义上把创业创新教育界定为:培养最具有开创性个性的人,包括首创精神、冒险精神、创业能力、独立工作能力以及技术、社交和管理技能的培养。也就是说,创新创业教育注重把事业心和开拓技能教育提高到和目前的学科性以及职业性教育同等地位,通过培养具有开创意识的人,使他们能更好地适应未来社会,更好地促进社会经济发展和个人生活质量的提高。

　　创新创业教育不但体现了素质教育的内涵,而且着重突出教育创新和对学生实际能力的培养。创新创业教育更强调人的"会学习"与"会做事"的高度统一,是知识、技能和情感教育的整合,是课堂理论教育与课外活动教育的整合,是一般发展与特长发挥的整合,"自教"、"自学"和"自做",使学生既是认识的主体,更是实践和创造的主体。1998年,联合国教科文组织在巴黎召开的世界高等教育大会上正式提出创业教育的概念。核心是通过对学生进行创业意识、创业品格、创业能力和创业知识的培养,使学生的综合素质得到开发和提高的教育,目的是实现毕业生能够成功走向社会,培养其形成更强的独立生存与发展的本领以及更强的社会适应能力。创业教育是素质教育和终身教育的延伸和深入,大会强调指出:"为方便毕业生就业,高等教育应主要培养创业技能与主动精神;毕业生将愈来愈不再仅仅是求职者,而首先将成为工作岗位的创造者。"(《世界高等教育会议宣言》),指明了当代大学生要成为岗位创造者,不但解决了自己的就业问题,同时还为其他人提供就业机会。

在构建大学生创新创业教育模式时必须树立以下理念:一是创新创业教育既要针对大学生中的精英分子,更要考虑到所有在校大学生;二是创新创业教育既是为社会培养创业人才,以便减轻大学生的就业压力,更重要的是为社会培养创新创业型人才,使大学生成为社会经济发展、科技创新的推动力;三是创新创业教育不仅仅是大学自身的任务,更是全社会共同关注的社会问题,是一个复杂的系统工程;四是创新创业教育不是对现有的就业教育、择业教育的简单否定,而是对现行就业模式的深化与提升,是对就业教育与择业教育的辩证的否定;五是在构建创新创业教育模式时必须坚持理论与实践相统一、共性与个性相统一,使大学生创新创业教育模式既符合高等教育的一般规律,也能体现各个高校办学的自身特色,既具有科学性,也具有可操作性。

我们认为,创新创业教育作为一种新的教育理念,并不是创新教育与创业教育的简单叠加,而是对创新教育或创业教育的超越。在理解创新创业教育时,有的研究者将创新与创业割裂开来,偏离了创新创业教育的内涵。创新创业教育不是两个概念的交集,而是一个新的完整的概念的生成。创新创业教育的核心是培养大学生创新精神、创业意识和创业能力,引导高等学校不断更新教育观念,改革人才培养模式、教育内容和教学方法,将人才培养、科学研究、社会服务紧密结合,实现从注重知识传授向更加重视能力和素质培养转变,提高人才培养质量。在创新创业教育中,创新与创业相互作用、相互影响、相互促进、贯穿始终,共同构成了创新创业教育的核心内容。创新创业教育并不等于创建企业的教育,不能把创新创业教育片面理解为引导学生创办企业。创新创业教育的宗旨在于培养学生的创业技能与开拓精神,以适应经济全球化的挑战,并将创业作为未来职业的一种选择,转变就业观念。它不仅传授关于创业的知识与能力,更重要的是要让学生学会像企业家一样去思考。也就是说,创新创业教育有两个层次的目标:第一层次目标,创新创业教育的主要任务是培养大学生的进取、开拓精神,使所有大学生成为高素质创新人才。这种精神是做任何事都必备的。有了这种精神,即便你只是一个普通职员,你的人生也会闪光。所以说,每个学生都应该积极接受创业教育。第二层次目标,创新创业教育要培养学生形成创业所必需的领导力,包括商业谈判技巧、市场评估与预测、启动资金募集方式、新创企业申办、新创企业的风险防范和战略管理等,并使学生具备关于金融、财务、人事、市场、法规等方面的基本知识,从而推动大学生自主创业。

第二节　国外大学生创新创业教育概述

一、美国大学生创新创业教育

20 世纪 60 年代,美国人发现了创业教育和创业精神这个创造美国经济奇迹的"秘密武器"。从美国得克萨斯州立大学的学生"创业计划竞赛"的星星之火,到现在世界范围内大学生创业热潮的兴起,创业和创业教育成为世界各国政界和教育界高度关注的重要课题。创业教育在欧美等先进国家已有几十年的历史,一直深受重视,至今已颇具规模。第一个创业教育课程诞生于 1970 年的美国,1980 年第一个本科创业教育专业诞生在百森(Babson)商学院、贝勒(Baylor)大学和南加州大学。1970 年至 80 年代末期,中小学创业课程成长迅速,并蓬勃发展。

美国大学生的创业计划大赛是一种成功模式。创业计划,又名商业计划,是让参赛大学生就某一项具有市场前景的新产品或服务撰写创业可行性报告,并由学术界和企业界名流当评委,选出优胜者。在企业界的积极参与下,一些获胜的可行性报告最终能获得风险投资。创业计划在美国高校中由来已久,自 1983 年美国德州大学奥斯汀分校举办首届商业计划竞赛以来,已有包括麻省理工学院、斯坦福大学等世界一流大学在内的 20 多所大学每年举办这一竞赛。

Yahoo、Excite、Netscape 等公司就是在斯坦福校园的创业氛围中诞生的。美国麻省理工学院的"5 万美元商业计划竞赛"已有 19 年的历史,影响非常之大。据统计,美国表现最优秀的 50 家高新技术公司有 46% 出自于麻省理工学院的创业计划大赛。从 1990 年到现在每年都有五六家新的企业诞生,并且有相当数量的"计划"被附近的高新技术企业以上百万美元的价格买走。这些由"创业计划"直接孵化出的企业中,有的在短短几年内就成长为年营业额数十亿美元的大公司。一批批的创业者在比赛中得到锻炼和成长。风险投资家们蜂拥而入大学校园,寻找未来的技术领袖,在竞赛中获胜的学生日后大多成为美国高科技企业的领军人物。从某种意义上说,高校的商业竞赛计划已经成为知识经济时代美国经济的直接驱动力量之一。在校大学生创业或停学创业在美国已司空见惯,仅麻省理工学院的教师和学生创办的企业就超过数千家,控制着 3 300 亿美元的资产,比尔·盖茨就是其中最成功的范例。

目前,美国的创业教育已经形成了一个相当完备的体系,涵盖了从小学、初中、高中、大学专科、本科直到研究生的正规教育,创业学已经在许多商学院成为工商管理硕士的主修或辅修专业或培训重点,如哈佛大学、宾州大学等。现在,美国已有 369 所大学至少开出一门创业学课程。开设创业学课程的不仅有商学院,还有工程学院、护士学院和艺术学院等。一项研究显示,在被调查的大学中,有 37.6% 的大学在本科教育中开设创业学课程,有 23.7% 的大学在研究生教育中开设企业学课程,有 38.7% 的大学同时在本科和研究生教育中开设至少一门创业学课程。一些大学的商学院,从 20 世纪 90 年代中期就已开始培养创业学方面的工商管理博士,有些大学还成立了创业学系。

二、英国和日本大学生创新创业教育

大学生创新创业教育源于美国,继而风行英国。英国的大学生创业教育自 20 世纪 80 年代兴起以后迅速发展起来,政府将创业与创业教育作为优先发展领域在资金上给予支持,在政策上给予引导和规范,为创业教育的繁荣提供了根本。经过二十多年的发展,英国的创业教育取得了很大的进展。1987 年英国政府发起"高等教育创业"计划(Entreprisein Higher Education Initiative,EHE),成为政府引导下的大学生创业教育的开端。2006 年,伦敦商学院的乔纳森教授对全英格兰 133 所接受英格兰高等教育拨款委员会资助的高校进行关于创业教育开展情况的调研,结果显示,至少 50% 的英国大学开设一门或多门创业教育课程,而且有进一步增加的趋势。

虽然日本教育界、产业界对创业教育有着不同理解,但日本已经基本上形成了对创业教育的共识。创业教育不是指专门狭义的培养创业家的教育或企业家速成培训,而是倾向于从广义的培养创业精神的教育,是将创业家精神的培养方面、培养经济头脑的经济教育方面、创业必备知识、技能的培养方面结合起来,以社会实际的经济活动为教材的课程学习和体验学习相结合的综合教育。这种共识和美国基于"创业家培养"的创业教育略有不同,在吸收了美国创业教育的精髓,结合西欧尤其是芬兰的创业教育模式后,日本逐渐形成了"以创业精神培养"为主线的创业教育概念。它不是一种基于创业家形成的狭义技能和知识教育,而是关系到学生社会挑战能力和冒险精神的资质能力教育,是学生通过创业课程和创业实践,唤起创业意识,掌握创业技能的一种素质。具体来说,创新、冒险、合作、学习及顽强是创业精神的五个典型内涵。因为他们认为创新是企业家精神的灵魂;冒险是企业家精神的天性;合作是企业家精神的精华;学习是企业家精神的关键;顽强是企家精神的法宝。

三、印度和澳大利亚创新创业教育

印度政府在1966年就曾经提出过"自我就业教育"的概念,鼓励学生毕业后自谋出路,使他们"不仅是求职者,还应是工作机会的创造者"。这一培养目标在20世纪80年代再次引起印度社会的重视,印度政府1986年的《国家教育政策》中明确要求培养学生"自我就业所需要的态度、知识和技能"。

澳大利亚中小学创业教育受到重视始于1995年的卡宾报告,在随后的十多年中,政府出台了一系列创业教育项目和计划,同时澳大利亚教育、科技和培训部成立了专门的管理机构——创业与生涯教育组织,负责领导和管理全国范围内创业教育的开展。其后,又有专门的研究小组——艾瑞巴斯咨询合作伙伴,对澳大利亚学校创业教育实践活动进行了调查研究,并得出了相应的行动研究报告,系统地总结了澳大利亚中小学实施创业教育的最佳实践(Best Practice)。由于特殊的教育背景和发展阶段,从其基本理念和实践的各个方面来看,澳大利亚中小学创业教育都有着自己的重要特色:以学生创业素质的培养为目标;以创业活动课程为主要渠道;以创业型教师为师资力量;以学校领导的有效管理和家长与社区积极参与为保障。

第三节 中国高校大学生创新创业教育脉络

世界很多国家如美国、英国、日本、印度、澳大利亚在不同程度上进行了就业创业教育的探索。我国作为联合国教科文组织"创业教育"项目的成员国,早在1991年就在基础教育阶段试点创业教育,由原国家教委基础教育司牵头组织了六省市布点研究。我国的创业教育兴起是伴随着创业活动的开展而逐步推开的。自1999年在清华大学举办第一届"挑战杯"中国大学生创业计划竞赛以来,共青团中央、中国科协、全国学联又于2000年和2002年分别在上海交通大学、浙江大学举办了第二届、第三届"挑战杯"中国大学生创业计划竞赛,至今已成功举办了七届,且从2002年起,教育部也成为这一赛事的主办单位之一,这无疑提高了竞赛的权威性。可以毫不夸张地说,竞赛的成功举办在中国的高等学府掀起了创新、创业的热潮,产生了良好的社会反响。

目前,创业教育类课程在部分高校已经逐步纳入本科生和研究生培养的课程体系,但所占比重不大。最早为本科生开设创业教育课程的有清华大学、复旦大学、北京航空航天大学等院校。2002年4月,国家教育部确定了8所院校(除上述三所外,还包括中国人民大学、武汉大学、上海交通大学、西安交通大学、黑龙江大学和南京财经大学)作为开展创业教育的试点院校。他们大部分现在已经设立了创业管理学院、创业教育中心等机构,开设了有关创业的系列课程、辅修专业、双学位等学习体系,并编写了相应的教材。学术界普遍认为,当前我国创业教育可以大致归纳为以下三种模式:

第一种模式以中国人民大学为代表。该模式的特点是强调创业教育"重在培养学生创业意识,构建创业所需知识结构,完善学生的综合素质",将第一课堂与第二课堂结合起来开展创业教育。鼓励学生创造性地投身于各种社会实践活动和社会公益活动中,通过开展创业教育讲座及各种竞赛、活动等方式,形成以专业为依托,以项目和社会为组织形式的"创业教育"实践群体。

第二种模式是以北京航空航天大学为代表。该模式以提高学生的创业知识、创业技能为侧重点。其特点是商业化运作,建立大学生创业园,教授学生如何创业,并为学生创业提供资金资助和咨询服务。学校成立了"创业管理培训学院",专门负责与学生创业有关的事务。学校还设立了 300 万元创业基金,对创业计划书经评估后进行"种子期"的融资。

第三种是以上海交通大学为代表的综合式创业教育。即一方面将创新教育作为创业教育的基础,在专业知识的传授过程中注重学生基本素质的培养;另一方面,为学生提供创业所需资金和必要的技术咨询。学校投入 8 000 多万元建立了若干个试验中心和创业基地,全天候向全校各专业学生开放,以培养学生的动手能力。现由该校研究生成立的学子创业有限公司,已经入驻上海"慧谷"科技创业基地。

第四节　国内外大学生创业素质要求及创业典型案例选编

总的来说,与西方发达国家相比,我国的大学生创新创业教育理论方面研究滞后,实践上也刚刚起步。对于我国大学生而言,由于他们很年轻,涉世不深,生活阅历浅,经验不足,有的连与人打交道的交际能力都没有,更不用说商务谈判做生意。而且,目前中国商业诚信度不高,欺诈现象严重,大学生创业轻信于人、被欺骗者不在少数。因此大学生自主创业不是一件轻而易举的事情,而且自主创业对大学生的基本素质有着很高的要求。一般来讲创业者的个人素质应由三个方面组成:一是良好的心理素质(自信独立、富有挑战精神、富有责任感、善于团结协作、风险意识);二是广泛的知识储备(管理知识、营销知识、资本和财务知识);三是较强的综合能力(开拓进取能力、善于学习能力、团结协作能力、创新能力、把握商机的能力等),这需要政府、社会、高校、家庭、学生个人共同努力。为此我们精选了若干国内外大学生创业案例,希望为有志于创业的大学生提供有益的借鉴。

【案例 6-1】

马克·安得森和美国网景公司

美国网景公司的创始人之一马克·安得森,一位改变 Internet 历史的青年,刚大学毕业时还没找到更好的工作,于是和几个志同道合的朋友一起编写互联网浏览软件,开发出了 Mosaic 浏览器。1994 年 4 月与硅谷风险投资家吉姆·克拉克联手创立 Mosaic 通讯公司(网景公司的前身),克拉克投资 400 万美元,把安得森和他的伙伴们都拉到了硅谷,集中全力开发网络浏览器。不到两个月,安得森和他的伙伴们就成功地开发了 Mosaic 的新版本,并把它命名为"Navigator"(领航员)。随后新浏览器的销售在互联网上突飞猛进,一下就占据了 80% 的份额。

1995 年 8 月 9 日,成立还不到 16 个月、从未赢利过的网景公司在纽约上市,这家创始资金只有 400 万美元的小公司一夜之间成为 20 亿美元的巨人。年仅 25 岁的安得森也仿佛神话般的从一文不名到拥有 5 800 万美元的"互联网富翁"。1997 年 7 月,美国《旗帜》周刊把安得森称为"无限制资本家",预言"技术马克思主义"已经到来。而身为网景公司董事长的克拉克在公司上市的第二天身价就达 5.65 亿美元,这位出身于斯坦福大学的电子工程教授,正是敏锐地感觉到 Internet 的强大潜力和发现了安得森这样一位优秀年轻人的价值,才会有这样的成就。

【案例 6-2】

百万美元主页

亚历克斯现年 21 岁,就读于英国诺丁汉大学,是家里四兄弟中最小的一个。暑假,高中毕业的亚历克斯为大学学费发愁,但又不想向银行贷款。整整一个夏天,他每天冥思苦想如何赚钱。8 月底的一个深夜,一个点子突然蹦入亚历克斯的脑海。亚历克斯在互联网上花 10 分钟建立了一个网站,起名为"百万美元主页"。

他将主页划分为 1 万个小格,每个格子的大小为 10 乘 10 像素,售价 100 美元。买家可以在自己买下的格子中放上任何东西,包括自己网站的图标、名字或网址链接。起初,亚历克斯并未对此抱太大希望。虽然网站号称"百万美元",但他认为能卖出百分之一、二的格子就不错了。不料,这个网站出炉后竟异常受欢迎。订单源源不断而来,平均每天有 40 个格子被人买走。截至 12 月 26 日,这一成本仅 50 英镑的网站已为亚历克斯带来 90 多万美元。换句话说,1 万个格子已成功售出 9 000 多个,离"百万美元"的终极目标已经不远。有网友调侃说,如今非但亚历克斯自己不用再为学费发愁,连他的下一代的学费都赚足了。

"百万美元主页"如今已声名远播。每天亚历克斯能收到几千封电子邮件。包括中国在内,已有 26 国媒体采访过他。靠卖"格子"变成百万富翁,听来像神话,但在这个网络经济时代,却被 21 岁的亚历克斯变成了现实。走进"百万美元主页",点击进入"百万美元主页",眼前就出现了一张"彩色地图"。从电影下载到人才招聘,从廉价 CD 到疾病治疗,从乐器吧到礼品铺,从租赁广告到个人博客,除成人网站外各种网站应有尽有。

好创意往往能催生新点子。很快,有人借"百万美元主页"的点击率想出了一个赚钱新招。在主页下方,一个格子里赫然出现美国已故影星玛莉莲·梦露的面容。原来这是个"世界名人堂"网站的链接。该网站首页有一个 600 乘 450 像素大小的"像框",一旁说明说,任何想要"出名"的人都可租用这个像框,上传"尊容"以及网站链接以供全世界"瞻仰"。费用为每分钟 1 美元,15 分钟起租。广告词这样写道:"人人都能扬名世界!……我们已为您在世界著名网站'百万美元主页'上占据一席之地,保证全世界的人都能看到您的脸……在您展露于历史中的这段时间里,数以千计的人会点击玛莉莲·梦露的图片,然后就被链接到我们的网页,而您就在那里。"

【案例 6-3】

杨致远和雅虎

创造了第一个互联网浏览导引——雅虎搜索引擎,将其发展为全球访问人数最多的网站和互联网中最为人认同和接受的品牌,2000 年美国《财富》杂志公布美国 40 岁以下富豪排行榜,其位列第四,资产 58.5 亿元,是最年轻的美国华人首富。

斯坦福的修炼

1990 年,杨致远顺利进入了斯坦福大学电子工程系。这里是硅谷的人才摇篮,曾经诞生过无数著名的公司。斯坦福对杨致远的影响是深远的。在努力学习的同时,杨致远参加了许多社会活动,加入了大学生联谊会,这样做无意中锻炼了他的社交能力,为他日后独当一面,驾驭一家轰轰烈烈的媒体公司奠定了基础。他还选修了经济类课程,他有一种朦胧的想法,将来也要自己办公司,但做梦也想不到会那么成功。

杨致远很聪明,他用了四年时间读完本科和硕士,并且成绩全是"A"。不过他并没有马上去工作,因为他觉得自己还没有经验,所以就想办法留在学校,正好大卫·费罗有个研究项目需要人,于是开始了两个人的博士课程。费罗 1988 年即毕业于杜兰大学,他一度还曾做过杨致远的助教,他改变了杨致远只拿"A"的记录,直到现在,杨致远还开玩笑:"他居然给我个 B。"当然这并不妨碍他们之间的深厚友情。他们做过好几堂课的同班同学,合作过作业。杨致远回忆说:"多亏费罗,

(有的)作业几乎是他独自完成,我根本没做什么事。所以从那时起,我就知道以后要多跟这家伙合作。"当然自此之后,杨致远就"常和这家伙合作"。很快地,两人成了合作无间的最佳拍档。杨致远和费罗可说是互补型人才,杨致远喜欢交际、思考,社会活动能力极强,在团体中常是领导者,而费罗则知识渊博,工作扎实,很内敛。若以科技智囊形容致远,那么费罗可称作科技天才。杨致远很欣慰,因为他在这个学校不仅学到了知识,还找到了自己最好的朋友和创业伙伴。虽然两个人都很固执,但在关键时刻却能彼此体谅,相互理解。他们对世界、对事理和技术均有着相似的看法,他们甚至有共同的博士生导师,并且费罗就住在他隔壁的宿舍。

"Yahoo!"诞生

杨致远和费罗的博士研究方向是自动控制软件,不过不久他们发现这个方向已经被几个公司给垄断了,发展机会不多,所以比较烦闷。幸好这时出现了第一个Web网浏览器。这个浏览器可以让他们查到许多资料,不管是科研的还是有关生活的。网络开始改变人们,它带来了更多的活力。

有了浏览器,杨致远很快就被迷住了,他和费罗制作了各自的主页,并乐此不疲地天天泡在网上,博士研究工作都被放到了一边,幸运的是指导老师这时不在国内。像许多上网的人一样,两个人开始各自收集自己喜欢的站点并互相交换。刚开始时每天交换,接着是几小时一交换,再接着随时都在交换。收集的站点资料越来越多,他们觉得不胜其烦,决定开发一个数据库系统来管理资料。其实这是一个很简单的创意,但当时没有人想到去做,而杨致远和他的伙伴却想到了。他们把网络资料整理成方便的表格,将它命名为"杰里万维网向导"(Jerry's Guide to the World Wide Web),"杰里"是杨致远的英文名。他们共享这一资源,站点名单越来越长,他们将站点分类。很快每一类站点也太多了,他们又将类分成子类。Yahoo! 的雏形诞生了,核心就是按层次将站点分类,直到现在这一点也没有改变。

杨致远和费罗把指南的地址给了很少的几个朋友。但没过多久,就有数以百计的人开始访问他们的指南,他们在设计指南时并没有想到给大学外的其他人使用,不过杨致远的电脑属于斯坦福大学网络的公开部分,所以只要知道地址就可以像杨致远隔壁的费罗一样访问。站点的访问者越来越多,他们开始扩充指南的功能,提高搜索效率,加上了最新站点、最酷站点等功能。每一点改进他们都收到了大量鼓励的电子邮件,很多人还提出了改进的建议,这些来自网络世界的鼓励极大地增强了杨致远的信心。旧的指南名字已经不好用了,杨致远和费罗为他们的搜索引擎重新命名,陪伴他们的是一本大字典。由于杨致远是以 Y 开头,所以字典便首先被翻到 Y。在两个无商业目的的年轻人眼中,网站的名字越好玩就越好,像Yama(阎罗王)、Yawp(蠢话)、Yawn(打哈欠)等等都曾加以考虑,直到发现了

Yahoo,这是《格列佛游记》中一群野人的名字。杨致远回忆说:"《格列佛游记》中的那群叫Yahoo的人是没有受过教育、没有文化的野人,没什么水准。我们在斯坦福大学正事不做,游手好闲,没什么水平,于是我们自嘲为Yahoo。"就这样,一群将在未来改变计算机网络世界的"野人"诞生了。

融资多艰难

1994年冬天,随着Yahoo的发展,杨致远和费罗决心把博士论文暂时先放放,专心搞自己的网络引擎。当时网上已存在一些同类搜索引擎,但与雅虎相比,这些索引搜索工具过于机械化,而雅虎是建立在"手工"分类编辑信息的基础之上,采取分层组织信息的方式,相对而言更具智能性、更实用,用简单的算法是无法复制雅虎的。这一点是其他引擎无法比拟的。1994年底,雅虎很快就成了业界领袖。杨致远和费罗虽然为了自己的事业几乎没有时间休息,但他们却很兴奋,因为这时网络的发展,带来了不远的商机!雅虎最缺的就是资金支持,只要有了钱,成功指日可待。

聪明的杨致远认识到,必须自己制订一个周密的商业计划,才能打动投资人,引来投资。他托在哈佛商学院的同学做了一份翔实的计划书,然后带着这份计划书到处寻找风险投资者。那时杨致远一天只睡4个小时。就是这个艰难的时刻,雅虎的信息还一直是免费的,直到今天。后来杨致远回忆说:"这项工作很艰苦,但充满了乐趣。有时我有一种从悬崖上跳下的感觉……不知结局怎样。我们想用网络做一切,也许什么也做不成。但我们不在乎,我们不会失去任何东西。"

1995年上半年,两个人已与好几家风险投资公司接触。美国在线想收购雅虎;MCI、微软、Cnet等也找上门来;网景还提出了正式的方案。但杨致远和费罗都一一回绝了,他们不想出卖自己的东西,只想用资金来更好地维护它。几经波折,杨致远找到了美洲红杉资本公司,它是硅谷最负盛名的风险投资公司,曾向苹果、Atari(视频游戏工业的领袖)、奥拉克(大型数据库供应商)、思科系统(网络硬件商)等公司投资。但红杉公司的莫里兹却有些犹豫,因为雅虎实在太与众不同了,雅虎本身只是"在网上提供服务",而且是免费的,风险基金还从来没有先例投资一种免费的服务或产品。但最终,杨致远和费罗说服了莫里兹,莫里兹意识到雅虎是一种新兴媒体,有巨大的商业机会。1995年4月美洲红杉投资雅虎400万美元。同时,莫里兹还找来了一位合适的经理人蒂姆来帮助雅虎主管事务,这样杨致远和费罗就可以专注于研究与开发。

蒂姆上任的第一道命令就是让"公司像个赚钱的公司",于是扩充了广告版面。开始几天他们收到了不少责骂的邮件,因为在当时的人看来,网络不应为商业所污染,但作为一个新生事物,要想生存,只有这样。不久,人们还是接受了。同时雅虎还与路透社合作,推出新闻在线服务,将网站的功能推向一个全新境界。1995年

8月,公司出现资金短缺,他们开出了4 000万美元的征资活动。看起来好像是狮子大开口,但因为雅虎的名气,应征者却连眼皮都不眨一下。路透社和软件银行成了伙伴。其中软件银行买下5%的股权,并开始共建雅虎日本网的计划。1996年3月7日,雅虎股票正式上市,这一天被评为"华尔街盛事"。4月12日正式交易,正值周五。股票最初定价13美元,但交易狂热,平均每小时转手6次之多,一度飙升至43美元。经此一役,Yahoo市场价值达到8.5亿美元,是"美洲杉"投资时的200倍。

为梦想工作的人

当然,Yahoo最具价值的还是杨致远和费罗。他们两个开创了雅虎奇迹,他们的创业故事是雅虎最好的宣传和公关素材。他们在杂志封面和电视上不断曝光,使他们在网络之外仍能接触到他们的用户,同时更传达出公司年轻、幽默和不断创新的良好形象。他们以自我形象建立了他们的企业——Yahoo是一个青春洋溢,不装腔作势的地方。杨致远成了人们心目中的华人神话,他崛起的时间太短,拥有的财富太多。但是现实中的他看起来还和以前一样,带着眼镜,像是一个刚刚毕业的大学生。他自己并不在意金钱,从开始到现在。

"如果我们是为了钱,那我们可能早早就将Yahoo卖掉了。可以告诉你一个秘密,我每天都会在收盘时看一次股市行情,但我却不知道自己有多少股票。我还不满30,我还不需要钱,也不想钱,更不想交税。我的钱都在纸上,全是股票,数目很大,看起来都不相信是真的。"这是杨致远曾经说过的话。正如他当初即使怎么艰难,也提供免费信息一样。

杨致远说:"人生最大的快乐不是金钱,最让人感觉良好的是你每天都在改变着世界。每天早晨起来问:'我起来干什么?'然后你就觉得如果你不去工作,Yahoo可能就会出问题。我们当年建立的小小网站现在每天都有千百万人使用,每当看到这个情形,我们就会说一声:'哇!'甚至打个寒战。这真是一种非常奇妙的感觉。"目前,雅虎是世界上最受欢迎、最先进、最有功效的国际网络索引公司。全美国、全世界不知道它的人正变得越来越少,它的品牌至少有几十个亿,而现在它还在不断地飙升。电脑时代充满了光荣与梦想,白手起家成为亿万富翁的神话层出不穷,在杨致远前面有很多成功者,乔布斯、戴尔、比尔。不过他们绝对想不到,有人只用了两年,就踏入了他们的行列,这就是雅虎的创始人——杨致远。正如雅虎的商标——Yahoo!,那个后面作为标志之一的感叹号一样,杨致远给人们的世界带来的是永不停止的"!"。

我们分析杨致远的成功秘诀,不外乎以下几点:

(1)谦逊、好学的儒雅风范。杨致远的专业功底非常深厚,在斯坦福大学的潜心学习和研究是他以后创业的唯一资本。

（2）找到志同道合的人。可以是一个人，也可以是一个团队，要有共同的信仰和追求。创业是辛苦万分的，只有紧紧抓住自己梦想的人，才有可能获得成功。

【案例6-4】

"猪肉大王"陈生

陈生毕业于北京大学，十多年前放弃了自己在政府中让人羡慕的公务员职务毅然下海，倒腾过白酒和房地产，打造了"天地壹号"苹果醋，在悄悄进入养猪行业后，在不到两年的时间在广州开设了近100家猪肉连锁店，营业额达到2个亿，被人称为广州千万富翁级的"猪肉大王"。

不完全统计数字显示，目前我国大学生创业成功率只有2‰～3‰，有97％～98％的大学生创业失败，专业人士分析，缺乏相关的创业教育和实战经验、缺乏"第一桶金"等都是其中的重要原因之一。然而，对于成功创业的大学生来说极为重要的实战经验及"第一桶金"都是天上掉下来的吗？为什么陈生也在不到两年的时间里进入养猪行业，就能在广州开设近100家猪肉连锁店，营业额达到2个亿？这个问题，的确值得好好追问。

实际上，之所以能在养猪行业里很短时间就能取得骄人成绩，成为拥有数千名员工的集团的董事长，还在于陈生此前就经历的几次创业的"实战经验"：陈生卖过菜，卖过白酒，卖过房子，卖过饮料。这使得陈生有着这样的独到的见解：很多事情不是具备条件、做好了调查才去做就能做好，而是在条件不充分的时候就要开始做，这样才能抓住机会。然而，条件不充分时到底怎样才能抓住机会呢？我们来看一下陈生的做法：他卖白酒时，根本没有能力投资数千万设立厂房，可是他直接从农户那里收购散装米酒，不需要在固定设施上投入一分钱便可以通过广大的农民帮他生产，产能却可以达到投资5 000万的工厂的数倍。此后，他才利用积累起来的资金开始租用厂房和设施，打造自己的品牌，迅速地进入和占领市场，让他在白酒市场上打了个漂亮仗。而当许多人跟风学习一位到南方视察的国家领导人用陈醋兑雪碧当饮料的饮食方法时，善于抓住机会的陈生想到了如何将这种饮料生产出来。经过多次尝试，著名的"天地壹号"苹果醋就此诞生。

当然，资金积累到一定程度时，陈生成功的秘诀更让人难忘：在经济飞速发展的年代，无数企业抓破脑袋寻求发展良机，在这样的情况下，只有技高一筹者才能够取得成功。而一些企业运用精细化营销，就是一种技高一筹的做法。于是，从传统的中国猪肉行业里，陈生看到了其中的巨大商机，因为中国每年的猪肉消费约500亿公斤，按每公斤20元算，年销售额就高达上万亿。而与其他行业相比，猪肉这个行业一直没有得到很好的整合，基本上没有形成像样的产业化，竞争不强，档次不高,机会很多。更重要的是,进入这一行业的陈生,机智地率先推出了绿色环保猪肉"壹号土猪",开始经营自己的品牌猪肉。虽然走的还是"公司＋农户合作"的路子,但针对学生、部队等不同人群,却能够选择不同的农户,提出不同的饲养要求。比如,为部队定制的猪可肥一点;给学生吃的可以瘦一点;为精英人士定制的肉猪,据传每天吃中草药甚至冬虫夏草,使公司的生猪产品质量与普通猪肉"和而不同"。在这样的"精细化营销"战略下,陈生终于在很短的时间内叫响了"壹号土猪"品牌,成为广州知名的"猪肉大王"。

【案例6-5】

胡启立的创业之路

胡启立是武汉科技学院电信学院应届本科毕业生,红安农村人。几年前,他借债上大学。在大学期间,他打工、创业,不仅还清了债务,为家里盖起了两层洋楼,自己还在武汉购房买车,拥有了自己的培训学校。他创业走过了怎样一条路?学校师生对他创业又是如何看的呢?

从小收购土特产卖

胡启立1982年出生在红安县华河镇石咀村一个普通农家,父亲在当地矿上打工,母亲在田里忙活。在胡启立3岁那年,父亲在矿上出事了,腿部严重骨折瘫痪在床,四处求医问药。三年后,父亲总算能下地走路了,可再也不能干重活累活。为给父亲看病,家里几乎家徒四壁。胡启立的父亲不能下地干活,只得开了家小卖部,卖些日用品。胡启立小小年纪就经常跑进跑出"添乱又帮忙",也正是因为这个原因,他从小就接触到了买和卖。

慢慢长大了,胡启立在商业方面开始显才。全村20多个同龄小孩,他的年龄和个头都不是最大的,但却是"领袖",他经常带着同伴们挨家挨户收购土特产,如蜈蚣、桔梗、鳝鱼等,卖到贩子手上,挣些零花钱。2002年,胡启立读高中,学习成绩还不错,正在读高一的弟弟辍学外出打工,给哥哥赚学费。胡启立心里不是滋味,暗暗发誓,一定要考上大学,让家里人过上好日子。胡启立说,他从那时起就开始规划自己的大学生活:大一好好学习,尽量多学点东西,从大二开始,寻找机会挣钱,力争大学毕业的时候,能当上老板。高考时,他本打算报考一所商学院,却遭到家人的反对,好在他对电子也有兴趣,最后选择了武汉科技学院电子信息工程专业。

贴海报发现校园商机

2002年9月,胡启立带着对大学生活的憧憬,和从姑姑那借来的4 000元学费,到武汉科技学院报到。进校后,胡启立感觉大学生活比高中生活轻松多了,空闲时间也多,他利用这些空闲时间逛遍了武汉所有高校,也熟悉了武汉的环境,这为他的下一步创业打下了基础。大学时间相对充裕,稍不注意就会养成懒散的习惯。胡启立是个闲不住的人,他决定提前走入社会,大一下学期就开始了自己的创业之路,比原定计划提前了一学期。2003 年春季一开学,胡启立开始给一所中介机构贴招生海报,这是他找到的第一份兼职工作,并且交了 10 元钱会费。"贴一份0.20 元,贴完了来结账。"中介递给他一沓海报和一瓶糨糊,胡启立美滋滋地开始往各大校园里跑。"贴海报,看起来容易,其实很难做的。"胡启立没想到贴份海报还要受人管,一些学校的保安轻者驱赶一下,严重的会辱骂甚至动手。

3 天后,胡启立按规定将海报贴在了各个校园,结账时获得 25 元报酬。同行的几人嫌少,都退出了,而胡启立却又领了一些海报,继续干起来。不过,他心里也开始在想别的门道了。一次,他在中国地大附近贴海报时,看到一家更大的中介公司,就走了进去,在那里遇到一位姓王的年轻人。王某是附近一所大学的大四学生,在学校网络中心搞勤工俭学。几个学生商量,能不能利用网络中心的电脑和师资,面向大学生搞电脑培训。网络中心同意了,但要求学生们自己招生。"只要你能招到生,我们就把整个网络中心的招生代理权交给你。"王某慷慨地说。胡启立想,发动自己在武汉的同学帮忙,招几个人应该没问题,就满口应承下来。

做招生宣传要活动经费,胡启立没有经验,找几个要好的同学商量,结果大家都不知道要多少钱。有的说要 5 000 元,有的说要 2 000 元,最后胡启立向王某提出要 1 800 元活动经费,没想到王某二话没说,就把钱给了他。胡启立印海报,买糨糊,邀请几个同学去各个高校张贴,结果只花了 600 元,净落 1 200 元。这是他挣到的第一笔钱。尽管只花了 600 元,但招生效果还不错,一下子就招到了几十个人。然而,这些学生去学电脑时却遇到了麻烦,因为动静搞大了,学校知道了这件事情,叫停了网络中心的这个电脑培训班。胡启立几次跑到网络中心,都没办法解决这件事情。他无意间发现网络中心楼下有个培训班,也是搞电脑培训的,能不能把这些学生送到那去呢?对方一听说有几十个学生要来学电脑,高兴坏了,提出给胡启立按人头提成,每人 200 元。非常意外地,胡启立一下子拿到了数千元钱。

办培训学校,圆了老板梦

2005 年,胡启立会招生的传闻开始在关山一带业内传开了。一家大型电脑培训机构的负责人找胡启立商谈后,当即将整个招生权交给他。随着这家培训机构一步步壮大,胡启立被吸纳成公司股东。但胡启立并不满足,他注册成立了自己的第一家公司——一家专门做校园商务的公司。

胡启立谈起成立第一家公司的目的:"校园是一个市场,很多人盯着这个市场,但他们不知道怎么进入。成立公司,就是想做这一块的业务,我叫它校园商机。"同时,胡启立发现很多大学生通过中介公司找兼职,上当受骗的较多,就成立了一家勤工俭学中心,为大学生会员提供实实在在的岗位。他的勤工俭学中心影响越来越大,后来发展到 7 家连锁店。"顶峰时,每个中心能有一万元左右的纯收入。"

2005 年下半年,由于业务越做越大,胡启立花 20 多万元买了一辆丰田花冠轿车,在校园和自己的各个勤工俭学点奔跑。去年 9 月,他又将丰田花冠换成 30 多万元的宝马 320。记者问他为何换名车,他说:"谈生意,好车有时候是一种身份证明吧。"

在给一些培训学校招生的过程中,胡启立结识了一家篮球培训学校的负责人,开始萌生涉足体育培训业务的念头。经过多次考察比较,2006 年底,胡启立整体租赁汉阳一所中专校园,正式进军体育培训。当年招生 100 余人,今年的招生规模预计是 300 人。"以前都是为别人招生,这次总算是为自己招了。"如今,胡启立已涉足其他类型办学,为自己创业先后已投入 200 万元左右。

师生眼里,他是个怪才

尽管现在成了校园里的创富明星,但胡启立一点也不张扬。虽然在外面买了房子,但胡启立现在还和以前一样住在学生宿舍,吃食堂,而且他看上去和大多数同学差不多,只不过稍显得老成一些。只是在学校很难见到他的人,用同学们的玩笑话来说:"谁要想见他,都要提前一个月预约。"他和同学关系都比较好,虽然经常不在学校,但是如果有消息的话,一般不出半天就会通知到他。

"他是个怪才,我们都很佩服他。"胡启立的同学裴振说。其实,班里对胡启立的看法分成两派:一部分人十分羡慕他,大学还没毕业就能自己赚钱买车买房;另一部分人认为他虽然创业成功了,但学习没跟上,而且他现在从事的工作和专业没什么关系,等于放弃了自己的专业,怪可惜的。

胡启立在大学期间,学校也为他的创业提供了帮助,从院长到老师,都为其创业和学习付出了更多心血。由于忙于创业,耽误了一些课程,学校了解到他的特殊情况后,特事特办,按规定允许他部分课程缓考。班主任杜勇老师谈起自己的这个特殊学生,也连说:"我带过很多学生,但胡启立是其中最特别的,创业取得的成绩也较大。"他认为在现在大学生就业形势整体不太好的前提下,大学生自主创业,不仅解决了自己的就业问题,做得好的话还可以为别人提供岗位。"但要是能兼顾学业就更好了。"

【案例 6-6】

陶立群与他的蛋糕店

在绍兴市新建北路 5 号,有家"新天烘焙"蛋糕店,与其他蛋糕店有点不同,这家店不仅宽敞明亮,而且在店铺的一角摆放着一张圆桌、两张凳子,桌上还放着几本杂志,有点休闲吧的味道。

这家与众不同的蛋糕店的主人,是位刚走出大学校门才 1 年的年轻人——浙江大学城市学院 2006 届毕业生陶立群。今年 25 岁的他,毕业后自主创业,现在已拥有 5 家蛋糕连锁店和一家加工厂,成为绍兴市里小有名气的创业青年,今年被评为绍兴市创业之星。

2006 年 6 月,陶立群从浙江大学城市学院工商管理专业毕业时,决定开个蛋糕店。他作出这个决定并不是盲目的——大学期间,他曾经经营过校内休闲吧、小餐厅,都做得不错。曾做过"元祖蛋糕"代理的他,对蛋糕市场有所了解,觉得能在这一行闯出一片天地。虽然父母极力反对,但陶立群认准了这条路,决意走下去。2006 年夏天,他白天顶着烈日逛绍兴市区大大小小的蛋糕店,看门道、想问题,晚上则躲在房间里查资料,了解市场行情。他还跑到杭州、上海等大城市做蛋糕市场的调查,搞可行性分析。陶立群的调查有不小的收获:绍兴当时只有"亚都"、"元祖"两家知名品牌蛋糕店,其余的都是本地小蛋糕店,中高档品牌蛋糕市场相对空缺,而且当时绍兴还没有一家蛋糕店的糕点是现卖现烤的。陶立群的创业梦想定位在打造本地中高档蛋糕品牌上。

2 个多月后,当满满 9 页的《新天烘焙蛋糕店可行性策划书》放在父母面前时,陶立群的父母被感动了,他们拿出积蓄支持儿子创业。2006 年年底,第一家"新天烘焙蛋糕店"在绍兴市新建北路 5 号正式开张,陶立群做起了小老板。他将店面分成两部分,前半部分是自选式的透明橱窗,便于顾客自行挑选;后半部分则用来加工糕点,现做现卖。起早摸黑,对在创业之初的陶立群来说是常事。为节约成本,采购、运货等工作,陶立群都自己一个人做。优质的用料,独特的口味,有人情味的服务,赢得了消费者的喜爱。2007 年 5 月、10 月,陶立群先后开出第二、第三家连锁店。今年 9 月,又有两家新天烘焙店在绍兴市区开张。在鲁迅故里做讲解员的曹圣燕是新天烘焙店的忠实顾客,她说,"新天"不仅布置得有情调,并且糕点的品种多、口味好,所以经常买。

谈及今后的打算时,陶立群说,他下一步要在蛋糕店的团队建设上下工夫,并且要不断改善店里的蛋糕品种以及销售服务,打响"新天"品牌,力争开出更多的连锁蛋糕店。

成功总是留给那些有准备的人,陶立群在正式创业之前,对自己的能力有清醒的认识,对蛋糕行业有详细的调查、分析,这正是他创业初步成功的基础。大学生创业时不能盲目,一定要对即将进入的行业作充分的了解。传统观念认为,作为知识层次高、有一定专业知识的大学生们来说,"创业"理应是在高知识、高科技领域上的。更有不少大学生一提到创业就好高骛远,丝毫没有想到应该往小而细方面去努力创业。但显然,目前来说,这一观念早已落伍。

在我国目前大学生与社会实践脱节现象比较严重而大学生的创业资金又不够的情况下,那种来自"传统行业"的"新创意"式的创业,则是值得肯定和学习的。比如,复旦大学计算机本科毕业的顾澄勇,在任何人都会的卖鸡蛋上,也卖出了新创意,他成功地开发出"阿强"鸡蛋的"网上身份查询系统",满足了大家对鸡蛋新鲜、卫生的需求。此外,打造鸡蛋品牌,推出满足人们对营养最足的头窝鸡蛋的需求等等,开拓出了一片创业新天地。此外,建立收废品网站、擦皮鞋连锁店、卖铁板烧创建"大学生铁板烧连锁店"等等,都让一些大学生尝到了创业的成功和快乐。"三百六十行,行行出状元",但问题是,这个"状元",必须从转变观念做起,从哪怕是不起眼的小事做起,在传统的行业里开拓出新的创意,只有这样,才能一步步地开拓出创业新天地。

【案例 6-7】

锦上添花找机遇

20世纪90年代中,手机来到我们身边的时候还是稀罕物,当时名字也不叫手机,而是叫大哥大。当时谁拥有一部手机可是件了不得的事,那是身份和地位的象征。走到街上,经常可以看到有人手里拿着个板砖似的东西站在马路中央,两眼朝天哇哇乱叫,碰到这种情况,过往的车辆都得绕着走,惹不起。那时候买一部手机要二三万元人民币,以购买力来等值折算的话,大概至少得相当于现在的七八万甚至十来万元人民币吧。十几年来,手机产业让很多人都发了大财,但发财的大多是手机生产商和经销商,包括一些修手机的人。谁也没有想到,手机发展到现在,还能让另一种人发财,这种人就是像李俊峰这样的人,基本上属于白手起家的无产者。一想到手机,大家首先就会想到这是个大投入大产出,小投入没产出的行业。一款手机要想在市场上打响,最终捞回成本并且赚到钱,不说研发、生产,光广告费就得投入多少? 在这样一个行业中,像李俊峰这样无资源、无资本的小人物,是怎样起家发财的呢? 李俊峰仰赖的就是我们正在介绍的这一招:锦上添花。

李俊峰,农民出身,发财前最大的愿望就是能够拥有一部自己的手机。1996年,21岁的时候他出门打工,一直到2001年他26岁的时候,才真正拥有了第一部属于自己的手机。但那个时候,手机已经开始像洪水一样泛滥成灾。走在城市街头,虽不说人手一部,也相差不远了。对于好不容易才奋斗到手的一样宝物,转眼间便泯灭于芸芸众生之中,李俊峰很不甘心。他总想使自己的手机有点特色,与众不同。他没有钱赶潮流经常更换手机。他想的办法就是换汤不换药。当时有一种小贴纸,本来是让人家贴在墙上或书包上做装饰之用的,他用来贴在手机上,效果还不错,真能够产生"区别众生"的效果。后来他将这种贴纸改进,在上面打印上自己喜欢的图案,再压上一层塑料膜。因为不是手机装饰专用贴纸,这些工作做完后还要用刻刀比着手机的大小和形状对贴纸进行"雕刻"和修改,然后才能贴到手机上。经过这样改装的手机,不但区别众生,而是超越众生,在众多手机中显得是那么的卓尔不群,李俊峰的虚荣心得到了极大的满足。

不过,这也给他惹来了麻烦,就是同事们不断地要求他帮忙给自己改装手机。李俊峰不能不答应,这使他几乎丧失了所有的休息时间,每天下班后就趴在那里给同事们做手机贴纸,进行手机美容。到后来,一些朋友的朋友为了排在别人前面得到他的手机贴纸,甚至愿意出钱购买他的贴纸,这使李俊峰心眼一动:原来这玩意儿还可以赚钱!随着愿意出钱买他的手机贴纸的人越来越多,到2002年初,李俊峰干脆辞了职,拿出6年打工的全部积蓄,在北京西单的一家商场租了一小截柜台,正式开始做起了手机贴纸和手机美容的生意。

到现在,3年过去了。李俊峰依靠一片小小的手机贴纸,成立了自己的公司,叫做大秦手机化妆公司。他不但自己做,还发展加盟代理,目前旗下已拥有加盟代理商数十家。一片小小的手机贴纸,3年来已为李俊峰带来了超过百万元的利益,以后还会给他带来多少收益,谁也不知道。不但是手机贴纸,现在李俊峰还将业务开拓到手机添香、手机水晶刻印、手机镶钻等三十多种手机美容业务,生意红火。

如果说金融行业有衍生产品,那么,李俊峰做的可以说是手机行业的衍生产品。像这样依靠手机行业衍生产品发财的并不只是李俊峰一个。在广西南宁,有一个叫黎小兰的女孩,也是做琥珀昆虫手机链和水晶昆虫手机链,从1 000多元钱起家,成立了自己的公司——南宁昆虫之恋工艺品厂,几年间赚了上千万元,2005年还将业务做到了国外,开始赚美元,事业做得比李俊峰还大,生意比李俊峰还火。

操作要诀:李俊峰和黎小兰能在短时间内创业成功,关键在于他们找到了一个藏金丰富的钱眼。而无论是李俊峰还是黎小兰,都不是在有意识地寻找中发现他们的钱眼的。两个人都是在懵懵懂懂之中,在外力的作用下,一头撞进了一个品质颇高的金矿。从这一点上来说,这两个人能够在短时间内发财,是瞎猫撞上了死耗子,靠的是他们的好运气。对于其他的投资者和创业者来说,不能指望都有这样的好运气。而事实上,你只要掌握了正确的方法,根本就不需要依靠运气。这个正确的方法就是,第一,观察。观察当前社会上热门的产业、热门的行业。第二,测量。测量产业的规模,测量行业的成熟度。第三,发现。发现该产业或行业的空白点,发现该产业或行业顾客有需要,而尚未有人想到去满足的产品或服务。第四,行动。一旦发现空白点,立即行动。

锦上添花的秘诀:第一,依托一个成熟的行业,行业需要足够大。因为行业大,做细分市场才能够有钱可赚;因为行业成熟度高,利用现成消费群,才可以省去开拓新市场的费用和唤醒消费者的麻烦。第二,专注支流业务,不做主流业务。所谓锦上添花,指的就是满足消费者在主流需求得到满足之后的衍生需求。比如手机,消费者购买手机的主要目的是为了通讯,为了随时随地方便地与他人沟通。所以,强大的通讯功能和畅通的通讯服务是消费者在消费手机这项产品和服务时的首要和主要诉求。手机好不好看,只是消费者的衍生需求,根本不影响手机的性能,通讯是否畅通,也不是由手机好不好看决定的。这两项是手机产业的主流业务,要满足消费者的这两项需求,做好这两项业务,需要巨大的投入,中小投资者根本无力承担。所以,对于中小投资者来说,选择在细分市场做支流业务,专注于消费者的个性化需求才是明智之举。第三,仅仅满足一部分人,而不是满足所有人的需求。拿手机来说,目前国内的手机消费者已达3亿,想要满足所有3亿消费者的愿望是愚蠢的,也是不可能的。所以,你只能满足他们中间一部分人,经常可能只是一小部分人的需求。但是因为市场规模够大,即使只是满足他们中间一小部分人的需求,也足够中小投资者吃饱。第四,服务要到位。衍生需求,换句话说,就是可有可无的需求。有则更好,没有,对消费者也不会造成什么损失。因为如此,此类需求大多数时候是属于精神层面的需求,对从业者提供的服务往往有着超高的要求。这是需要投资者格外注意的。李俊峰和黎小兰在发展的过程中都几经曲折,饱受消费者的挑别,最后才涉险过关。

这一类的行业目前还有很多,比如互联网热潮兴起后的周边衍生业务、教育热潮兴起后的周边衍生业务、汽车热兴起后的周边衍生业务。目前正在兴起的是数码浪潮,包括数码相机的快速普及。拿数码相机来说,在主流业务数码相机的生产和销售、数码相片冲印外,还有很多细分市场业务需要有人去做,如数码相片的加工和修改,利用数码相片制作个人电子纪念簿、幻灯片等等。又比如彩屏手机兴起后,随即衍生出一个彩铃的"小"业务。北京创业者肖乐就是自己的专业彩铃制作公司——乐乐声工厂,在一年多时间内就赚了500多万元。如果你能将此类衍生业务与其他行业的业务有机地结合起来,赚的钱会更多。如杭州的创业者吴彬就是将手机短信与体彩、福彩结合起来,创造了一个手机短信、网络即时通讯彩票分析和彩友交流的新市场。吴彬的杭州彩通网络技术有限公司目前生意红火,关键是到目前为止,几年来他一直在做独门买卖。

【案例6-8】

成都"第一研究生面馆"

自古君子远庖厨。而2008年12月24日,成都市一所高校食品科学系六名研究生声称自筹资金20万元,在成都著名景观——琴台故径边上开起了"六味面馆"。

第一家店还未开张，六位股东已经把目光放到了五年之后，一说到今后的打算，他们六位异口同声地说：当然是开分店啦！今年先把第一家店搞好，积累经验，再谈发展。他们雄心勃勃，准备两年内在成都开20家连锁店，到时候跟肯德基、麦当劳较量较量。

而结果，由于面馆长时间处于无人管理和经营欠佳的状况，投资人已准备转让。这家当初在成都号称"第一研究生面馆"的餐馆仅仅经营了四个多月，就不得不草草收场。

原本想以"研究生"之名来制造广告轰动效应，但事情的发展却出人预料。"研究生面馆"开业不久，六名研究生就一个个被学校领导找去谈话，要他们在学业和面馆之间作出选择：要么退出，要么退学。

创业失败原因分析：①生意不红火，管理上也出现混乱，六位研究生称功课繁忙，店堂内经常无人管理。②附近商家："味道不好，分量不足，吃不饱。"面馆所在街道非繁华商业市区。③每月支出庞大，入不敷出。

【案例 6-9】

小黄的失败

西安理工大学 2007 届毕业生小黄在大学最后一学期，参加过一场接一场的招聘会，一次又一次的失望而归。"我们不停地奔波于各种招聘会，在海量的招聘信息里想要找到一个适合自己的企业却很难。"在与企业的接触中，小黄了解到企业也存在类似的烦恼。因为缺乏对学生的了解，企业仅通过一次招聘会或一次简单的面试签订用人协议，事后却发现招聘来的员工并不适合这份工作，为此浪费了大量人力物力。于是，他萌发出这样一个想法——办一个不同寻常的求职网站。并迅速完成了先前酝酿许久的创业计划书，架构起未来网站的基本框架。

小黄介绍说，在网站中，他将为企业和大学生搭建起一个长期稳定的接触平台，只要大学生和企业登录注册，双方就可以通过这个平台相互了解，企业甚至可以跟踪大学生在校期间的各方面表现，决定毕业时是否录用。接下来的几个月，小黄开始了广泛的市场调研。他跑了二十多家企业，与人力资源管理部门负责人沟通了这一想法，网站的特色服务内容得到 70% 的人的肯定。"我会用 2～3 年的时间向外界推广网站，吸纳大学生和企业登录，并向企业收取一部分会员费。三年后，点击量有了一定提升，广告将成为网站盈利的又一渠道。未来，在继续完善网站服务内容的基础上，推出一系列连带产品，我相信这会有更大的发展前景。"实际上，小黄已明确了网站的盈利模式。至于网站的长远规划，小黄表示他已制定了相应的计划。

尽管制定了自己的创业计划,确立了盈利模式,进行了市场调研,也得到了父母兄长的资金支持,但小黄却忽视了创业最为关键的因素之一——组建得力的团队。

"刚开始我以为这不是问题,懂程序的人多,肯定能吸引到这样的人。"直到制定创业计划的后期,小黄才向身边好友发布信息,结果只找到一个做网站的高中好友。"人太少了,编好这个网站的程序至少要两年。"小黄说,目前高校内具备这方面技术的人太少,而有丰富经验和能力的人却不愿意放弃工作跟他一起创业。好比没有左膀右臂,小黄孤军奋战的结果只能是退下阵来。"合理的创业方案、资金和团队是创业的三大要素,缺一不可,之前我却没有认识到这一点。"小黄有些后悔。他说,如果当初有人能给他指导和提醒,或许就不会出现这样的错误,"学校应该开设创业指导选修课,给有创业想法的大学生一定的指引。"

目前,小黄暂时放下了自己的创业计划,开始忙于找工作。"等有了几年工作经验,我还会继续完成创业梦想。这几年,我会构建自己的生活圈,寻找创业的最佳团队。"

创业前对自己要有一个清醒的定位,这个定位不仅仅是对自己能力的定位,对创业成功与失败都要有一个清醒的定位。在做一件事时,我们首先看的是合不合法,然后考虑的是经济上行不行,最后是这个团队能不能承接,这是一个步骤。但由于我们太急于把这个事情做成,或者前两个因素太好了,就忽略了最后团队的问题。而最后恰恰是这个因素使项目功亏一篑。所以对合作伙伴的性格特性及能力一定要清楚,这对于团队的核心人物来说至关重要,让合适的人坐上合适的位置。

第五节 "挑战杯"全国大学生创业计划大赛及创业项目书撰写

"挑战杯"全国大学生创业计划竞赛是由团中央、中国科协、教育部、全国学联组织开展的大学生科技创新系列竞赛活动的重要组成部分。旨在通过竞赛,努力培养大学生的创新、创业意识,造就一代适应未来挑战的高素质人才。"挑战杯"全国大学生创业计划竞赛又称商业计划竞赛,是近几年风靡高校的重要赛事。竞赛借用风险投资的运作模式,要求参赛者组成优势互补的竞赛小组,提出一项具有市场前景的技术产品或者服务,并围绕这一产品或者服务,以获得风险投资为目的,完成一份包括企业概述、业务与业务展望、风险因素、投资回报、组织管理、财务预测等方面内容的完整、具体和深入的创业计划。

参赛作品要求:作品类型一般分两类,一类是创业创意,要求提出一个具有开发前景的项目设计方案;另一类是创业计划,要求提交一份完整的具有可实施性的商业计划书。大赛通知附有创业计划书创作指南,可供活动参考。

(一)"挑战杯"中国大学生创业计划书标准格式

创业计划竞赛是 20 世纪 80 年代在美国高校兴起的以推动成果转化为目标的活动。它借助风险投资运作模式,要求参赛者组成学科交叉、优势互补的竞赛团队,就一项具有市场前景的技术产品或服务,以获得风险资本的投资为目的,完成一份完整的创业计划书。

"挑战杯"全国大学生系列科技学术竞赛由江泽民同志亲自题写杯名,由团中央、中国科协、教育部、全国学联共同主办,分课外学术科技作品竞赛和创业计划竞赛两类,每两年一届间隔举办,已被公认为中国大学生的"科技奥林匹克圣会"。1999 年、2000 年、2002 年、2004 年、2006 年、2008 年、2010 年,第一、二、三、四、五、六、七届"挑战杯"中国大学生创业计划竞赛先后在清华大学、上海交通大学、浙江大学、厦门大学、山东大学、四川大学、吉林大学成功举办。

1. 创业计划的组成部分

创业计划一般包括:执行总结,产业背景和公司概述,市场调查和分析,公司战略,总体进度安排,关键的风险,问题和假定,管理团队,企业经济状况,财务预测,假定公司能够提供的利益等方面。

(1)执行总结

执行总结是创业计划的概括,包括以下方面:

① 本创业计划的创意背景和项目简述。

② 创业的机会概述。

③ 目标市场的描述和预测。

④ 竞争优势和劣势分析。

⑤ 经济状况和盈利能力预测。

⑥ 团队概述。

⑦ 预计能提供的利益。

(2)产业背景和公司概述

① 详细的市场分析和描述。

② 竞争对手分析。

③ 市场需求。

④ 公司概述应包括详细的产品/服务描述以及如何满足目标市场顾客的需求,进入策略和市场开发策略。

(3)市场调查和分析

① 目标市场顾客的描述与分析。

② 市场容量和趋势的分析、预测。

③ 竞争分析和各自的竞争优势。

④ 估计的市场份额和销售额。

⑤ 市场发展的走势。

（4）公司战略

阐释公司如何进行竞争：

① 在发展的各阶段如何制定公司的发展战略。

② 通过公司战略来实现预期的计划和目标。

③ 制定公司的营销策略。

（5）总体进度安排

公司的进度安排，包括以下领域的重要事件：

① 收入来源。

② 收支平衡点和正现金流。

③ 市场份额。

④ 产品开发介绍。

⑤ 主要合作伙伴。

⑥ 融资方案。

（6）关键的风险，问题和假定

① 关键的风险分析（财务、技术、市场、管理、竞争、资金撤出、政策等风险）。

② 说明将如何应付或规避风险和问题（应急计划）。

（7）管理团队

介绍公司的管理团队，其中要注意介绍各成员与管理公司有关的教育和工作背景（注意管理分工和互补）；介绍领导层成员、创业顾问以及主要的投资人和持股情况。

（8）公司资金管理

① 股本结构与规模。

② 资金运营计划。

③ 投资收益与风险分析。

（9）财务预测

① 财务假设的立足点。

② 会计报表（包括收入报告和平衡报表，前两年为季度报表，前五年为年度报表）。

③ 财务分析（现金流、本量利、比率分析等）。

（10）假定公司能够提供的利益

这是创业计划的"卖点"，包括：

① 总体的资金需求。

② 在这一轮融资中需要的是哪一级。

③ 如何使用这些资金。

④ 投资人可以得到的回报，还可以讨论可能的投资人退出策略。

2. 创业计划的注意点

一份成功的创业计划应该清楚、简洁，展示市场调查和市场容量，了解顾客的需要并引导顾客，解释他们为什么会掏钱买你的产品/服务，在头脑中要有一个投资退出策略，解释为什么你最合适做这件事。

一份成功的创业计划不应该过分乐观，不能拿出一些与产业标准相去甚远的数据，不能只面向产品，不能忽视竞争威胁，不应该进入一个拥塞的市场。

（二）创业计划书的标准格式参考

创业计划书模板 1

封面：作品名称

团队成员：

指导老师：

文字排版要求：

（1）字型：大标题用 2 号黑体，中标题用 3 号黑体，小标题用 3 号楷体，正文用 4 号宋体。

（2）纸型：统一用 A4 纸，左侧装订。

（3）页边距：上 2.6 cm，下 2.6 cm，左 3.0 cm，右 2.0 cm。

（4）行距：1.5 倍行距。

（5）结构层次序数："一"、"（一）"、"1"、"（1）"。

摘要（说明：在两页纸内完成本摘要）

【摘要内容参考】

（1）公司基本情况（公司名称、成立时间、注册地区、注册资本，主要股东、股份比例，主营业务，过去三年的销售收入、毛利润、纯利润，公司地点、电话、传真、联系人）。

（2）主要管理者情况（姓名、性别、年龄、籍贯、学历/学位、毕业院校、政治面貌、行业从业年限、主要经历和经营业绩）。

（3）产品/服务描述（产品/服务介绍、产品技术水平，产品的新颖性、先进性和独特性,产品的竞争优势)。

(4) 研究与开发(已有的技术成果及技术水平,研发队伍技术水平,竞争力及对外合作情况,已经投入的研发经费及今后投入计划,对研发人员的激励机制)。

(5) 行业及市场(行业历史与前景,市场规模及增长趋势,行业竞争对手及本公司竞争优势,未来三年市场销售预测)。

(6) 营销策略(在价格、促销、建立销售网络等各方面拟采取的策略及其可操作性和有效性,对销售人员的激励机制)。

(7) 产品制造(生产方式、生产设备、质量保证、成本控制)。

(8) 管理(机构设置、员工持股、劳动合同、知识产权管理、人事计划)。

(9) 融资说明(资金需求量、用途、使用计划、拟出让股份、投资者权利、退出方式)。

(10) 财务预测(未来 3 年或 5 年的销售收入、利润、资产回报率等)。

(11) 风险控制(项目实施可能出现的风险及拟采取的控制措施)。

(三) 商业计划书的格式及内容要求

(1) 公司基本情况

公司成立时间,注册资本及变更情况(法人代码,有形资本,无形资本)。

公司性质、经营范围(是否有特许经营权);股东及股份比例;目前资产情况(总资产、总负债净资产,去年销售收入和纯利润);公司下属公司、合资公司及关联公司等情况;公司所属行业;公司的发展战略及公司发展的宗旨,近期和远期目标。

(2) 产品和服务

公司的主营产品;产品的独特性;产品是否经过政府或行业有关部门鉴定(提供资料);产品获得过何种奖励或荣誉;产品是否申请知识产权保护(专利、商标、版权);现有生产设备的生产情况;需要增加设备情况及实施计划;公司是否还在准备其他产品的开发;生产成本详细说明及控制。

(3) 公司的管理

公司的组织结构(画出结构图);公司主要管理者的性别、年龄、出生地、学历、学位、毕业院校、在目前行业工作年限、获得的成就等;公司对主要管理和技术人员采取的激励机制;公司是否聘请外部管理人员(会计师、律师、顾问、专家);说明公司对知识产权、专有权、特许经营权等情况;说明公司的商业机密、技术机密等保护措施;公司是否存在关联经营和家族管理问题说明。

(4) 行业及市场分析

公司所属行业的历史、现状和未来发展趋势;公司产品是行业里的上游、中游或下游产品;公司产品所在的行业段,目前全世界(全国)的市场容量有多大,这一容量以每年 X％的速度增加或减少,每年实际的市场销售达到市场容量的 X％,这一需求以每年 X％的速度增加或减少;公司目前每年的销售收入占市场实际销售份额的 X％。

（5）市场竞争及营销策略

公司产品所在的市场范围里有哪些竞争对手,他们的市场份额是多少,你们公司的市场份额是多少;与竞争对手的产品相比,公司产品有哪些独特之处,这些独特之处对客户是否有用;公司产品的独特之处能否被竞争对手效仿,公司是否采取实际措施保护自己的产品特点;如果公司产品与竞争对手产品相比没有技术上、设计上或其他方面的独特之处,公司采取哪些有效手段与对手竞争,竞争的结果能否提高公司产品的市场份额,预计经过竞争公司的份额能提高到多少;公司产品的客户是哪些人,他们的分布情况,他们怎样知道公司的产品;公司采取哪些市场营销手段(广告、展销会、培训班、电脑直销、电话销售、上门直销、分销网、零售网、邮购);简述销售过程和步骤;营销成本;准备拓展哪些新市场;推出新产品的市场准备;现有的几家大客户。

（6）研究与开发

公司现有技术开发人员数量;公司有哪些开发设备;公司现有产品的技术水平(国内、国际先进、领先);技术负责人的技术水平和管理能力;与同行业其他企业相比,公司技术人员的收入水平;技术人员每年流失的比例是 X％;公司采取哪些措施保护关键技术;公司每年的技术开发投入占销售收入的 X％。

（7）生产过程

生产地点;是委托生产还是自己生产;是否能够保证原材料的供应,选择了几家供应商;生产设备性能、质量如何;生产设备的最大生产能力能否满足市场增长的需要;交通运输条件是否方便;周边生产配套情况;采取了哪些生产管理制度,是否完善,执行情况如何;检测设备;成品率、返修率、废品率等情况。

（8）资金需求情况及融资方案

资金需求计划:为实现公司发展计划所需要的资金额,资金需求的时间性;资金用途:详细说明资金用途,并列表说明;融资方案:公司所希望的投资人及所占股份的说明;资金其他来源,如银行贷款等。

（9）项目实施进度

项目实施的计划进度及相应的资金配置;进度表。

（10）财务计划

当前资产负债平衡表;第一年 12 个月每月销售收入预测;3～5 年销售收入预测;上述数据中,实际回款预测;上述月份和年份销售费用预测;上述月份和年份财务费用预测;上述月份和年份管理费用预测;上述月份和年份其他费用预测;第一年12个月每月现金流量表;3年现金流量表;3～5年的资产负债平衡表;投资回收期计算;盈亏平衡计算;结论。

（11）风险因素

详细说明该项目实施过程中可能遇到的风险,提出有效的风险控制和防范手段;技术风险;市场风险;管理风险;财务风险;其他不可预见的风险。

（12）投资者退出方式

股权回购:依照事业商业计划的分析,公司对实施股权回购计划应向投资者说明。

利润分红:投资者可以通过公司利润分红达到收回投资的目的,按照本商业计划的分析,公司对实施股权利润分红计划应向投资者说明。

股票上市:依照商业计划的分析,对公司上市的可能性作出分析,对上市的前提条件作出说明。

股权转让:投资商可以通过股权转让的方式收回投资。公司对投资商进行股权转让的说明。

（13）其他

指出三名公司之外的投资推荐人;公司产品库存一般保持在怎样的数量;增值税、所得税申报情况;公司总经理详细的个人简历及证明人。

（14）附录

媒介关于公司产品的报道。

《××创业计划书》模板2

项目名称:

项目单位:

地　　址:

电　　话:　　　　　传　真:　　　　　电子邮件:

联 系 人:

目　　录

摘要

1. 公司基本情况(公司名称,成立时间,注册地区,注册资本,主要股东,股份比例,主营业务,过去三年的销售收入、毛利润、纯利润,公司地点,电话,传真,联系人)。

2. 主要管理者情况(姓名,性别,年龄,籍贯,学历/学位,毕业院校,政治面貌,行业从业年限,主要经历和经营业绩)。

3. 产品/服务描述(产品/服务介绍,产品技术水平,产品的新颖性、先进性和独特性,产品的竞争优势)。

4. 研究与开发(已有的技术成果及技术水平,研发队伍技术水平、竞争力及对外合作情况,已经投入的研发经费及今后投入计划,对研发人员的激励机制)。

5. 行业及市场(行业历史与前景,市场规模及增长趋势,行业竞争对手及本公司竞争优势,未来三年市场销售预测)。

6. 营销策略(在价格、促销、建立销售网络等各方面拟采取的策略及其可操作性和有效性,对销售人员的激励机制)。

7. 产品制造(生产方式,生产设备,质量保证,成本控制)。

8. 管理(机构设置,员工持股,劳动合同,知识产权管理,人事计划)。

9. 融资说明(资金需求量、用途、使用计划,拟出让股份,投资者权利,退出方式)。

10. 财务预测(未来三年或五年的销售收入、利润、资产回报率等)。

11. 风险控制(项目实施可能出现的风险及拟采取的控制措施)。

创业计划书(参考模板2)

项目名称:

20××年××月

目录

1. 执行总结

2. 项目背景

3. 市场分析

4. 竞争分析

5. 公司战略

6. 营销战略

7. 盈利模式

8. 投资预测

9. 财务分析

10. 管理体系

11. 风险预测

12. 撤出机制

附录

1. 市场容量估算表

2. 市场调查和定性分析表

3. 财务附表

(注:本目录仅供参考,创作者可根据作品实际情况进行增减或调整)

1. 执行总结

(1) 公司(正文中,作者须强调和特别注明的词语可以使用加黑或者下划线进行标注,作者可设计相关图例与表格来支持作品描述)

(2) 市场

(3) 投资与财务

(4) 公司结构与团队

2. 项目背景

(1) 相关产业背景

(2) 项目(产品)概述

(3) 项目(产品)优势

(4) 项目(产品)前景

3. 市场分析

(1) 市场特征

(2)市场细分

① 已开发的××市场

② 尚未开发的××市场

(3) 销售渠道分析

(4) 市场容量

(5) 政策环境对市场的影响

4. 竞争分析

(1) 竞争产品和竞争对手

(2) 竞争影响力分析

(3) 竞争优势

5. 公司战略

(1) 公司概述

(2) 总体战略

(3) 发展战略

6. 营销战略

(1) 目标市场

(2) 产品

① 产品

② 包装

③ 服务

④ 品牌

(3) 价格

(4) 销售渠道

(5) 推广策略

(6) 市场开发与进入

7. 盈利模式

8. 投资预测

(1) 股本结构与规模

(2) 资金来源与应用

(3) 投资收益与风险分析

9. 财务分析

(1) 会计报表及附表

(2) 会计报表分析

10. 管理体系

(1) 公司性质

(2) 组织形式

(3) 部门职责

(4) 创新机制

11. 风险预测

(1) 外部风险

（2）内部风险

（3）解决方案

12．撤出机制

（1）撤出方式

（2）撤出时间

附录

1．市场容量估算表（略）

2．市场调查和定性分析表（略）

3．财务附表（略）

参考文献

［1］http://wenku. baidu. com/view/350f9837f111f18583d05ab3. html

［2］http://mba. ustc. edu. cn/img/20100729050656218. pdf

［3］http://wenku. baidu. com/view/24619f4769eae009581bec68. html

［4］http://wenku. baidu. com/view/3ba83f0490c69ec3d5bb7512. html

［5］Holland JL. Making vocational choices：atheory of vocation alperson alities and worken vironments. 2nded. EnglewoodCliffs，NJ：Prentice 2Hall，1985

［6］Aryee S，Wyatt T，Stone R. Early career out comes of graduate employees：The effect of mentoringandingratiation. JournalofMan agementStudies，1996，33(1)：95—118

［7］http://www. 52qsh. com/www/30/2007-07/45. html

［8］http://www. 16175. com/Article/1051. html

［9］田光哲，李祥伟. 创新职业指导新理念［M］. 北京：中国劳动社会保障出版社，2005

［10］陆桂芹，徐俊霄，吴弘萍. 职业锚理论在大学生就业指导工作中的应用［J］. 中国高等医学教育，2004(3)

［11］龙立荣等. 组织职业生涯管理与员工心理与行为的关系. 心理学报，2002，34(1)：97—105

［12］中国首次青年就业状况调查报告［Z］. 零点点击职业技术教育就业资讯［Z］. 2005(6)

［13］360 职业生涯——职业指导教学训练［M］. 北京：中国劳动社会保障出版社，2006(6)

［14］赵俊峰. 从职业锚看大学毕业生的职业生涯规划［EB/OL］. 中国教育网，2005(11)

［15］大学校园为何弥漫"就业恐慌"［N］. 中国青年报，2006-12-04

［16］周文霞. 职业生涯管理［M］. 上海：复旦大学出版社，2004

［17］刘军. 中学生亟须职业生涯设计指导［J］. 中小学管理，2004，(8)：32—33

[18] 陈丽芬.职业生涯不同阶段的人力资源开发策略分析[J].科学管理研究，2001，19(5)：20—22

[19] 李文静.员工职业生涯的心理契约的动态管理[J].经济与管理，2004，18(10)：59—61

[20] 聂婷.职业生涯发展阶段与开发策略的本土化研究[J].河南职业技术师范学院学报(职业教育版)，2004，(1)：42—45

[21] 何建华.推进企业专业技术人员的职业生涯管理[J].发展研究，2004，(6)：52—53

[22] 赵北平.大学生涯规划与职业发展[M].武汉:武汉大学出版社，2006

[23] 邹放明.大学生涯导论[M].北京:中国矿业大学出版社，2003

[24] 李法顺.大学生职业生涯规划[M].南京:东南大学出版社，2006

[25] 杜林致,张旭翔.大学生职业规划与拓展[M].南京:河海大学出版社，2006

[26] 石国亮.时代推展出来的大学生创新创业教育[J].思想教育研究，2010(10)

[27] 李人杰,商万军.解析高校大学生创新创业教育的内涵和意义[J].科技创新导报，2010(9)

[28] 商君.新形势下大学生创新创业教育探讨[J].社科纵横，2009(10)

[29] 孟克,陆连军,王娟.创新型国家建设中的校企合作研究[J].大学·研究与评价，2009(9)

[30] 孟克,刘洁,陆连军."高教强省"视野下的江苏产业集群发展研究[J].大学(学术版)，2010(10)

基金项目：中国高等教育学会学生工作研究分会研究课题《构建国家、社会、高校三位一体大学生创新创业教育模式：国际比较的视角》，课题号LX2010045（主持人周祥龙、孟克）；江苏省2011年度普通高校研究生科研创新计划项目(资助)《"高教强省"视阈下我国大学生创新创业教育研究》（CXZZ11-0013）（主持人孟克）；南京信息工程大学校级课题《高校大学生创新创业教育机制研究》（2011GJB018）（主持人孟克）